Miriam Feinberg Vamosh

Frauen
in biblischer Zeit

deutscher Text von Hermann-Josef Frisch

Patmos

Inhalt

Vorwort

Weise Frauen und Gottesdienerinnen, Kriegerinnen, Königinnen und Kurtisanen ... Von Eva im Buch Genesis bis zum »mit der Sonne bekleideten Frau« im Buch der Offenbarung – die Frauen der Bibel faszinieren uns auch tausende Jahre, nachdem sie auf der Erde gelebt haben.

Einige der Frauen der Bibel sind uns so bekannt, dass wir unsere Kinder nach ihnen benennen – Sara, Debora, Maria, Martha ... An andere Namen erinnern wir uns kaum – an die Prophetin Hulda etwa oder an Johanna, die ihr beträchtliches Vermögen Jesus zur Verfügung stellte. Es gibt in der Bibel berüchtigte Frauen wie Isebel und Delila, die durch ihre Machenschaften bekannt wurden, und Heldinnen wie Rebekka. Und es gibt andere, deren Namen wir niemals erfahren werden, aber deren Geschichten uns über die Zeiten hinweg erreichen – Jiftachs Tochter, die weise Frau von Tekoa, die Frau, die das Gewand Jesu berührte und von ihm geheilt wurde.

Wir heute – Männer wie Frauen – suchen nach Inspiration in der Schrift. Deshalb können wir nicht anders als zu versuchen, »eine Meile in den Sandalen« dieser Frauen zu gehen. Wie würden wir geantwortet haben, wenn wir an der Stelle von Manoachs Frau oder von Maria gewesen wären und uns ein Engel erschienen wäre? Würde die Herausforderung, vor der Rut, Ester oder Maria Magdalena standen, von uns angenommen werden? Wie würden wir auf die Forderungen von Isebel oder Herodias reagieren?

Um solche Fragen zu beantworten, müssen wir die Lebensweise dieser Frauen vor langer Zeit zu verstehen versuchen. Genau dies will dieses Buch erreichen. Es taucht in die alten Quellen ein und bringt Farbe in das Leben solcher Frauen, öffnet die Türen zu ihren Häusern und Palästen, die lange im Staub der Geschichte verborgen waren, beobachtet sie an den Angelpunkten ihres Lebens. Unter den Quellen, die uns zur Verfügung standen – zusätzlich zur Bibel selbst natürlich – sind alte Schriften der anderen nahöstlichen Kulturen, dazu der Talmud, besonders sein frühestes Buch, die Mischna, die als Kommentar zur Bibel etwa zur Zeit Jesu und in den folgenden Jahrhunderten geschrieben wurde, und ebenso frühe christliche Bibelkommentare und apokryphe Schriften.

Wir können aber auch auf traditionelle Kulturen unserer Zeit schauen, die nach wie vor Bräuche haben, die an die Zeit der Bibel erinnern. Archäologie hilft durch die Funde von Ausgrabungen, die Frauen der Bibel zu verstehen, Funde, die von der Bronzezeit bis in die ersten christlichen Jahrhunderten zurückgehen. Eine Reihe zeitgenössischer Darstellungen biblischer Szenen wurden ebenfalls aufgenommen, um die Texte zu verdeutlichen. Um die Frauen der Bibel lebendig werden zu lassen, stellt jedes Kapitel zusätzlich ein »Porträt« einer Frau vor, die im Zusammenhang mit dem Inhalt des Kapitels steht.

Natürlich wird die Bibel nicht als anthropologischer oder soziologischer Text verstanden. Deshalb ist zu beachten, dass die Einblicke, die uns in das Leben der Frauen gegeben werden, für eine Schicht, eine Zeit, einen Ort gelten, aber nicht für andere. Die alten Schriften und Kommentare, von denen wir für unser Thema »Leben der Frauen in biblischer Zeit« abhängen, wurden erheblich von ihrer Zeit und ihrer Ursprungssituation beeinflusst. So beschrieben diese Autoren die Dinge nicht allein, wie sie waren, sondern auch wie sie glaubten, dass sie sein sollten, oder manchmal mit Verbeugungen im Blick auf ihre Leserschaft.

Jede Seite dieses Buches wurde durch die Arbeit vieler bereichert, die zu Studien über die behandelten Themen beitrugen; denen, deren Arbeit die Welt der biblischen Frauen für uns erschlossen, sei Dank gesagt.

Wenn man die Frauen der Bibel kennen lernt, beginnen sie neu und bedeutungsvoll auch in unsere Zeit zu sprechen.

Frauen der Bibel im Heiligen Land

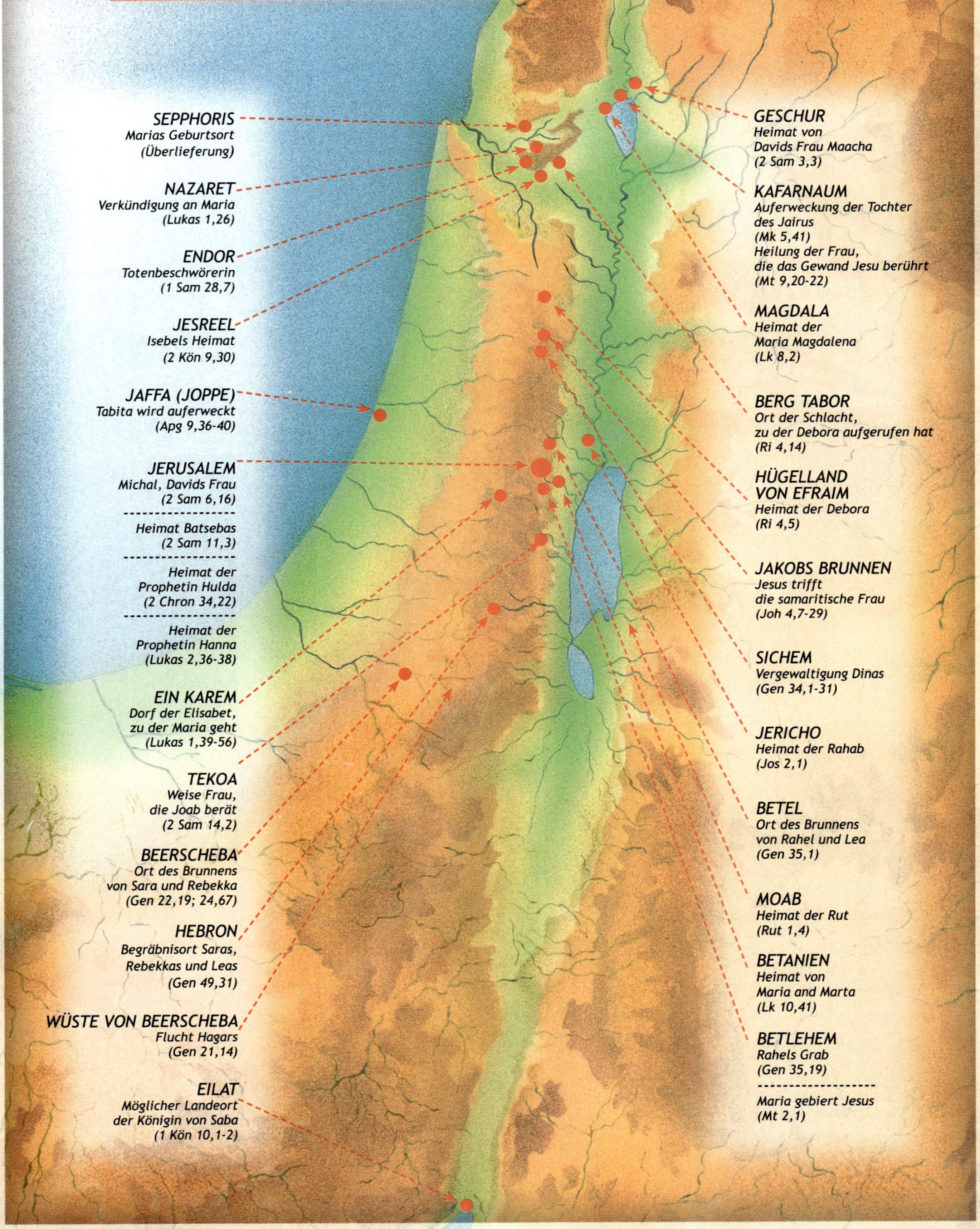

Der Haushalt: Heim, Herd und darüber hinaus

»Mach den Raum deines Zeltes weit, spann deine Zelttücher aus, ohne zu sparen. Mach die Stricke lang und die Pflöcke fest.« (Jesaja 54,2)

Die ersten israelitischen Familien, die in ein vorher unbesiedeltes Gebiet zogen, wurden mit allen Herausforderungen konfrontiert, denen Grenzbevölkerung überall gegenübersteht: sie mussten ihre Häuser bauen und gleichzeitig in einem feindlichen Klima überleben, manchmal von kriegerischen Nachbarn umgeben.

Um den Platz der Frau in einer solchen Umwelt zu verstehen, müssen wir zuerst definieren, was die Bibel mit »Haushalt« meint. Dass es der Vater ist, der an der Spitze einer Familie stand, kann vom üblichen hebräischen Begriff für Haushalt *bet av* – »Haus des Vaters« geschlossen werden. Doch in seltenen Fällen ist das Wort für Haushalt *bet em* – »Haus der Mutter« (Gen 24,28; Rut 1,8; Hld 3,4; 8,2). In solchen Fällen, so haben Gelehrte herausgefunden, gibt es immer einen Bezug zur Ehevermittlung, eine bedeutende Aufgabe der Frauen. Für die Bibel besteht der Haushalt vor allem aus den Großeltern (Gen 31,28), ihren erwachsenen Söhnen und deren Ehefrauen und Kindern. Er konnte ebenso Diener und (für die Reichen) Wächter einschließen (Gen 33,1; Gen 14,14), zudem eine Witwe und ihre Söhne (2 Kön 4,1), eine alleinstehende Witwe (Gen 38,11) oder unverheiratete Schwestern. Aufgrund archäologischer Befunde gehen Wissenschaftler von etwa zwölf Personen in einem solchen Haushalt aus.

Die biblischen Patriarchen hatten mehr als eine Frau (Gen 28,9; 30,9). Doch dies war selten. Von Reichen oder Königen wird berichtet, dass sie mehrere Frauen oder Konkubinen als Zeichen ihrer Bedeutung hatten (2 Sam 5,13; 1 Kön 11,3).

Beduinische Frauen in der Nähe von Herodion am Rand der judäischen Wüste weben gemeinsam, wie es die Frauen der Bibel seit jeher getan haben.

Da ein Haushalt zusammenarbeiten musste, um das Überleben der Gruppe zu sichern, gab es das Ethos der gemeinsamen Verantwortung »bis in die dritte und vierte Generation«, wie im zweiten Gebot erwähnt (Ex 20,5). Die biblischen Schriften zeigen die Großfamilie als eine Säule sowohl jüdischen wie auch christlichen Lebens (1 Tim 5,4). Das Leben der Menschen drehte sich vor allem um ihren Haushalt, selbst in der Königszeit, in der sich die Macht in einer weit entfernten Stadt konzentrierte.

Ein Frauenkopf aus Ton geschmückt mit sorgfältig geflochtenem Haar (2000–1750 v. Chr.). Überreste einer Halskette sind am Kinn zu sehen. Sara, Rebekka, Rahel oder Lea können wie diese mesopotamische Frau ausgesehen haben.

Es war die Mutter, die an der Schaltstelle des Haushalts und seiner Aktivitäten war. Sie drosch, knetete, backte, trocknete, spann und webte – wandelte die Rohprodukte, die von den Bauernfamilien im Hochland von Juda und Israel produziert wurden, in Produkte, die gegessen, getrunken, getragen, gehandelt oder verkauft werden konnten. Der talmudische Traktat *Yebamot 63a* drückt es kurz und

Frauen bei der Getreideernte in Betlehem

bündig aus: »Wenn ein Mann Weizen nach Hause bringt, kann er den Weizen essen? Und Flachs, kann er den rohen Flachs tragen?« Wenn in Kriegszeiten die Männer zum Militärdienst eingezogen waren (Gen 14,14; Ri 4,6) mussten Frauen jede weitere Arbeit im Haushalt zusätzlich zu ihrer eigenen übernehmen. So sicherte die Frau das Überleben der Familie.

Dass die Bibel die Mütter hoch schätzte, kann man daraus schließen, dass Rahel und Lea im Segen von Rut 4,11 eingeschlossen sind. Ebenso braucht Paulus Sara und Hagar als Gleichnis im Galaterbrief 4,21-31. Das fünfte Gebot fordert die Kinder auf, sowohl Vater als auch Mutter zu ehren (Ex 20,12; Lev 19,3).

Familie mit Eltern und Kind, Anatolien, 2000-1550 v. Chr.

Ein Blick auf zeitgenössische traditionelle Kulturen wie etwa die der Amish in Amerika hilft uns bei der Vorstellung, wie die biblischen Frauen des gleichen Haushalts zusammenarbeiten, vielleicht mit vereinten Kräften der Frauen anderer Haushalte. Im Neuen Testament findet wir den Vers »... zwei Frauen, die mit derselben Mühle mahlen« (Mt 24,41; Lk 17,35). Die übliche Praxis der Zusammenarbeit von Frauen klingt auch in Martas Klage über ihre Schwester an (Lk 10,40), worauf wir im Porträt von Marta im Kapitel über die Arbeit näher eingehen.

Nahrungsmittel durch sorgfältige Vorratshaltung in essbarem Zustand zu bewahren, war ebenfalls Aufgabe der Frauen. Frauen stellten wahrscheinlich auch die meisten die vielen Tonbehälter her, in denen die Waren gelagert wurden.

Obwohl Frauen normalerweise in der Nähe der Wohnungen arbeiteten und die Männer auf den Feldern (Mt 24,40-41), weist die Bibel darauf hin, dass Frauen auch bei den drei wichtigsten landwirtschaftlichen Aufgaben im Hochland Israels mitwirkten: beim Ährenlesen (Rut 2,2), Viehhüten (Gen 29,9) und der Pflege der Weinberge (Hld 1,6). In der Stadt arbeiteten Frauen mit ihren Ehemännern oder Vätern in deren Beruf mit (Apg 18,3), selbst bei der Errichtung von Bauten (Neh 3,12). Über die Einbindung von Frauen in das wirtschaftliche Leben eines Haushalts wird in der unerfreulichen Geschichte von Hananias und Saphira (Apg 5,1-11) berichtet, wonach Hananias »und seine Frau« ein Grundstück verkauften. Die Mischna erwähnt, dass Ehemänner ihre Frauen als Verkäuferinnen einsetzen. Wenn man auf die üblichen Kommentare der alten Weisen über Frauen schaut, erscheint die folgende Äußerung von Rabbi Jose im Talmud (Traktat *Sabbat 118a*) ungewöhnlich: »Ich habe meine Frau nie ›meine Frau‹ genannt, sondern immer ›mein Zuhause‹.«

Weil die Frau die meisten Arbeiten kontrollierte, die das Überleben ihrer Familie sicherten, stand sie in der Mitte des Selbstversorgerhaushaltes der frühen Israeliten und der Landbevölkerung auch späterer Zeiten. Jedoch nahmen ihnen ab der Zeit der Monarchie Sklavinnen die meiste Arbeit ab (1 Kön 1,3). Zudem wurde durch die Spezialisierung auf bestimmte Aufgaben besonders in den Städten manche Anforderung an die Frauen verringert.

In vielfältiger Weise war der Hof die Mitte des Haushalts: Hier verarbeiteten die Frauen das Korn, hier kochten sie und hielten Tiere.

Sprichwörter 31,10-31 ist ein Loblied auf die tüchtige Frau mit vielfältigen Aufgaben, die für die Haushalte zur Zeit der Bibel wesentlich waren. Im Eröffnungsvers dieses Lobpreises heißt es: »Eine tüchtige Frau, wer findet sie? Sie übertrifft alle Perlen an Wert.« Das hebräische Original übertrifft dies noch, denn dort heißt es *eshet hayil* »starke Frau«. Kein Wunder, dass sie als Perle bezeichnet wird.

Das Haus

Häuser, Scheunen, eingezäunte Flächen und Ländereien gehören zu dem, was die Bibel zusammenfassend Haushalt nennt. Das biblische Haus selber bestand meistens aus einem einzigen Vielzweckraum, der von der ganzen Familie gebraucht wurde. Sowohl in eisenzeitlichen Häusern wie auch in späterer Zeit drehte sich das familiäre Leben um einen Hof, der von Räumen umgeben war oder vor dem Haus lag. Der Hof gehörte zum bäuerlichen Leben, wo jedes Familienmitglied seine oder ihre Aufgabe hatte – dort war Platz zur Nahrungsherstellung, zu kleiner handwerklicher Tätigkeit und zum Lagern von Vorräten.

Aus der Zeit des Zweiten Tempels wurden im antiken Meron in Galiläa Spinnräder in einem Verbindungsweg zwischen Höfen gefunden, ein Mühlstein und andere Ausrüstung zur Vorbereitung von Mahlzeiten im Haus, dazu Knochennadeln im Hof. Ein Haus besaß eine Werkbank und Ausrüstung zur Herstellung von Fässern. Solche Arbeit gehörte zum Familienleben. Der Ofen zum Brotbacken war meist im Hof errichtet, oft dort, wo die Frauen mehrerer Haushalte ihn nutzen konnten. Dass Frauen für das Feuer sorgten, war offenbar üblich, wenn man auf Jesaja 27,11 sieht.

Eisenzeitliche Häuser hatten Seitenräume, die als Ställe dienten. Die Frau von Endor zum Beispiel hielt ihr »gemästetes Kalb« (1 Sam 28,24) in einem dieser Räume. Häuser, in denen Menschen und Tiere in unmittelbarer Nähe zusammenlebten,

Besucher im »Vier-Räume-Haus«, das in der Zeit des Ersten Tempels in Maale Shomron, Samaria, errichtet wurde.

waren auch in der Zeit des Neuen Testaments gebräuchlich und sind es in einigen Teilen der Welt bis heute. Im Heiligen Land errichteten bis vor einigen Jahren die Familien in Betlehem ihre Häuser an der Vorderfront natürlicher Höhlen, die sie mit ihrem Vieh teilten. Der »Stall«, in dem Maria Jesus gebar, könnte eine solche Anordnung von Höhle und Haus gewesen sein.

In Ai in den Bergen westlich von Jericho und an anderen Plätzen wurden Einheiten von zwei oder drei Häusern mit eigenen Eingängen gefunden. Vergleiche mit der Lebensweise heutiger traditioneller Gesellschaften zeigen, dass solche Wohnungen für eine Mehrgenerationenfamilie genutzt wurden. »Die Häuser in der Nähe von Michas Haus« (Ri 18,22) waren anscheinend ebenfalls Teil eines solchen Komplexes, mit einem Raum für Michas verwitwete Mutter und einem anderen für den Priester, den Micha in seinen Haushalt eingeladen hatte (Ri 17,5).

Dieses Modell des Xerxes-Palastes in Susa gibt einen Eindruck von den Gemächern der Ester im Palast des Artaxerxes.

Ein Beispiel eines Mehrgenerationenhaushaltes aus späterer Zeit stellt die Familie des Petrus dar, dessen Schwiegermutter bei ihm lebte (Mt 8,14). Es war unüblich, dass Verwandte der Frau im Haushalt des Mannes lebten. War sie verwitwet und alleinstehend, dass sie deshalb zum Haushalt ihrer Tochter gehörte?

Das Leben in den Palästen war natürlich luxuriöser als in normalen Haushalten. Die Gemächer der Frauen lagen im oberen Stock eines Palastes. Dies wird in einem Kommentar aus dem ersten Jahrhundert erwähnt, der Josefs schönes Aussehen erwähnt: »Prinzessinen sahen ihn durch die Gitter des Palastes und warfen ihm Armreifen, Ketten, Ohrringe und Ringe zu, um ihn dazu zu bewegen, sie anzuschauen.« Königin Ester lebte mit den anderen Frauen von König Artaxerxes in Frauengemächern (Est 2,13). Die Bibel erwähnt, dass Salomo ein eigenes Haus für die Tochter des Pha-

Diese Flachdächer in Jerusalems Altstadt sind von Mauern umgeben, die den Frauen wie in biblischer Zeit einen Privatraum ermöglichen. König David aber befand sich auf einem höheren Dach (2 Sam 11,2).

rao baute (1 Kön 7,8; 9,24). Isebel schaute aus einem Fenster im oberen Stock und wurde von den Hofleuten aus dem Fenster hinabgestürzt (2 Kön 9,30-33).
Andere biblische Geschichten erwähnen Häuser mit einem zweiten Stock wie das der Witwe von Sarepta (1 Kön 17,8-24) oder das Haus der vornehmen Frau von Schunem, in dem Elija zu Gast war (2 Kön 4,10).
Das Flachdach war der Ort vieler Arbeiten. In Hazor im Oberen Galiläa und in Megiddo wurden von Frauen genutzte Haushaltsartikel wie Webstühle und Mühlsteine zwischen den Trümmern von Flachdächern gefunden.
Wir treffen Batseba bei ihrem Bad auf dem Dach ihres Hauses an. Weil David aber auf dem Flachdach des höheren Königspalastes hin- und herging, konnte er sie von dort sehen und war von ihr bezaubert (2 Kön 11,2). Bis auf den heutigen Tag führen Frauen der traditionellen nahöstlichen Gesellschaft viele Aufgaben des Haushalts auf dem Dach aus. Solche Dächer sind oft von Geländern mit Öffnungen umgeben, durch die zwar Luft hineinkommen kann, durch die aber solche Taktlosigkeiten verhindert werden, wie sie in der Geschichte von David und Batseba beschrieben sind.
Zur Zeit Jesu hatten einige Häuser im Heiligen Land Innenhöfe, bei anderen waren Höfe vor dem Haus. Im Hof konnte Hausarbeit im Freien gemacht werden. Wenn der Hof vor dem Haus gelegen war, trennte er das Haus vom öffentlichen Bereich. Wohlhabende Häuser im ländlichen Raum hatten gut bewachte Grundstücke (Mt 13,34) mit befestigten Türmen, zwei oder drei Stockwerke hoch, und einige Nebengebäuden (Lk 12,18).
Häuser erlaubten eine Annäherung von »öffentlichen« Räumen zu mehr privaten. Ein innerer Raum (Mt 6,6; 24,26; Lk 12,3) war ein Grundzug des palästinischen Gebäudes im ersten Jahrhundert. In neutestamentlicher Zeit war der größte und wichtigste Raum im Haus in Aramäisch als *traklin* bekannt, das vom lateinischen Wort *triclinium* abgeleitet war und einen Tisch bezeichnete, an dem man sich an drei Seiten zum Essen niederließ.
Im Haushalt gab es einen Ort für die religiöse Verehrung, der von Archäologen (etwa bei den Ausgrabungen des biblischen Beerscheba und an anderen Orten) »kultische Versammlung« genannt wird. Dies schloss Lampen, Perlen, Muscheln, Amulette, Siegel, Klappern, Kessel und Messerklingen ein. Terafim oder »Hausgötter« konnten ebenso Teil der Devotionalien im Haushalt sein. Nach Jeremia 7,18 war die ganze Familie in die Verehrung der Gottheit einbezogen, jeder mit einer eigenen Aufgabe.

Die Frau am Fenster ist ein übliches Motiv in Zypern und im Nahen Osten. Die Frau in dieser elfenbeinernen Einlegearbeit trägt eine Perücke in ägyptischem Stil und Stirnschmuck. Dies erinnert an zahlreiche biblische Geschichten. Wissenschaftler sehen eine Verbindung zu den Göttinnen Astarte und Ischtar.

Frauen und ihr eigener Ort

Archäologen sagen, dass man sich kaum vorstellen kann, wie Frauen der Antike während des Tages in ihren eigenen Räumen bleiben mussten. Jedoch, auch heute haben Nomadenfrauen im Zelt ihren eigenen Platz; von ihrer Tradition her ist es ihnen nicht erlaubt, andere Männer als ihre engsten Verwandten auch nur zu erblicken. In der Bibel hatte Sara ihren eigenen Lebensbereich (Gen 24,67), ebenso Lea, Rahel und ihre Sklavinnen (Gen 31,33).
Wichtiger, als sich die verbindliche Beschränkung

Ein Löffel zeigt ein schwimmendes Mädchen, gefunden in Tell El Far im Süden der Negev-Wüste, persische Zeit (6.–5. Jahrhundert v. Chr.)

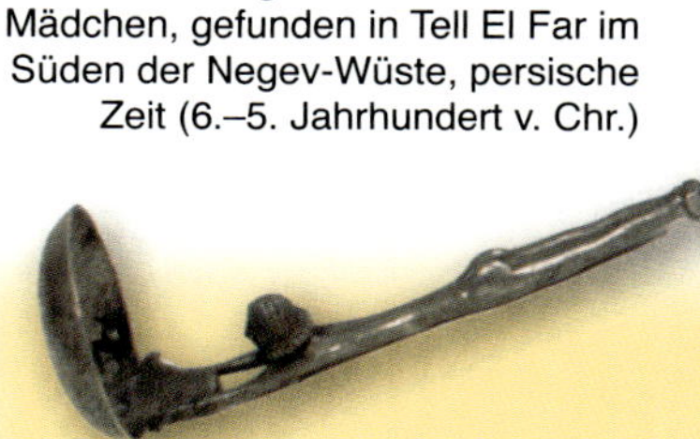

»Das sind die Arbeiten, die eine Frau für ihren Mann verrichten muss: Mehl mahlen und Brot backen, Kleider waschen und Essen kochen, ihr Kind stillen und sein Bett machen, Wolle bearbeiten. Wenn sie ihm eine Leibeigene bringt, muss sie nicht mahlen oder backen oder waschen; wenn sie zwei bringt, braucht sie nicht zu kochen oder ihr Kind zu stillen; wenn sie drei bringt, muss sie nicht sein Bett machen und Wolle bearbeiten; wenn sie vier bringt, kann sie den ganzen Tag auf einem Stuhl sitzen.« (Mischna, Ketuboth 5,5)

von Frauen auf eigene Wohnquartiere vorzustellen, ist, dass es in jedem Haushalt Orte gab, die zu bestimmten Zeiten des Tages mehr von Frauen als von Männern genutzt wurden. Zum Beispiel wurden in Tell es-Sa'idiyeh im östlichen Jordantal in einer Fundstelle aus der Königszeit Israels eine Reihe von Webstühlen entdeckt – ein sicheres Zeichen für die Anwesenheit von Frauen. Sie befanden sich im Hauptraum des Hauses in einer Linie aufgereiht. Die Funde von Öfen und Mühlsteinen in Höfen und die Beobachtung heutiger traditioneller Gesellschaften zeigt uns, dass dieser Ort für die Frauen des Hauses bestimmt war, zumindest für die drei Stunden an jedem Tag, die nötig waren, um das tägliche Brot für den Haushalt zu backen.

Frauen in der Öffentlichkeit?

Sprichwörter 7,11 kritisiert eine Frau, deren »Füße nicht mehr im Haus bleiben«. Im alten Griechenland wurden Frauen, die man als »anständig« einschätzte, oft zu Hause eingeschlossen. Als Sokrates in einem Gespräch mit Isomachus diesen fragte, ob er seine Frau zu ihren Pflichten hinführen müsse, antwortete Isomachus: »Warum, welches Wissen

Mauerreste einer byzantinischen Kirche, die das Haus in Kafarnaum umgeben, in dem Jesus die Schwiegermutter des Petrus geheilt hat.

konnte sie schon haben, als ich sie heiratete? Sie war noch nicht einmal 15 Jahre alt und bis zu dieser Zeit lebte sie unter strenger Kontrolle, sah, hörte und sprach so wenig wie möglich.«

Als Philo, der jüdische Schriftsteller des ersten Jahrhunderts, den idealen jüdischen Haushalt beschrieb, betonte er, dass unverheiratete Mädchen im privaten Teil des Hauses bleiben sollten; er kritisierte die Frauen, die dagegen verstießen. Das Zweite Buch der Makkabäer (3,19) beschreibt, wie junge Frauen, die üblicherweise im Haus blieben, nun zur Stadtmauer liefen. Plutarch, ein griechischer Schriftsteller der römischen Zeit, schrieb in seinem *Rat für Braut und Bräutigam*, dass Frauen im Haus bleiben, nicht in der Öffentlichkeit reden und sich ihrem Gatten unterordnen sollten.

In den Evangelien finden Szenen, an denen Frauen beteiligt sind, in der Regel im Haus statt, zum Beispiel die Heilung der Schwiegermutter des Petrus (Mk 1,30-31), der Tochter der Syrophönizierin (Mk 7,24-30) und das Gleichnis von der verlorenen Drachme (Lk 15,8).

Der Palast des Herodes, hier im Modell des Zweiten Tempels im Israel Museum in Jerusalem, war ein besonders kostbares Beispiel eines reichen Hauses zur Zeit Jesu.

Im Kapitel über Führerschaft werden wir sehen, wie in der frühen Christenheit eine Debatte über Frauen in der Öffentlichkeit entstand. Dies betraf die Christenheit in besonderer Weise, weil seine Gläubigen sich in der Öffentlichkeit trafen – dies war vorher der privilegierte Ort der Männer.

Einige jüdische Weise stimmen mit Philo überein, dass das Haus der Platz für Frauen ist: Ein früher Kommentar zur Genesis verweist darauf, dass Dina dadurch, dass sie das Haus verlässt (Gen 34,1), die Ereignisse in Gang setzt, die zu der Krise ihrer Familie führen.

Natürlich konnte eine Frau diese Regel umso mehr beachten, je höher ihr sozialer Status war. Eine reiche Frau hatte Diener, die hinausgehen, ihre Aufträge erfüllen und ihre Felder bearbeiten konnten. Zudem hatte sie genügend Möglichkeiten, sich im Haus zurückzuziehen.

Aber man darf nicht vergessen, dass Schriftsteller oft mehr ihr eigenes Ideal beschreiben als die Wirklichkeit. Wenn sie sich gegen etwas aussprechen, ist es ein sicheres Zeichen, dass dies ein üblicher Brauch war. Es gibt in der Bibel auch Hinweise auf eine positive Hal-

Ein Gesetzestext in Keilschrift aus gebranntem Ton, Syrien, 12. Jahrhundert v. Chr. Im Text geht es um eine Entscheidung des Königs von Emar, die einen Stiefbruder zu 200 Schekel Strafe verurteilte, weil er den Besitz seiner Stiefschwestern widerrechtlich genutzt hatte. Außerdem konnte der Stiefvater die vier Mädchen als »Söhne« adoptieren und ihnen dadurch ein Erbrecht verschaffen.

tung gegenüber Frauen in der Öffentlichkeit, eine Haltung, die sich erst später änderte. Die tüchtige Frau in Sprichwörter 31,10-31 wurde für ihr Wirken außerhalb des Hauses ebenso gepriesen wie innerhalb. Frauen begleiteten Jesus in den Jahren seines öffentlichen Wirkens (Lk 8,1-3) und dienten in der Folge auch der Kirche (Phil 4,2. Röm 16,3). Als Josephus die biblische Geschichte von Isaaks Treffen mit Rebekka erzählte, ließ er sie sich vorstellen: »Laban ist mein Bruder und er trägt zusammen mit meiner Mutter Sorge für alle familiären Angelegenheiten« (Ant 1,16, 248).

Dieser Kalkstein mit zwei Frauen und einem Kind erinnert an Rahel und Lea (Ägypten, Mittleres Reich, 2125–1648 v. Chr.)

Familienbeziehungen

Ein Haushalt war keine physische Sache, sondern bestand aus der dort lebenden Familie. Das Familiennetzwerk ermöglichte Frauen, einander in den wichtigsten Augenblicken des Lebens zu helfen, besonders bei Geburt und Tod (Rut 4,16-17; Apg 9,39): Außerdem wurden Verbindungen zur entfernteren Verwandtschaft geschaffen. Solche Bande erlaubten Rut, ihre Heimat zu verlassen und ihrer Schwiegermutter zu vertrauen. Auch Maria und Elisabet begegneten gemeinsam den Wechselfällen des Lebens (Lk 1,39-45).

Die Bibel erwähnt Mütter und Töchter nur selten. In Exodus 2,1-10 wird vom Zusammenspiel Jochebeds (vgl. Ex 6,20) und ihrer Tochter Mirjam erzählt, wie sie gemeinsam Mose retteten. Dina wird eingeführt als »die Tochter, die Lea dem Jakob geboren hat« (Gen 34,1). Biblische Kommentatoren sagen, dass Dina und Lea im gleichen Atemzug genannt werden, um die Einsamkeit der beiden Frauen auszudrücken: Dina, die »hinausging, um sich die Töchter des Landes anzusehen« und Lea, die Jakobs Mangel an Liebe zu ihr zu beklagen hatte. Um Mutter-(Schwieger-)Tochter-Beziehungen geht es auch in Gen 24,28, Hld 3,4 und Rut 1,8-18.

In den Evangelien finden wir zwei Mutter-Tochter-Ereignisse: die bekannte Salome einerseits, die mit ihrer Mutter unter einer Decke steckt, um Johannes den Täufer zu töten, und die heidnische Frau, die Jesus um die Heilung ihrer Tochter bittet.

Jesus räumt ein, dass seine Lehre Familienbande zerbrechen lässt: »den Sohn mit seinem Vater zu entzweien und die Tochter mit ihrer Mutter und die Schwiegertochter mit ihrer Schwiegermutter« (Mt10,35). Dieser Ausdruck, dem Propheten Micha 7,6 entnommen, wird im Mischna-Traktat *Sotah 9,15* wiederholt, der das Chaos beschreibt, das der Zerstörung des Tempels folgt und das in der Zerstörung dieser Beziehungen besteht.

Biblische Geschichten von Schwestern und Brüdern greifen die ganze Bandbreite menschlichen Verhaltens auf: von Amnons Vergewaltigung seiner Halbschwester Tamar (2 Sam 13) bis zum Hohelied 8,1, wo die Erzählerin wünscht, ihr Liebhaber möge ihr Bruder sein, damit sie ihn in der Öffentlichkeit mit einem Kuss begrüßen könnte. Schwestern sollen Brüder beschützen, wie die »Weisheit« verbunden mit der »Klugheit«, beide als weibliche Figuren dargestellt, den Mann vor einer schlechten Heirat bewahren (Spr 7,4-5). Mirjam, die Schwester des Mose, wacht über ihn und rettet sein Leben (Ex 2,4).

Das Leben der beiden Schwestern Rahel und Lea beeinhaltet mehr Streit. Die beiden, die Seite an Seite die Herden hüteten und Wasser für ihre Familien aus dem Brunnen zogen, wetteiferten als Erwachsene um die Aufmerksamkeit des gleichen Mannes – die eine geliebt, die andere nicht, die eine unfruchtbar, die andere fruchtbar. Aus der Eifersucht gegenüber ihrer fruchtbaren Schwester Lea heraus nannte Rahel das von ihrer Magd geborene Kind Naftali, »Ich habe (mit meiner Schwester) gekämpft« (Gen 30,8). Kein Wunder, dass Levitikus 18,18 später vorschreibt, dass ein Mann nicht zwei Schwestern heiraten soll!

Viele Streitigkeiten werden in der Bibel zwischen den Kindern mehrerer Frauen eines Mannes ge-

schildert, am berühmtesten ist die Geschichte von Hagar und Sara und ihren Söhnen Ismael und Isaak.
Jiftach war ein »mächtiger Krieger« (Ri 11,1), aber sein Stand zu Hause war niedrig: Als Sohn einer Prostituierten konnte er gegen seine Halbbrüder, Söhne von Gilead und seiner rechtmäßigen Ehefrau, nicht ankommen und wurde von ihnen aus dem Haus vertrieben (Ri 11,2).
Welchen Zweck hatten die Beziehungen solcher zusammengewürfelten Familien? Wieder einmal war es das Überleben. Antike Skelettfunde zeigen, dass nicht allein die meisten Menschen jung starben, sondern dass die Sterblichkeitsrate gebärfähiger Frauen höher war als die der Männer. Die Knochenreste zeigen auch, dass – anders als in der heutigen Zeit – Frauen insgesamt kürzer lebten als Männer; die Lebenserwartung von Mänern lag bei 40, die der Frauen bei 30 Jahren. Deshalb mussten die Familien mehr Kinder zur Welt bringen, meist vier bis fünf. Frauen im gebärfähigen Alter waren so wichtig, dass die Israeliten, als sie die Midianiter ausrotteten (Num 31,7-18), von Mose aufgefordert wurden, die jungen Frauen zu verschonen, obwohl eigentlich die Heirat innerhalb des Klans vorgezogen wurde.

Eine Beduinenfrau sitzt an einer Seite am Eingang des Zeltes, während sich die Männer vor dem Zelt versammeln – dies erinnert an die Geschichte von Abrahams Zusammentreffen mit den drei Boten Gottes.

Der Haushalt als Ort von Intrigen

Biblische Frauen gingen oft mit Intrigen ans Werk, um die Ereignisse zu ihren Gunsten zu beeinflussen. Selbst biblische Gestalten, die wir sehr verehren, hielten sich nicht von fragwürdigen Vorgehensweisen fern. Rebekka zum Beispiel rät ihrem Sohn Jakob, sich zu verkleiden, um sich den Segen seines Vaters Isaak zu erschleichen.
Sich für jemand anders ausgeben, war ein Weg, wie man den Lauf der Dinge beeinflussen konnte: Tamar gibt vor, eine Prostituierte zu sein (Gen 38,13-15), und die weise Frau von Tekoa gibt auf Anweisung Joabs vor, eine Witwe zu sein (2 Sam 14,2).
Michal, Sauls Tochter und Davids Frau, greift ebenso zu einer List, in diesem Fall, um ihrem Gatten bei seiner Flucht vor ihrem Vater zu helfen. Dazu legt sie ein lebensgroßes Götterbild in das Bett Davids und kann Saul so lange täuschen, bis David entflohen ist (1 Sam 19,13-16).
Batseba bittet ihren Sohn, den König Salomo, unterwürfig darum, seinem Bruder und Rivalen Adonija Abischag aus Schunem zur Frau zu geben (1 Kön 2,20-21). Man darf annehmen, dass dies eine List war, so dass sich Salomo als starker Herrscher darstellen konnte.

Was können wir lernen?

Wir können uns kaum in die Lage biblischer Frauen innerhalb ihrer verwandtschaftlichen Verhältnisse versetzen. Dennoch zeigen die Geschichten über diese Frauen dauerhafte menschliche Werte: einerseits der Wunsch zu schützen und die Familie fortzuführen, andererseits die deutliche Suche nach Prestige, Ansehen und wachsendem Reichtum.
Die meisten der Gesetze, die das familiäre Zusammenleben regeln, entstanden sicher aus dem grundsätzlichen Bedürfnis zu überleben, aber sie entwickelten sich zu einer Ethik, die bis heute gültig ist.
Familiäre Beziehungen werden zu Bildworten für eine bessere Zukunft in Jesajas tröstlichen Prophezeiungen. »Kann eine Frau ihr Kindlein vergessen, eine Mutter ihren leiblichen Sohn? Und selbst wenn sie ihn vergessen würde, ich vergesse dich nicht.« (Jes 49,15)

Frau mit Kind, Ton, Syrien, 950-750 v. Chr.

Sara

Die Namen, unter denen die erste der »Stammmütter« bekannt ist, Sarai und später Sara, kommen beide von einem hebräischen Wort, das »Prinzessin« bedeutet. Dieser Name weist auf die hohe Bedeutung von Sara und Abraham als Führer des Stammes hin und passt zu der Stellung, die Gott Sara gegeben hat: »Mutter der Völker« (Gen 17,16). Ihre einzigartige Stellung als erste der Stammmütter führte zu ihrer Wahl für dieses Portrait zum Kapitel über Frauen und ihren Haushalt.

Wir treffen zuerst auf Sara, als sie Ägypten betritt, wohin sie und Abraham aufgebrochen sind, um dem Hungertod zu entgehen. Abraham ist besorgt, dass Saras Schönheit für ihn den Tod bedeuten könne (Gen 12,10-13). Er schlägt deshalb vor, dass sie sich als seine Schwester ausgeben solle. Einem alten Dokument aus Nuzi zufolge, einer Stadt, die 1500 v. Chr. am Fluss Tigris im heutigen Irak gegründet wurde, adoptierten Männer manchmal ihre Frauen als ihre Schwester, was den Rang der Frau über den einer Ehefrau erhöhte. Das Ergebnis in diesem Fall aber war für Sara in jeder Weise schlecht: Sie würde entweder vergewaltigt oder Abraham getötet werden. Sara scheint keine Wahl zu haben. Aber sie gehorchte Abraham wohl im Verständnis, dass sie als Witwe keinerlei Schutz besaß, wohl aber Abraham als ein »Bruder« der Frau ihr Schutz geben könnte. Abraham kommt in dieser Geschichte nicht sehr gut weg, weil er bereit ist, Sara aufzugeben, um sich selbst zu retten.

Zuerst war Sara unfruchtbar (Gen 11,30). Aber wie Marias Verwandte Elisabet gebar Sara ein Kind im hohen Alter. Sara glaubte nicht, dass dies möglich sein könnte, und lachte, als sie die Botschaft der Engel an ihren Gatten hörte. Abraham hatte diese Botschaft in der Tat bereits früher von Gott erhalten, nach der Geburt Ismaels durch Hagar (Gen 17,16). Jedoch hatte er seine Frau augenscheinlich nicht daran teilnehmen lassen. So erscheint sie, als sie am Zelt den Männern lauscht, die Abraham am Baum von Mamre besuchen, sehr überrascht und »lachte in sich hinein« (Gen 18,12).

Der alte Kommentar Genesis Rabbah *(53,5) meint, dass Psalm 113,9: »Die Frau, die kinderlos war, lässt er im Hause wohnen; sie wird Mutter und freut sich an ihren Kindern« eine Anspielung auf Sara darstellt. Aber Saras Los war keineswegs glücklich. In der Sorge, kinderlos zu bleiben, überließ sie Abraham ihre Magd Hagar entsprechend einem alten mesopotamischen Brauch, und Ismael wurde geboren. Als sie bemerkte, wie »der Sohn Hagars herumtollte« (Gen 21,9), sah sie für die Zukunft tödliche Konflikte zwischen Ismael und ihrem eigenen Sohn Isaak voraus.*

Als die drei Engel zu Abraham kommen, ist er außerhalb des Zeltes und Sara im Zelt. Sie backt Brot und ist den Blicken der fremden Männer verborgen. Sie nennt Abraham »mein Herr« (Gen 18,12). Das ist typisch für biblische Frauen. Doch als sie Abraham sagt, dass »er diese Magd und ihren Sohn verstoßen soll« (Gen 21,10) zeigt sie eine stählerne Entschlossenheit, wohl nicht ganz das, was Petrus meinte, als er Frauen ermahnte, sich ihren Männern unterzuordnen, so wie »Sara Abraham gehorchte« (1 Petr 3,6). Jedoch durch ihr Handeln erreicht Sara das, was Gott zugesagt hatte (Gen 17,19-21): Ismael erhält eine eigene Segenszusage, der Bund Gottes mit den Menschen jedoch bezieht sich auf ihre eigenen Nachkommen.

Biblische Kommentatoren nehmen an, dass der Bericht von Saras Tod keineswegs zufällig dem Kapitel folgt, in dem sich die Erzählung von der Opferung Isaaks durch Abraham findet. Der Gelehrte Rashi vermutete im 11. Jahrhundert, dass Sara an einem Schock starb, als sie von dem erfuhr, was ihrem Sohn fast geschehen wäre. Pirkei de Rebbe Eliezer ging im 8. Jahrhundert noch weiter, als er zu denken gab, dass der Satan, darüber wütend, dass Abraham das Opfer Isaaks nicht ausgeführt hatte, Sara fälschlich von der Tötung Isaaks durch Abraham berichtete, worauf sie vor Kummer starb.

Jesaja unterstreicht die Bedeutung Sara, wenn er diejenigen, die »der Gerechtigkeit nachjagen« ermutigt, auf den Anfang zu sehen: »Blickt auf Abraham, euren Vater, und auf Sara, die euch gebar« (Jes 52,2).

Nie zu Ende: Die Arbeit der Frauen

»Noch bei Nacht steht sie auf, um ihrem Haus Speise zu geben« (Sprichwörter 31,15)

Dass Frauen zur biblischen Zeit sowohl im Haus wie auf den Feldern sehr hart zu arbeiten hatten, ist in der Bibel ausreichend bezeugt. Unter solchen Frauen, die in der Küche arbeiten, sind: Sara, die Brot für die himmlischen Besucher backt (Gen 18,6); Rebekka, die ein schmackhaftes Mahl für Isaak zubereitet als Teil ihrer Intrige, dass Jakob das Erstgeburtsrecht erhält (Gen 27,9.16); Tamar, von der Amnon verlangt, dass sie ihm Brot backt, bevor er sie vergewaltigt (2 Sam 13,8).

Männer waren ebenfalls in der Zubereitung der Nahrung eingebunden: Die Brüder Jakob und Esau schienen beide talentierte Köche gewesen zu sein. Jakobs Linseneintopf ließ Esau das Wasser im Mund zusammenlaufen (Gen 25,29-30) und Esau bereitete ein »leckeres Mahl« für seinen Vater (Gen 27,31). Gideon bereitete »ein Ziegenböckchen zu sowie ungesäuerte Brote« (Ri 6,19). Samuel beauftragte seinen Koch, das Mahl zu bereiten, das er Saul vorsetzen möchte (1 Sam 9,23), und Elischas Diener kochte ein unappetitliches Mahl aus wilden Rankengewächsen für die Prophetenjünger (2 Kön 4,38-41). War Kochen und Backen deshalb gleichberechtigt zwischen Männern und Frauen aufgeteilt? Wohl kaum in einer Gesellschaft, in der mehr als 50 % der Kalorienaufnahme durch Getreide erfolgte. Denn an dieser Stelle lag die zentrale Aufgabe für Frauen bei der Nahrungszubereitung.

Auf dem Weg von den Feldern

Terrakottafigur einer Frau, die Teig knetet. Diese Figur mit einem kegelförmigen Haarschmuck aus dem 12. Jahrhundert v. Chr. wurde auf dem Friedhof von Akhziv (biblisch Achzib, Jos 19,29 und Ri 1,31) an der Küste im Norden Israels gefunden.

Im Buch Levitikus werden die Folgen des Ungehorsams Gott gegenüber an einem Beispiel alltäglichen Lebens dargestellt: »Ich entziehe euch euren Vorrat an Brot, so dass zehn Frauen euer Brot in einem einzigen Backofen backen, dass man euch das Brot abgewogen zuteilt und ihr euch nicht satt essen könnt« (Lev 26,26).

Im Neuen Testament wird das Himmelreich mit Sauerteig verglichen, den eine Frau in einen Trog Mehl mischte (Mt 13,33). Das Ende der Tage wird mit Bildworten beschrieben, die die Aufteilung der Arbeit von Männern und Frauen deutlich werden lassen: Frauen mahlen mit der Mühle Getreide, Männer sind entweder auf dem Feld (Mt 24,40) oder liegen gar auf dem Bett (Lk 17,34). Die Frauen aber sind in beiden Fällen bei der gleichen Arbeit – am Mühlstein.

Aus der gleichen Zeit, aber in Britannien weit weg vom Heiligen Land, machen Skelettfunde die harte Arbeit der Frauen durch Heben und andere körperliche Anstrengung durch Knochenveränderungen und Knötchen an den Wirbeln

Wandbild im Grab des Aufsehers in der königlichen Totenstadt von Deir el-Medina, Ägypten. Ein Mann und seine Frau arbeiten zusammen beim Pflügen und Ernten.

sichtbar. Arthritis im Nacken wurde ebenso festgestellt, die sich aus dem Tragen schwerer Lasten wie Wassertöpfe oder Holzbündel auf dem Kopf ergibt. Abnutzungsspuren an den Gelenken der Füße lassen lange Stunden des Sitzens an Herdfeuern vermuten.

Eine Sense aus römischer Zeit, gefunden in der Judäischen Wüste nahe Nahal Hever; Eisen mit Holzgriff

Genesis Rabba betrachtet die Art und Weise, wie eine Frau mit Teig umgeht, als Grundlage für eine glückliche Ehe. Dies konnte sogar zu einer »Ehevermittlung« führen: »Solange Sara lebte, lag Segen auf ihrem Teig und die Leuchte brannte von einem Sabbatabend bis zum folgenden; als sie starb, verschwand beides. Aber als Rebekka kam, war die Leuchte wieder angezündet. Als Isaak sah, wie Rebekka in dieser Weise in die Fußstapfen seiner Mutter trat, wie sie das Sabbatbrot und den Teig überhaupt mit Sorgfalt behandelte, brachte er sie in sein Zelt.«

Nach der Schafschur folgt das Waschen der Wolle.

Kohelet 12,3-5 blickt auf die alten Tage des Menschen und auf die Arbeiten, die dann nicht mehr möglich sind. Dazu gehört, dass »die Müllerinnen ihre Arbeit einstellen«.

Auf der anderen, angenehmeren Seite stellt der Tosefte, eine talmudische Quelle, die den Traktat *Niddah 48b* kommentiert, fest, dass Dorfmädchen, die seit ihrer Jugend Mehl mahlen, sich schöner entwickeln als Stadtmädchen, die ihr Mehl und Brot vom Bäcker kaufen können.

Die Armen mahlen selbst

Wissenschaftler haben berechnet, dass täglich drei bis vier Stunden Zeit nötig waren, um Brot für eine normale Familie zu produzieren. Wie wir im vorangegangenen Kapitel gesehen haben, brauchte entsprechend der Mischna eine Frau ihr eigenes Getreide nicht zu mahlen, wenn sie eine Sklavin hatte. Dennoch, die Bereitung von Nahrungsmitteln und die Geburt von Kindern werden in der Antike als wesentlich für die Welt der Frauen bezeichnet und auch in der Beschreibung der zehnten ägyptischen Plage miteinander verbunden: »vom Erstgeborenen des Pharao, der auf dem Thron sitzt, bis zum Erstgeborenen der Magd an der Handmühle« (Ex 11,5). Jesaja beschreibt Babylon als eine junge Frau, die ihren Reichtum verloren hat und nun zur Weizenmühle greifen muss: »Jetzt nennt man dich nicht mehr die Feine, die Zarte. Nimm die Mühle und mahle das Mehl« (Jes 47,1-2).

Ijob, so wissen wir, war reich, bevor Gott ihn prüfte. Seine Frau hatte sicher genügend Dienerinnen um das Mehl für den Haushalt zu mahlen. Als Ijob einen Eid leistete, indem er seine Handlungen als gerecht bezeichnete, schwor er, dass er bei einer Falschaussage nicht nur bereit war, seine Frau an einen anderen zu verlieren, sondern die Erniedrigung zu ertragen, dass »meine Frau einem anderen mahle« (Ijob 31,10).

Samuel warnt die Menschen vor einem Leben in Unterordnung unter den König: »Er wird eure Töchter holen, damit sie ihm Salben zubereiten und kochen und backen« (1 Sam 8,13).

Auf dem Bauernhof

Wie wir gesehen haben, hielt die Notwendigkeit, nach kleinen Kindern zu sehen und Speise für den Haushalt zuzubereiten, Frauen die meiste Zeit in der Nähe ihres Hauses. Keine der Aufgaben, die die Mischna aufzählt, verlangt, dass sie ihren Männern auf dem Feld helfen. Obwohl die »tüchtige Frau einen Weinberg pflanzt« (Spr 31,16), hat sie diese Arbeit wohl kaum selber verrichtet, wenn sie eine Frau mit Vermögen war. In der Tat, die meisten biblischen Erwähnungen, dass Frauen den Boden bearbeiten, zeigen arme

Ein runder Mühlstein mit Weizenkörnen darauf

oder versklavte Frauen. Die Witwe Rut zum Beispiel muss ihren Lebensunterhalt auf den Feldern von Betlehem finden (Rut 2,5-9). Dass Feldarbeit für eine Frau nicht angenehm war, geht aus Hohelied 1,6 hervor: »Die Sonne hat mich verbrannt. Meiner Mutter Söhne waren mir böse, ließen mich Weinberge hüten.«

Eine Hirten aus unserer Zeit mit ihrer Herde erinnert uns an Rahel.

Dennoch, nach dem Talmud, nutzten zur Zeit Jesu viele Frauen aus Bauernfamilien die Gelegenheit, Früchte und Gemüse zu ziehen und zu verkaufen, um ihren Haushalt zu unterstützen.

Hirtinnen

Mädchen arbeiteten bereits seit frühester Kindheit als Hirtinnen, so wie sie es in manchen traditionellen Gesellschaften unserer Zeit ebenso tun. Wohl die berühmteste biblische Hirtin ist Rahel (Gen 29,9), deren Name im Hebräischen »Schaf« bedeutet. Die Notwendigkeit, solche Hirtinnen zu beschützen, wenn sie die Herden weiden, steht hinter dem Gesetz in Deuteronomium 22,25-26, das eine verlobte Frau von Schuld freispricht, wenn sie von einem Mann auf dem Feld angegriffen wird und zu weit von der Stadt entfernt ist, um um Hilfe zu rufen (für eine Frau in der Stadt galt dies nicht). Im Gegensatz zu dieser Anordnung hatte die Hirtin in Hohelied 1,8 doch wohl Liebe im Blick, wenn »sie der Spur der Schafe folgen und ihre Zicklein dort weiden soll, wo die Hirten lagern«.

Händlerinnen, Wandmalerei im Grab des Khnum-hotep in Beni Hasan, Ägypten, 1991–1783 v. Chr.

Markt

Wenn man traditionelle Märkte in unserer Zeit im Nahen Osten anschaut, kann man sich leicht vorstellen, dass die Güter, die Frauen verkauften, von ihnen selber hergestellt wurden, besonders Früchte und Gemüse. Nach der Aufstellung des Athener Dichters Pherecrates im 5. Jahrhundert gehörten zu solchen Produkten auch Girlanden, Brot und Kleidung. Im Blick auf Kleidung zeigen alte Dokumente, dass etwa die Hälfte von freigelassenen Frauen mit der Herstellung von Kleidung aus Wolle befasst waren. Lydia, die »Purpurhändlerin« (Apg 16,14) hatte ihre wirtschaftliche Nische in einem wichtigen Gebiet – dem Färben von Kleidung.

Aristoteles bemerkt, dass arme Frauen nicht daran gehindert werden können, dorthin zu gehen, wohin sie wollen. In klassischen Komödien, werden Marktfrauen als laut schreiend und rau gekennzeichnet – abgekürzt als »Fischweiber«, obwohl alte Quellen nirgendwo berichten, dass Frauen Fisch verkauften. Ein Markt in Athen wurde der Frauenmarkt genannt, nicht weil Frauen ausschließlich dorthin gingen, sondern weil er auf Kosmetika und Nadeln spezialisiert war.

Die »tüchtige Frau« aus Sprichwörter 31 stellt Güter her und verkauft sie. Frauen des klassischen Athen arbeiteten zudem als Gastwirtinnen und als Geschäftsführerinnen von Badehäusern.

Unter den Frauen, die im alten Athen ein Handwerk ausübten, waren unter anderem Schuhmacher, eine Vergolderin und eine Frau, die zusammen mit ihrem Mann als Helmmacherin arbeitete.

Dass Ehepaare zusammen arbeiteten, erinnert uns an die Zeltmacher Priscilla und Aquila (Apg 18,3).

Alte Quellen aus jener Zeit sprechen von Frauen, die so arm geworden waren, dass sie sich selbst für Feldarbeit vermieteten. Plato erwähnt, dass die Frauen Athens nicht wie die Frauen Thrakiens auf dem Feld arbeiten müs-

Cleg Trabish

Eine moderne Darstellung der Ähren lesenden Rut in den Feldern des Boas, der rechts dargestellt ist

sen und schätzt eine solche Arbeit nicht besser als Sklaverei ein. Aristoteles verweist darauf, dass wegen der hohen Kosten, die für arme Landeigentümer durch Sklaven entstehen, von den Armen eher Ochsen an Stelle von Sklaven und ihre Frauen und Kinder als Diener eingesetzt werden.

Eine Wolle spinnende Frau, Mari, Syrien, 2600-2350 v. Chr.

Aufstieg und Abstieg

In der Bibel sind einige wohlhabende Frauen erwähnt. Die Frau von Schunem zum Beispiel wird als »vornehm« bezeichnet. Das wird dadurch bestätig, dass sie Elischas Angebot zurückweisen kann, für sie ein gutes Wort beim örtlichen Herrscher einzulegen. Dies hat sie wahrscheinlich gar nicht nötig, weil sie zum Landadel gehört (2 Kön 4,1-13). Abigail, die Frau des Nabal, besaß ein großes Gut. Im Neuen Testament gibt es Frauen, die Jesus mit ihrem Besitz dienen – wie Johanna und andere wohlhabende Frauen –, auch in der Apostelgeschichte (17,4) sind Frauen aus vornehmen Kreisen erwähnt. In der griechisch-römischen Kultur war es bei Frauen üblich, religiöse Gemeinschaften finanziell zu unterstützen. Maria, die Mutter des Johannes, musste wohlhabend sein, denn sie hatte ein großes Haus und eine Dienerin namens Rhode (Apg 12,13).

Unter den Dokumenten, die von der wohlhabenden Babatha gefunden wurden, gibt es eine Heiratsurkunde, aus der man erkennen kann, dass sie Liegenschaften erbte. Dazu gehörte ein wertvoller Dattelpalmenhain. Zudem hielt sie eine gute Summe Geldes für die Mitgift ihrer Stieftochter vor.

Fr. Michele Picirrillo

Eine Bäuerin trägt geerntete Früchte; Detail aus einem Fußbodenmosaik der im 5. Jahrhundert entstandenen Kirche des Amos und Kaiseus in Jordanien

Obwohl die Unterschiede im Leben von reichen und armen Frauen in der Schrift nicht immer ausgedrückt werden, galt die Sorge der Propheten den unterdrückten Klassen. Amos kritisiert etwa die »Baschankühe« (Amos 4,1), eine verschleierte Aussage über die Frauen der Oberklasse.

In einer Abhandlung des Varro über Landwirtschaft aus dem 1. Jahrhundert v. Chr. beschreibt er Frauen der Ober- und Unterklasse mit einer gewissen Bewunderung für die letzteren: In Liburnia sah er Frauen, die gleichzeitig Lasten schleppten und Kinder an der Brust trugen – »das zeigt, dass unsere Frauen, die tagelang unter Moskitonetzen liegen, wertlos und verachtenswert sind«.

Der talmudische Traktat *Gittin 56a* erzählt die Geschichte von Marta, der Tochter des Boetus, eine der reichsten Frauen in Jerusalem während der Belagerung der Stadt, die ihren Diener erfolglos aussandte, Mehl zu suchen. Als sie entschied, die Dinge selbst in die Hand zu nehmen, »kam Schmutz an ihre Füße und sie starb«. Nach Rabbi Yochanan ben Zakkai war sie ein Beispiel »der verweichlichten und schwächlichen Frauen, die nicht wagten, ihre Fußsohle auf den Erdboden zu setzen« (Dtn 28,56). Aus anderer Sicht kann man Marta als eine Frau erinnern, die alles ihr Mögliche tat, um das Überleben ihres Haushalts zu sichern.

Nicht alle Frauen der Oberklasse zur Zeit der Römer waren faul. Der Landwirt Columella aus dem

Wirtel und Gewichtssteine, die in Qumran in der Nähe des Ortes gefunden wurden, wo die Schriftrollen vom Toten Meer entdeckt wurden. Die Wirtel wurden, wie aus der Abbildung zu erkennen ist, an der Spindel befestigt. Die Gewichtssteine hielten die Kettfäden eines stehenden Webstuhls (vgl. das Bild Seite 18). Solche mit dem Leben von Frauen verbundenen Funde stellen die übliche Meinung in Frage, dass es in Qumran keine Frauen gab.

1. Jahrhundert beschreibt die Frau eines Gutsbesitzers, wie sie von einem Ende des Gutes zum anderen geht – und mit ihrer überlegenen Kenntnis alle Arbeiten überwacht oder durch eigenes Ausprobieren neue Kentnnisse erwirbt. Sie überwachte auch die Zubereitung der Nahrungsmittel, achtete auf die Sauberkeit von Kuhställen und Scheunen und hielt die Unterkünfte der kranken Sklaven sauber.

Aus dem Brief eines Jungen an seine Mutter (sein Vater, Shamash-hazir, war ein hoher Beamter in der Verwaltung von Larsa unter Hammurabi in Babylon, 18. Jahrhundert v. Chr.):
»Sag zu Zinu: Dies schreibt Iddin-Sin. Möge Shamash, Marduk und Illabrat um meines Heiles willen dich immer wohl erhalten. Die Kleidung der Männer wird jedes Jahr besser. Doch du machst meine Kleidung von Jahr zu Jahr billiger. Durch ärmere Kleidung für mich bist du reich geworden. Obwohl in deinem Haus Wolle wie Brot genutzt wird, hast du meine Kleidung immer armseliger gemacht. Der Sohn von Adad-iddinam, dessen Vater meinem Vater untertan ist, hat zwei neue Kleidungsstücke bekommen, aber du regst dich über meinen Wunsch nach einem Kleidungsstück auf. Mich hast du geboren, seine Mutter hat ihn adoptiert; seine Mutter liebt ihn, du liebst mich nicht.«

Wenn sich die Spindel dreht

Zu biblischer und zu allen Zeiten, quer durch Kulturen und Kontinente haben Frauen täglich viele Stunden gesponnen. Sie produzierten Kleider für ihre Familien ebenso wie verschiedene Gegenstände, die im Haushalt gebraucht wurden. Diese Arbeiten waren mehr als nur handwerkliche Aufgaben – sie stellten Symbole für Häuslichkeit dar, untrennbar verbunden mit dem Leben von Frauen.

Maria, die Mutter Jesu, stellt die erste und einzige biblische Frau dar, die in einem alten Dokument als webende Frau erwähnt wird. Diese Geschichte findet sich nicht im Neuen Testament, sondern im außerkanonischen Jakobusevangelium. Dieses etwa um 150 n. Chr. geschriebene Dokument beschreibt die Szene: Die Priester in Jerusalem entschieden, dass für den Tempel ein Vorhang gewebt werden sollte, und sie beauftragten die zwölfjährige Maria, zusammen mit anderen Mädchen diese Arbeit zu tun. »Und sie brachten sie in den Tempel des Herrn. Und der Priester sagte: Werft das Los, wer von euch das Gold weben soll, und wer das weiße und das feine Leinen und die Seide und den hyazinthenfarbigen, den scharlachfarbigen und den echt purpurnen Stoff. Und das Los des Purpurfarbigen und des Scharlachroten fiel auf Maria, und sie nahm sie und ging in ihr Haus« (Apokryphes Jakobusevangelium 10,1). Diese außerkanonische Quelle führt an, dass der Engel Gabriel zu Maria kam, während sie spann. Aus diesem Grund wird Maria in der christlichen Kunst oft am Spinnrad gezeigt.

Eine Weberin im Dorf Nazaret in Galiläa kratzt Wolle; zur Linken spinnt eine andere Frau Fäden.

Weben war nur ein Teil der Arbeit, die Schafswolle, Ziegenhaar oder pflanzliche Fasern in Kleidung verwandelte. Was Wolle betrifft, so begann die Arbeit mit dem Scheren der Tiere. Nachdem die Wolle gereinigt und – sofern die Familie die nötigen Mittel hatte – getrocknet worden war, wurden die Fäden auf einer Spindel gesponnen. Zu biblischer Zeit und in traditionellen Kulturen noch heute, war die Spindel ein kurzer, dünner Stab mit einem Gewicht in der Mitte, dem Wirtel. Der Wirtel half, die Spindel in einer aufrechten Position zu halten, und wurde ebenso gebraucht, um den Stab in seiner Achse drehen zu können. Die schnellen und beständigen Drehungen der Spinnerin (schwerer als es aussieht!)

Überreste von Körben, gefunden in Höhlen am Toten Meer

Nachbildung eines stehenden Webstuhl in der Art, wie er zur Zeit Jesu gebraucht wurde. In späteren Zeiten wurden die steinernen Gewichte durch eine Stange ersetzt, die die Kettfäden hielt.

verwandelt die Rohfasern in Fäden jedweder Stärke. Die nächste Aufgabe war das Weben der einzelnen Fäden auf einem Webstuhl, um Stoff zu erhalten. In früher biblischer Zeit bis etwa zur Zeit Jesu, stand der Webstuhl aufrecht und die Kettfäden wurden durch Gewichte straff gehalten, wie archäologische Ausgrabungen ergeben haben. Geschickte Weberinnen konnten durch Weben in mehreren Richtungen und den Gebrauch farbiger Fäden komplizierte Muster schaffen.

In den Zeiten der vierzigjährigen Wanderschaft Israels durch die Wüste spannen Frauen Leinen und Stoffe aus Ziegenhaar für das Offenbarungszelt (Ex 35,25-26). Ezechiel 13,18 beschreibt handwerklich geschickte Frauen, die ihre Fähigkeiten in falscher Weise einsetzen: »Weh den Frauen, die Zauberbinden für alle Handgelenke nähen und Zaubermützen für Leute jeder Größe anfertigen.«

In der Bibel werden auch männliche Weber erwähnt, etwa Oholiab, der im Tempel arbeitende »Kunstweber und Buntwirker« (Ex 38,23). Jesaja braucht die männliche grammatikalische Form des Hebräischen, als er davor warnt, dass »wer Flachs anbaut, Enttäuschung erntet, die Weber erblassen« (Jes 19,9-10). Hiskija beschreibt in einem Danklied für seine Genesung seine Begegnung mit dem Tod mit dem Sprachbild: »Wie ein Weber hast du mein Leben zu Ende gewoben, du schneidest mich ab wie ein fertiggewobenes Tuch« (Jes 38,12). Männer und Frauen als Weber werden auch in anderen vorderorientalischen Quellen genannt.

Ein Rabbi der alten Zeit, Ben-Zoma, machte sich Gedanken über die kurze Zeit, bevor Eva geschaffen wurde (Mischna, *Berakhot 2,1*): »Wie viel Arbeit hatte Adam, bevor er ein Kleidungsstück tragen konnte: Er musste scheren, waschen, kämmen, spinnen und weben. Ich dagegen stehe morgens auf und finde all das bereits getan. Alle möglichen Leute kommen frühzeitig zu meinem Haus, und ich finde alles bereit.«

Die meiste Arbeit am Offenbarungszelt wurde wohl für Männer reserviert, und es gibt auch Belege, dass Männer eine Art industrieller Produktion von Wolle vornahmen. Aber in der Bibel und auch später in der römischen Zeit, in der das Christentum geboren wurde, gehörten Spinnen und Weben zur Arbeit der Frauen, ja, sie wurden gleichsam zu einem Symbol für das, was das Leben der Frauen ausmacht.

Mehr noch, einige antike Quellen lassen uns glauben, dass die Bezeichnung eines Mannes als »Weber« eine Beleidigung war, die seine Männlichkeit in Zweifel zog. Als David das Geschlecht Joabs verfluchte, nachdem dieser Abner ermordet hatte, findet sich unter seinen Verwünschungen, dass das Haus Joabs niemals ohne einen Mann mit der Spindel in der Hand sein soll (2 Sam 3,29). (Die meisten Übersetzungen verfälschen allerdings diese Aussage und sprechen davon, dass es in Joabs Familie Menschen geben soll, die an »Krücken« gehen.) Dieser Fluch des David meinte nicht so sehr verweichlichte Männer, die nicht als Krieger dienen konnten (vgl. Nah 3,13), sondern den Mangel an Frauen (und damit an Nachkommen) in der Familie des Joab.

Die Aufmerksamkeit auf die Fähigkeit einer Frau zum Spinnen und Weben zu richten, war das höchste Kompliment der Antike, wie der folgende römische Grabspruch zeigt: »Fremder, was ich zu sagen habe, ist kurz. Halte inne und lies. Das ist das schäbige Grab einer schönen Frau. Ihre Eltern nannten sie Claudia. Sie liebte ihren Ehemann aus ganzem Herzen. Sie gebar zwei Söhne, einen hat sie auf der Erde gelassen, den anderen darunter. Sie war im Gespräch charmant und ihr Verhalten war angemessen. Sie hielt das Haus instand, und sie stellte Wolle her.«

Wenn man auf die Talmud-Quellen zum Weben und Spin-

Diese Begräbnisstele aus Basalt aus Marash in Syrien, 950–750 v. Chr., zeigt einen Mann und eine Frau, wohl Ehegatten, die einander gegenübersitzen mit einem Tisch in der Mitte. Der Mann hält einen Stab und einen Weizenhalm; die Frau hält einen Becher und eine Spindel. Der Tisch ist mit flachen Brotlaiben beladen.

nen schaut, können wir die gleiche Bewunderung für die spinnende Frau feststellen. Frauen nutzten ihre Fähigkeiten zur Herstellung von Stoffen, um sich selbst und ihre Familien zu versorgen, wie wir aus dem Buch Tobit erfahren. Dieses im zweiten Jahrhundert vor Christus geschriebene Buch erzählt von einem frommen Juden im Exil in Ninive, der erblindete und dessen Frau Anna »zu Hause Webarbeiten anfertigte, wie sie Frauen zu machen pflegten, und sie dann bei den Bestellern abzulieferte« (Tob 2,11).

Eine Frau in Tracht zeigt ihre Webkunst auf einem traditionellen Bodenwebstuhl der Beduinen.

Weben und Spinnen hing nicht von dem sozialen Stand einer Frau ab. Tochter und Enkelin des Kaisers Augustus lernten Spinnen und Weben. Grabanlagen, die sich nur die Reichen leisten konnten, waren mit Spindeln und Spinnrocken geschmückt; arme Frauen dagegen wurden mit ihren Spindeln begraben. Weben wurde als eine Tätigkeit angesehen, die jüdische wie nichtjüdische Frauen der Oberschicht zufrieden stellte. Selbst wenn eine Frau hundert Dienerinnen hatte, sollte sie ihr Gatte anhalten, mit Wolle zu arbeiten, denn »Faulheit führt zur Unkeuschheit«.

Ein interessanter Abschnitt im Mischna Traktat *Ketubot 5,9* handelt über Eheverträge. Dort heißt es im Blick auf einen Gatten, der während einer Zeit der Abwesenheit (etwa durch Geschäfte) seine Frau durch einen Dritten versorgen lassen muss: Er soll seinem Vertreter eine silberne »ma'ah« für ihre Bedürfnisse geben. Wenn der Gatte dies nicht tut, kann sie Geld in der Höhe des Verdienstes zurückhalten, das sie durch ihre eigene Arbeit verdient, wenn sie »fünf Sela'im (= 70 Gramm) Kettfäden herstellt oder zwei Sela'im Schussfaden« (Garn für Schussfäden ist dünner und deshalb leichter als Garn für Kettfäden). Dieser Betrag entsprach einem Sechstel des täglichen Arbeitslohns von einem Dinar.

Während Frauen für Spinnen und Weben in ihren Familien verantwortlich waren, waren männliche Weber in industrieähnlichen Arbeitsstätten angestellt. In Pompeji wurden zum Beispiel Graffiti gefunden, die achtzehn Weber zusammen mit elf Weberinnen erwähnen. Das ist ein seltenes Beispiel für die Zusammenarbeit von Frauen und Männern an einem Arbeitsplatz. Der Mischna Traktat *Kiddushin 4,14* bezieht sich vielleicht auf eine solche Situation, wenn er vorschreibt, dass »ein Mann, der mit Frauen zusammenarbeiten muss, nicht alleine mit den Frauen bleiben darf ...« Wie kamen solche Männer mit der oben erwähnten Abneigung gegenüber »Frauenarbeit« zurecht? Plinius sagt, dass sie sich auf das Weben von Leinen spezialisierten, das mehr Gewinn einbrachte.

Während sonst alles, was bei Tage zu tun war, bei Sonnenuntergang beendet sein musste, konnte eine Frau auch bei Mondlicht spinnen. Das war die Zeit, die sie mit ihren Nachbarinnen verbringen konnte, sich erholend, sich unterhaltend und manchmal auch ein wenig schwätzend und klatschend. Wir erfahren dies aus einem Abschnitt des Mischna Traktats *Sotah 6,1*, wo Rabbis sich zu vergewissern suchen, welche Beweise ein Ehemann braucht, um sich von seiner Frau wegen des Verdachts auf Ehebruch scheiden zu lassen. Gegen den gelehrten Rabbi Eliezer, der sagte, es sei genug, wenn der Mann es von »einem vorbeifliegenden Vogel« hätte, dass seine Frau untreu sei, vertrat Rabbi Joshua, dass schon wichtigere Gründe für einen solchen Schritt nötig seien. Was waren solche Gründe? »Wenn die Frauen, die ihr Garn im Mondschein spinnen, darüber reden.«

Weil viele Frauen nach wie vor nähen, stricken und weben – zum Lebensunterhalt oder zum Vergnügen –, ist die spinnende Frau der Bibel ein Bild für das Leben der Frau.

Holzmodell einer Weberei mit webenden Frauen, 11. Dynastie des Mittleren Reiches (1986–1937 v. Chr.), Grab der Meketre, Theben

Marta

Für viele Bibelleser ist das nachhaltigste Bild von Marta das einer überarbeiteten, zudem nicht geschätzten »Hausfrau«. Dieses Bild ergibt sich aus dem ersten Ereignis, das von den beiden Schwestern aus Betanien in Lukas 10,38-42 berichtet wird. Marta beklagt sich, dass Maria ihre Zeit damit verbringt, auf die Lehren Jesu zu hören, während sie selber »ganz davon in Anspruch genommen ist, für ihn zu sorgen«. Der Text erläutert uns nicht, was die Arbeit der Maria war; aber aus den in der Mischna aufgezählten Aufgaben einer Hausfrau können wir schließen, dass das Mahlen von Mehl, Backen, Kleider waschen und Essen kochen dazugehörte und auch Spinnen, selbst wenn Dienerinnen im Haushalt waren, um ihr zu helfen. Marta hat wahrscheinlich auch eine Art von Küchengarten mit Kräutern und Gemüse im Hof des Hauses angelegt, das sie mit ihrer Schwester Maria und ihrem Bruder Lazarus teilte.

Als Marta dagegen protestiert, dass ihre Schwester nicht die Last der Arbeit teilt, antwortete Jesus: »Du machst dir viele Sorgen und Mühen. Aber nur eines ist notwendig. Maria hat das Bessere gewählt, das soll ihr nicht genommen werden« (Lk 10,41-42). Jesus beginnt diese Antwort mit »Marta, Marta«, eine freundliche Zurechtweisung.

Wie bei Lea und Rebekka, einem anderen Schwesternpaar, kann man den Charakter von Marta und Maria aus ihrem Verhalten beurteilen. Die Tatsache, dass Jesus Marias Rolle als »besser« bezeichnet, wurde ein beliebtes Thema für Predigten und Aufsätze, besonders in einer Generation, in der Frauen mehrere Aufgaben gleichzeitig wahrnehmen mussten.

Wenn man sich Marta näher ansieht, dann erkennt man, dass sie dem Haushalt vorstand. Die Tatsache, dass sie mit der »ganzen Arbeit« (Lk 10,40) beschäftigt ist, zeigt eine Position als Aufseherin ebenso wie die Aussage, dass »sie Jesus freundlich aufnahm« (Lk 10,38). Marta als Hausfrau und Haushaltsvorstand wurde so zum Vorbild für eine Gruppe von Gläubigen wie Lydia (Apg 16,15) und Maria, die Mutter von Johannes Markus (Apg 12,12). Martas »Vorbereitungen« sind Dienst und lassen eine Beziehung zwischen der alltäglichen Arbeit von Frauen und dem Auftrag Jesu, einander zu dienen, sichtbar werden. Die zwei Worte des Johannesevangeliums (12,2) »Marta bediente«, sind das letzte Mal, das wir von ihr hören. Und dabei tritt sie weit hinter der bewegenden Szene zurück, in der ihre Schwester Maria die Füße Jesu mit kostbarem Nardenöl salbte.

Dass Marta eine aktive Frau ist, wird nicht nur im Haushalt sichtbar. Bei Johannes lesen wir, dass Marta »hinausging«, um Jesus zu treffen, während Maria zu Hause blieb. Bei dieser Begegnung bekennt Marta ihren Glauben an Jesus als den Messias (Joh 11,27) mit den Worten »Ich weiß ...«. Damit erinnert sie an das »Ich weiß ...« anderer biblischer Frauen: an Rahab, die verstanden hatte, dass Gott das Land den Israeliten geben wollte (Jos 2,8), an die samaritanische Frau, die in Jesus den Propheten erkennt (Joh 4,19), an die Witwe von Sarepta, die Elija als einen Boten Gottes wahrnimmt (1 Kön 17,24).

Nach ihrem Treffen mit Jesus geht Marta zu ihrer Schwester und richtet ihr aus, dass Jesus sie rufen lässt (Joh 11,28). Marta scheint die Ereignisse ihrem wunderbaren Höhepunkt zuzuführen, ebenso wie Maria, die Mutter Jesu, es bei der Hochzeit in Kana tat (Joh 2,5). Martas Protest gegen die Öffnung des Lazarusgrabes (Joh 11,39) ermöglicht es Jesus, sie an ihre Unterredung zu erinnern, und dies unterstreicht die Botschaft der »Herrlichkeit Gottes« in Jesus.

Zu Marta, der Hausfrau, und Maria, der Lernenden, hatte ein Pastor der Reformationszeit eine gelungene Interpretation: »Marta und Maria in eins – das wäre die richtige Ehefrau für einen Pastor.« Ernsthafter drücken es Gelehrte aus, wenn sie annehmen, dass Maria und Marta ihre Talente zu einem missionarischen Paar kombinieren, wie Andronikus und Junia(s) (Röm 16,7), Tryphäna und Tryphosa (Röm 16,12) und Priszilla und Aquila (Röm 16,3).

Die vielen Aufgaben der biblischen Frau

Hauptberufliche Klageweiber aus einer mittelalterlichen Handschrift

Spinnen war eine wichtige Arbeit im Haushalt

Frauen als Händlerinnen, aus einem ägyptischen Grab

Kinder großziehen war eine Hauptaufgabe

Frauen auf dem Lande und Nomadinnen wachten über die Herden, besonders in ihrer Jugend

Frauen aus unserer Zeit ernten in einem Weizenfeld bei Betlehem

Geheimnisvolle Verbindungen: Liebe

Goldene Ohrringe aus Tel el-Ajjul, bei Gaza

»Der Geliebte ist mein, und ich bin sein« (Hohelied 2,16)

Liebe wird in der Bibel bis auf eine Ausnahme immer in Ausdrücken erwähnt, die die Liebe eines Mannes zu einer Frau bezeichnen: Isaak und Rebekka (Gen 24,67), Jakob und Rahel (Gen 29,18.20.30), Jakob und Lea (Gen 29,30), Simson und Delila (Ri 16,4.15), Simson und seine Frau aus Timna, die annahm, er liebe sie nicht (Ri 14,16) und Elkana und Hanna (1 Sam 1,5). Salomo liebte seine ausländischen Frauen (1 Kön 11,1-2) und Rehabeam Maacha (2 Chr 11,21), was, wie im Kapitel über Heirat näher dargestellt wird, politische Auswirkungen hatte: Er »liebte« die Tatsache, dass sie ihm einen hochgestellten Sohn gebären konnte. Artaxerxes »liebte Ester mehr als alle Frauen zuvor« (Est 2,17). Sichem, der Dina (Gen 34,2), und Amnon, der Tamar vergewaltigte (2 Sam 13,14), behaupteten beide, ihre Opfer zu lieben, ein nicht nachvollziehbarer Gedanke. Die Bibel erzählt auch von der Liebe einer Mutter zu ihrem Kind – etwa Rebekka und Jakob (Gen 25,28) – und von der Liebe einer Frau zu einer anderen – Rut und Naomi (Rut 4,15).

Eine Gazelle, verbreitet im Bergland Israels, wird im Hohelied fünfmal als Symbol des Liebhabers erwähnt.

Das Hohelied ist eine von wenigen Stellen in der Bibel, wo die Stimme einer Frau mehrfach zu hören ist – selbst ihre Brüder, die versuchen, Mauern um sie herum zu errichten (Hld 8,8-9) oder die Wächter, die sie schlagen (Hld 5,7), haben nur untergeordnete Rollen. Diese Liebeslieder im biblischen Buch Hohelied haben Parallelen in der ägyptischen und sumerischen Liebesdichtung, doch haben sie auch eine lang andauernde Debatte hervorgebracht. Religiöse Denker, beginnend mit dem rabbischen Kommentar zu Exodus, Mekhilta, aus dem dritten oder vierten Jahrhundert und ebenso der christliche Lehrer Origenes aus der gleichen Zeit sehen diese Lieder als eine Allegorie auf Gottes Liebe zu Israel. Auch die Älteren haben die Liebe Gottes zum Menschen mehrfach mit der Liebe von Mann und Frau verglichen. Hosea, Jesaja und Ezechiel greifen die Symbolik von Mann und Frau auf, wenn sie die Beziehung Gottes zu Israel schildern. Aus heutiger Sicht liegen diese beiden Formen der Liebe weit auseinander, aber für die Menschen der biblischen Zeit bestand kein so großer Unterschied.

Baruch Gian

»Eine ummauerte Quelle« in Sataf, in der Nähe von Jerusalem. Eine solche symbolisiert im Hohelied 4,12 eine junge Frau.

Eine symbolische Verbindung zwischen der Liebe eines Mannes zu einer Frau und der Liebe Gottes zu Israel kann auch im schönen »Weinberglied« in Jesaja 5 festgestellt werden. Im Vorderen Orient der Antike wurde die Frau oft als Weinberg beschrieben, in dem der Mann Reben pflanzt und der in Kindern Frucht bringt.

In der Bibel und in anderen antiken Schriften symbolisiert ein fruchtbarer Weinberg die Frau.

Oft wird ausgesagt, dass Gott Israel liebt, aber von Israel wird gesagt, dass es Gott nicht liebt, ungeachtet der Beschreibung Salomos (»er liebte Gott«, 1 Kön 3,3) und Psalm 116,1: »Ich liebe den Herrn«. Meist nämlich, wird in der Bibel gesagt, dass Israel andere Götter liebt (Jer 2,25; 8,2 ...). Die einzige Stelle, in der die Bibel davon spricht, dass eine Frau einen Mann liebt – Michal (1 Sam 18,20) – erzählt von einer Frau mit geringerem sozialen Status. So ist es verständlich, dass Gelehrte schließen, dass Liebe in der Bibel, gleich ob persönliche, politische oder göttliche Liebe gemeint ist, in der Regel eine ungleiche Beziehung darstellt, bei der eine Seite höher in der Rangordnung ist.

Michal

Michal, die jüngere von Sauls beiden Töchtern (1 Sam 14,49), ist die einzige Frau, von der die Bibel erzählt, dass sie »verliebt« war (1 Sam 18,20) – in David, den sie heiratete und durch den sie zur ersten Königin Israels wurde. Unglücklicherweise bringt ihr diese Liebe, obwohl sie für David der Schlüssel zu seinem Aufstieg zur Macht war, nur Leid.

Saul und David ziehen beide aus Michals Liebe Vorteile. Als David Saul die doppelte Zahl von erbeuteten Vorhäuten (= besiegten Feinden) übergab, als Saul vorher von ihm gefordert hatte, verlangt er nicht, Michals Ehemann, sondern der Schwiegersohn Sauls zu werden (1 Sam 18,27). Nachdem Saul gestorben war, verhandelt David mit Abner, um Michal zurückzubekommen, aber nur um seinen Anspruch auf die Königswürde zu verstärken (2 Sam 3,12-15). Saul seinerseits nutzt Davids politischen Aufstieg, um sich ihm für einen Mordanschlag genügend zu nähern. Ironischerweise ist Michals Liebe zu David einer der beiden Gründe, warum die Bibel von der Angst Sauls vor David erzählt (1 Sam 18,28).

Michal ergreift die Initiative und rettet Davids Leben, als Saul versucht, ihn umzubringen (1 Sam 19,11-17; Ps 59). An dieser Stelle beschreibt die Bibel sie nicht als Sauls Tochter, sondern als Davids Frau (1 Sam 19,11) und unterstreicht damit, wem sie treu ist. Um David zu schützen, greift sie zu einer List und lügt, Handlungen, die die Frauen der Bibel oft nutzten, um sonst verwehrte Ziele zu erreichen.

Michal lässt David durch ihr Fenster fliehen. Doch das bringt ihr selber kein Glück. Wie Rebekka verliert sie am Ende genau das, was sie zu gewinnen hoffte. Das nächste Mal, das wir Michal an einem Fenster finden, ist dann, als David im Triumphzug zurückkommt, sie ihn aber »in ihrem Herzen verachtet« (2 Sam 6,16), nahe dran, emotional zu explodieren und Davids verletzende Bemerkungen auf sich zu ziehen. In beiden Geschichten finden wir sie am Fenster; das Fenster rahmt ihre Handlungen und ihre Geschichte.

Wir erfahren nie, warum Michal David liebte, und ebenso wenig werden wir darüber unterrichtet, warum »sie ihn in ihrem Herzen verachtete«. Kommentatoren nehmen an, dass es in seinem »Hüpfen und Tanzen« begründet war. Jedoch wenn eine Ehe ruiniert ist, ist alles irritierend. An dieser Stelle der Geschichte wird Michal wieder die »Tochter Sauls« (2 Sam 6,16), das beleuchtet den Spalt zwischen ihr und David. Ist es möglich, dass sie David deshalb verachtete, weil er ein volkstümlicher Held geworden war und damit unabhängig von seiner Verbindung mit ihr? David sagt ihr jedenfalls: Es waren nicht ihre familiären Beziehungen, die ihm den Sieg einbrachten, sondern Gott (2 Sam 6,21).

Genau an dieser Stelle erzählt die Bibel, dass Michal unfruchtbar war. (Dem stehen die in 2 Sam 21,8-9 genannten »fünf Söhne Michals« gegenüber, doch manche Textversionen machen dort »Michal« zu »Merab«.) Aber anders als viele unfruchtbare Frauen der Bibel wird sie später nicht durch Kindersegen erlöst. Der Erzähler gibt keinen Grund für ihre Kinderlosigkeit an, aber Davids herabsetzende Bemerkungen ihr gegenüber spielen wohl eine Rolle (2 Sam 6,21-23). Der Austausch zwischen David und Michal kennt alle Fallen und Spannungen einer in die Jahre gekommenen Ehe. Kommentatoren nehmen an, dass David nach diesem Geschehen nie mehr ehelichen Verkehr mit seiner Frau hatte. Wir wissen bereits, dass David eine ganze Reihe von Kindern hatte, die seine Nachfolge antreten konnten (2 Sam 3,2-5), aber die von Saul kommende königliche Abstammungslinie kam an ihr Ende.

David traf Michal nie heimlich, wie er es mit Jonatan getan hatte, als er von Sauls Hof geflohen war. Sie ist auch nicht unter den Frauen, die er in seiner Exilszeit bei sich hatte (1 Sam 27,3). Von ihm wird nie berichtet, dass er sie ebenfalls geliebt hat, und wir werden nie darüber unterrichtet, warum Michal in Liebe zu ihm entbrannte. Vielleicht ist das die klassische Geschichte einer aristokratischen Prinzessin und eines groben und ungeschliffenen Unterschichtsjungen, der zum Volksheld wurde. Es war ein tiefer Sturz für Michal, sowohl in ihrem Status – als die Mutter von Israels künftigen Königen – ebenso wie in ihrer Würde.

Eine Verbindung knüpfen: Verlobung und Hochzeit

»Jakob diente also um Rahel sieben Jahre ...« (Genesis 29,20)

Eine gute Partie machen

Was Verlobungen und Hochzeiten angeht, spielen Frauen eine bedeutsame Rolle in den Geschichten der Bibel. Als Naomi ihre Schwiegertochter drängt, zum »Haus ihrer Mutter« zurückzugehen, könnte ihre Wortwahl auf eine Wiederheirat hinweisen, denn Heiratsvermittlung und Hochzeitsvorbereitungen waren Aktivitäten der Frauen. Rebekka läuft zum Zelt ihrer Mutter, um ihr von der Ankunft des Elieser, des Großknechts Abrahams, zu erzählen und von seinem Vorschlag, Isaak zu heiraten (Gen 24,28). Ihre Mutter (zusammen mit ihrem Bruder) spielt eine entscheidende Rolle in den Hochzeitsverhandlungen. Isaak bringt danach seine Braut nach Hause und »in das Zelt seiner Mutter« (Gen 24,67). Das kann ein wichtiges Band zwischen Rebekka und ihrer späteren Schwiegermutter schaffen. Ismaels Mutter Hagar »nahm ihm eine Frau in Ägypten« (Gen 21,21). Am Königshof zu späterer Zeit bat Adonija Batseba, für ihn bei König Salomo um die Hand Abischags anzuhalten (1 Kön 2,17).

Dieser Brunnen mit der erstaunlichen Tiefe von 70 Metern lag außerhalb des Stadttores des antiken Beerscheba und wurde in Friedenszeiten genutzt. Um Wasser heraufzuholen, wurden Zugtiere und ein Flaschenzug benötigt.

Doch welche Rolle spielt die Frau bei einer Entscheidung zur Ehe? Rebekkas Mutter und Bruder sagen, sie wollen Rebekka um ihre Meinung zur bevorstehenden Verbindung mit Isaak befragen (Gen 24,57), doch das könnte auch nur Verhandlungstaktik gewesen sein. Die Töchter Zelofhads konnten sich ihre Ehemänner selbst aussuchen (Num 36,6) – zumindest aus ihrem eigenen Clan. Jedoch mit der bemerkenswerten Ausnahme des Hoheliedes und Hinweisen auf den Bund, der zwischen Jakob und Rachel während seines monatelangen Aufenthalts im Lager ihres Vaters entstand (Gen 29,14-17), und auf den Bund zwischen Simson und Delila (Ri 16,4) konnten Frauen nicht einfach um die Ehe anhalten. Die Entscheidung zur Heirat wurde hauptsächlich im Blick darauf getroffen, Clan und Stamm zusammenzuhalten und das Gefüge der Gesellschaft zu erhalten.

Der Dorfbrunnen war, wie wir bereits im Kapitel über die Arbeit der Frauen gesehen haben, ein guter Platz für einen männlichen Verwandten des Bräutigams oder einen Gesandten, um die künftige Braut und ihre Charakterzüge wie Kraft und Stärke zu beobachten. Elieser sieht Rebekka, Jakob trifft auf Rahel (Gen 29,9-11) und Mose trifft seine künftige Schwiegertöchter und vielleicht auch seine Frau Zippora (Ex 2,16-17) am Brunnen.

Wenn ein Mann eine Frau mit dem Saum seines Gewandes bedeckte (Rut 3,9; Ez 16,8), schien dies eine Willensabsicht zur Heirat darzustellen. Im 19. Jahrhundert beobachtete der Entdecker von Petra, J. L. Burckhardt, diesen Brauch bei den Beduinen dieser Gegend; Beduinen unserer Zeit bedecken die Braut vollständig mit einem Männergewand, der *abaya*, wenn sie zur Familie des Bräutigams geleitet wird.

Was das Geschäft angeht

Heiratsverhandlungen, wie sie etwa in der Geschichte von Rebekka und Isaak detailliert dargelegt sind, standen bei dem Weg hin zur Ehe ganz oben. Als Elieser erkennt, dass Rebekka »die Richtige« ist, überreicht er ihr wertvolle Geschenke (Gen 24,22), ein Vorgang, der von Laban sofort als der erste Schritt zu Heiratsverhandlungen verstanden wird.

Der Status, der heute mit »verlobt« bezeichnet wird, wird

Dorffrauen aus Samaria tragen in Behältern Wasser auf dem Kopf, das sie aus einem Brunnen geholt haben.

in der Bibel zuerst bei Lots Schwiegersöhnen erwähnt, die »seine Töchter heiraten wollen« (Gen 19,14). Die Worte für Schwiegersohn und Bräutigam sind im Hebräischen gleich, das zeigt die Ernsthaftigkeit, wenn der Ehewille erklärt wird. Maria war mit Josef verlobt (Lk 1,27). Nach Deuteronomium 28,30 war eine der Strafen, wenn man die Gebote nicht einhielt, dass man das Eheversprechen nicht einhalten konnte.

Silberring, teilweise mit Elektrum vergoldet, aus Cesme in der Türkei, 450-400 v. Chr.

Eheverträge, die zeitweise ein wichtiges Element jüdischen Lebens waren, werden in der Bibel nicht erwähnt. Aber da Scheidungsurkunden erwähnt werden (Dtn 24,1; Jes 50,1; Jer 3,8) ist es wahrscheinlich, dass es auch solche Verträge gegeben hat, vor allem, weil die umliegenden Kulturen des Vorderen Orients Eheverträge kannten, wie Wissenschaftler bestätigen.

Der Brautpreis

Im Blick auf Geld oder Güter, die anlässlich einer Hochzeit den Besitzer wechseln, werden zwei Begriffe gebraucht: Mitgift und Brautpreis. Der in der Bibel oft genannte Brautpreis oder *mohar*, ist eine Zahlung an die Familie der Braut, um sie für den bedeutsamen Verlust einer Arbeitskraft zu »entschädigen«. Und, wie wir im Kapitel über Mutterschaft sehen werden, starben Frauen zu biblischer Zeit öfter an Seuchen, Schwäche und bei der Geburt. Der Brautpreis weist deshalb auch auf einen Mangel an Frauen hin.

Eine Mitgift wird andererseits von der Braut in die Familie des Ehemanns eingebracht. Eine solche Mitgift wird auch in der Bibel erwähnt und dort »Abschiedsgabe«, hebräisch *shiluchim* genannt. Das konnte ein Stück Land sein, etwa wie die Stadt Gezer, die der Pharao seiner Tochter bei ihrer Heirat mit Salomo als Mitgift gab (1 Kön 9,16). Achsa scheint anlässlich ihrer Heirat von ihrem Vater Land im Negev erhalten zu haben (Jos 15,18-19). Solch eine »Abschiedsgabe« wird auch in Micha 1,14 erwähnt.

In der Erzählung von Dinas Vergewaltigung erklärt sich Sichem bereit, »ein hohes Heiratsgeld und eine hohe Brautgabe« zu zahlen und sein Vater bietet die Gelegenheit an, das Land zu besiedeln (Gen 34,8-12). Der Verbrecher wollte mit diesem Angebot die Familie des Opfers besänftigen – doch ohne Erfolg (Gen 34,25.31).

Der Brautpreis war nicht immer verhandelbar. Nach Deuteronomium 22,13-21 musste ein Ehemann dem Vater seiner Frau eine Entschädigung zahlen, wenn er seine Frau verleumdet, sie sei bei der Heirat nicht mehr Jungfrau gewesen, oder wenn einer eine unbescholtene Jungfrau verführt (Ex 22,16). Dies unterstreicht die wirtschaftliche Seite einer solchen Angelegenheit für die Familie der Braut.

Die Verlobung

Zur Zeit des Talmud hielt man Verlobungen gewöhnlich im Haus des Brautvaters ab. Dies schloss die Schenkung von Geld oder anderen Wertgegenständen an die Braut ein. Die Verlobung selber wurde mit den Worten des Mannes zur Frau eingeleitet »Sieh dich als mir anvertraut an«, dies ist noch heute Bestandteil einer jüdischen Heiratszeremonie. Doch ging es nicht nur um Worte. Die *ketubah*, der Heiratsvertrag nannte alle Bedingungen der Verbindung. Obwohl nur der Mann eine solche Erklärung abgibt, verweist die Mischna auf die Rolle der Frau in den Verhandlungen: »Wenn ein Mann eine Frau heiratet, soll sie sich ausbedingen, dass er ihre Tochter mindestens fünf Jahre unterhält« (*Ketuboth 12,1*).

In Nahal Hever wurden drei Heiratsverträge gefunden, die zu Babatha gehören, eine in Aramäisch, die Babathas zweite Heirat beurkundet, und zwei in Griechisch, eine zur Heirat ihrer Schwiegertochter Shelomzion und die andere zur Heirat von Jesus, des Sohnes von Menahem und Salome.

Die Hochzeit

Der Ablauf einer Hochzeitsfeier wird in der Bibel nicht beschrieben. Doch können Elemente einer solchen Feier aus einigen Abschnitten erschlossen

Aus dem Jemen kommende Bräute in Israel schmücken sich nach wie vor mit reichhaltigem Silberschmuck, wie es schon ihre Großmütter taten. Dies erinnert an den biblischen Brauch, eine mögliche Braut zu schmücken, um damit die Eheverhandlungen voranzubringen.

Pergament mit einem italienisch-jüdischen Ehevertrag, Mantua, Italien, 1824
Der alte Brauch der Ketubah (Heiratsvertrag) existiert auch in unserer Zeit.

Ein antiker Steinbehälter in der griechisch-orthodoxen Kirche in Kana. Traditionell wird er als einer jener »sechs steinernen Wasserkrüge« identifiziert, die das Wasser enthielten, das Jesus bei der Hochzeit von Kana in Wein verwandelte (Joh 2,1-11), obwohl es eher ein Mörser oder Mischgefäß ist.

werden, etwa aus dem Abschiedslied der Verwandten für Rebekka (Gen 24,60). Hosea 2,21-22 scheint die Formulierung einer Eheschließung zu sein, besonders wegen der dreifachen Wiederholung von »Ich traue dich mir an«. In Ezechiel 16,8 ist das Ausbreiten des Gewandes über der Braut der Anfang einer dreiteiligen Zeremonie, die beiden anderen Teile bestehen aus einem Eid und einem Bundesschluss. Auf einen Eid als Teil der Hochzeit verweisen auch Maleachi 2,14 und Sprichwörter 2,17.

Wissenschaftler nehmen an, dass Psalm 45 mit seinem Untertitel »Ein Liebeslied« zur Hochzeit eines Königs gedichtet wurde, vielleicht für David und Maacha. Dies wird mit der Weihe des Liedes an den König (Vers 2) und dem Hinweis auf den Thron (Vers 7) begründet. Jedoch verstanden alte Hochzeitsbräuche das Brautpaar als König und Königin; die Anstellung eines »Barden«, der das Brautpaar entsprechend besingt, ist bei traditionellen arabischen Hochzeiten bis heute Brauch. Dieser Psalm erwähnt alte Sitten, etwa Bewaffnung am Tag der Hochzeit (im heutigen Arabien werden Gewehre abgefeuert), das Geleit der Braut durch ihre Freunde und die guten Wünsche für eine fruchtbare Verbindung.

Mit freundlicher Genehmigung von Beged Ivri

Eine Hochzeitsfeier unserer Zeit greift den alten Brauch auf, die Braut wie eine Königin in einer Sänfte zu transportieren.

Hochzeit um die Zeitenwende

Verlobung und Heirat waren zwei unterschiedliche Zeremonien, die oft ein Jahr auseinanderlagen. In dieser Zeit übergab der Bräutigam der Familie der Braut Geschenke. Das Gleichnis Jesu von den zehn Jungfrauen (Mt 25,1-13) gibt uns eine Vorstellung von einer Hochzeit zur Zeitenwende. Dass die Jungfrauen Lampen brauchten, verweist auf eine nächtliche Zeremonie. Diese Jungfrauen, die den Bräutigam erwarteten, begleiteten dann auch die Braut. Dass Hochzeitsessen spät in der Nacht endeten, geht aus dem Gleichnis Jesu von den Dienern hervor, die »auf die Rückkehr ihres Herrn warten, der auf einer Hochzeit ist« (Lk 12,36).

Die Hochzeit in Kana, bei der Jesus das Wunder der Verwandlung von Wasser in Wein vollbringt (Joh 2,1-11) beschreibt ein vom Bräutigam ausgerichtetes Festessen, wie es auch im Traktat *Moed Katan* des Talmud erwähnt ist. Nach alten Quellen dauerte ein solches Fest siebenTage (nur das Fest zur erneuten Verheiratung einer Witwe war bescheidener und dauerte nur einen Tag). Andere neutestamentliche Stellen, die eine Hochzeit betreffen, sind eher symbolisch und zeigen nur ergänzende Bräuche auf: Johannes 3,29 beschreibt den Freund des Bräutigams, Offenbarung 19,7 die Vorbereitung der Braut.

Johannes der Täufer drückt seine Freude über Jesus im Bild einer fröhlichen Hochzeit aus (Joh 3,29).

Eine Reihe von sieben Hochzeitssegen, die im talmudischen Traktat *Ketuboth 8a* erhalten sind, wird noch heute bei jüdischen Hochzeiten gesprochen. Der letzte dieser Segen endet mit einer Anspielung auf Jeremia 33,11, wo – vergleichbar bei Johannes – das Ende der Tage mit dem Bild einer Hochzeit beschrieben wird: »Geschwind, Herr, unser Gott, soll in den Städten Judas und in den Straßen von Jerusalem, die Stimme der Freude und des Glücks zu hören sein, die Stimme des Bräutigams und der Braut, die Stimme der Brautleute unter ihrem Baldachin und der Jugend von ihren Sängerfesten. Gepriesen bist du, Herr, der bewirkt, dass sich der Bräutigam an der Braut erfreut.«

Um der Braut mehr Freude zu schenken, schlägt *Ketuboth 171* vor, der Braut Komplimente zu machen – auch außerhalb der Wahrheit! Die Lobesworte, die in diesem Zusammenhang zitiert werden, lauten: »Kein Puder und keine Schminkfarbe, kein Flechten des Haars und dennoch eine anmutige Gazelle«. Vielleicht war dies ein Hochzeitslied.

Rahel

Die meisten Hochzeiten zu biblischer Zeit, so haben wir in diesem Kapitel gesehen, wurden mit dem Ziel arrangiert, die familiären Bande zu stärken und die wirtschaftlichen Bedingungen der Familien zu verbessern. Ein Hofmachen, wie wir es kennen, existierte nicht. Die Erzählung von Rahels Treffen mit Jakob ist in der Bibel noch am ehesten mit der »Chemie zwischen Mann und Frau« vergleichbar, bei der auch die Frau eine Rolle in der Partnerwahl spielt.

Während Jakobs Bruder Esau eine einheimische Frau heiratete (zum Gram seiner Eltern, der in drei Versen erwähnt wird: Gen 26,35; 28,6, 28,8), folgte Jakob den Anweisungen seines Vaters, sich eine Braut innerhalb der Familie zu suchen und damit den biblischen und vorderorientalischen Traditionen treu zu bleiben. Die Bedeutung der mütterlichen Abstammungslinie kann aus Jakobs besonderem Auftrag erschlossen werden, eine Frau unter den Töchtern des Bruders ihrer Mutter zu suchen (Gen 28,1).

Rahels Treffen mit ihrem Auserwählten unterscheidet sich von dem anderer biblischer Frauen der Väter- und Mütterzeit. Sara ist bereits Abrahams Frau, als die Erzählung über sie in der Bibel einsetzt; wir wissen nichts über die Umstände ihrer Heirat. Als Rebekka Isaak trifft, war sie bereits von Elieser, Abrahams Großknecht, durch seine Suche bestimmt (Gen 24,48). In Rahels Fall jedoch trifft sich das junge Paar, bevor sie selbst oder irgendjemand anders von ihrer künftigen Heirat wissen können.

Wenn wir Jakobs Verhalten am für die Aufnahme von Beziehungen wichtigen Ort, dem Brunnen, betrachten, so erkennen wir, dass er zumindest ein Auge auf die sich nähernde Hirtin wirft (Gen 29,10). Er möchte sie augenscheinlich beeindrucken: So rollt er eigenhändig den Stein weg, der den Brunnen bedeckt, obwohl genügend andere Männer rund um den Brunnen sind (Gen 29,8).

Jakob gibt Rahel einen verwandtschaftlichen Begrüßungskuss und weint, einige jüdische Quellen sagen, aus Freude über den freundlichen Empfang, andere nennen »prophetischen Kummer«, weil seine geliebte Rahel nicht mit ihm zusammen beerdigt werden wird. Als Rahel daraufhin »wegläuft und dies ihrem Vater erzählt« (Gen 29,12), scheint es so, als ob sie den starken jungen Mann als Ränke schmiedend empfindet.

Jakob arbeitete sieben Jahre, um Rahel zu gewinnen – ein sehr langes Werben in der Tat. Rahel Geschichte kann zudem nicht erzählt werden ohne die Geschichte ihrer älteren Schwester Lea, die durch Labans Betrug Jakobs erste Frau wurde. Diese beiden, die das ganze Leben hindurch Seite an Seite die Herden hüteten, Brot backten, Zelte webten und das Wasser für ihre Familien aus dem Brunnen zogen, teilten auch die Aufmerksamkeit für denselben Mann.

Rahel übernimmt mehrfach die Führung in der Familie, wie einige in der Bibel erwähnte Ereignisse zeigen: Sie gibt Jakob ihre Magd Bilha, damit Kinder geboren werden (Gen 30,4); sie verhandelt mit Lea wegen der (Fruchbarkeit fördernden) Alraunen gegen ihre Unfruchtbarkeit (Gen 30,14-16); sie stiehlt die Hausgötter ihres Vaters (Gen 31,19). Andere Ereignisse sind legendär: Der talmudische Traktat Baba Batra 123a *erwähnt, dass Jakob nach Rahels Einwilligung, ihn zu heiraten, ihr Zeichen gab, um Labans Betrugsplan zu vermeiden. Aber Rahel teilte dies Lea mit, so dass ihre ältere Schwester nicht erniedrigt wurde.*

Wie im Kapitel über Mutterschaft erwähnt, starb Rahel im Wochenbett, sie, die so sehr eine Mutter werden wollte, dass sie eher sterben wollte, als auf Mutterschaft zu verzichten (Gen 30,1) – ein tragisches Schicksal dieser Frau. Aber in ihren Bemühungen um Mutterschaft wurde sie zum Vorbild auch für die Sorgen der Mutterschaft, zur Frau, die sowohl über das Exil Israels weint (Jer 31,15) wie über die Kinder von Betlehem (Mt 2,18). Umgekehrt wird ihr von Gott zugesagt, dass sie auch die Freude an Kindern erfahren wird: »Es gibt einen Lohn für deine Mühe, eine Hoffnung für deine Nachkommen« (Jer 31,16-17).

Sich aneinander binden: Ehe

»Darum verlässt der Mann Vater und Mutter und bindet sich an seine Frau« (Genesis 2,24)

Gottes Gebot, das allererste in der Bibel, an Adam und Eva, »fruchtbar zu sein, sich zu vermehren und die Erde zu bevölkern«, findet sein Echo in Isaaks Gebot an Jakob, sich eine Frau zu suchen: »Gott, der Allmächtige, wird dich segnen, er wird dich fruchtbar machen und vermehren. Er wird dir und mit dir auch deinen Nachkommen den Segen Abrahams verleihen, damit du das Land in Besitz nimmst, in dem du als Fremder lebst, das aber Gott Abraham gegeben hat« (Gen 28,3-4).

Auf einer Hochzeitsfeier wird der Baldachin als Symbol des neuen Hauses bereitet, während man die Braut erwartet. Zeitgenössische jüdische Hochzeitszeremonie in der alten Synagoge von Masada.

Die Familie zu vergrößern, war in einer Zeit überlebenswichtig für eine Gruppe, in der nur wenige Kinder die Kindheit überlebten. Jeremia wusste dies, als er den in Babylon Exilierten riet: »Nehmt euch Frauen, und zeugt Söhne und Töchter, nehmt für eure Söhne Frauen, und gebt eure Töchter Männern, damit sie Söhne und Töchter gebären. Ihr sollt euch dort vermehren« (Jer 29,6).

Der Zwerg Seneb, seine Frau und zwei Kindern, bemalter Kalkstein aus einem Grab in Gizeh, datiert auf das 3. Jahrtausend v. Chr.

Fruchtbarkeit und Landbesitz waren die erhofften Ziele einer Eheschließung, wie man an dem Segen erkennen kann, der über Rebekka gesprochen wird, als sie in ihre neue Heimat aufbricht: »Du, unsere Schwester, werde Mutter von tausendmal Zehntausend! Deine Nachkommen sollen das Tor ihrer Feinde besetzen« (Gen 24,60).

Im 5. Jahrhundert v. Chr. betont Maleachi die Bedeutung von Nachkommenschaft und fügt einen weiteren Gedanken an: Gott hat die Einheit von Mann und Frau geschaffen, damit »Nachkommen von Gott« entstehen (Mal 2,15).

Die Einheit von Mann und Frau wird in der Bibel oft als ein Symbol für Gott und Israel bezeichnet. In Jesaja 62,4 wird die Fruchtbarkeit des Landes in Begriffen der Ehe beschrieben, etwas, das auch von anderen Stellen bekannt ist. Dem steht ein »ödes und verlassenes« Land gegenüber.

Der frühe Kommentar zur Genesis, *Rabba*, betont nachdrücklich die Bedeutung der Ehe, wenn er die Formulierung »als unser Abbild« (Gen 1,26) erläutert: »In der Vergangenheit wurde Adam dem Erdboden entnommen und Eva dem Adam. Aber zukünftig soll es als unser Abbild so sein: kein Mann ohne Frau und keine Frau ohne Mann, und niemand von beiden ohne *Shekinah* (die Einwohnung Gottes, den Geist Gottes).« Eva wird in diesem Abschnitt nicht vergessen, der auch einen Blick auf die Hochzeitskleidung wirft: »Gott schmückt die Braut, wie geschrieben steht: Und Gott, der Herr baute aus der Rippe, die er vom Mann genommen hatte, eine Frau« (Gen 2,22).

In neutestamentlicher Zeit, wurde die Ehe als festgelegte Entscheidung einer jungen Frau angesehen. Die einzigen unverheirateten Frauen, die in römischer Literatur erwähnt werden, sind die Jungfrauen der Vesta, und selbst sie konnten am Ende ihres Dienstes heiraten. Es gab keinen Begriff für eine »alte Jungfer«. Das Alter von 14 Jahren war für römische Mädchen das geeignete Heiratsalter. Frühere Heiraten waren nicht gegen das Gesetz,

Der Stammbaum der Stammväter und Stammmütter

Die Nachkommen von Terach und seiner unbekannten Frau sind schwierig einzuordnen. Die unten stehende Zeichnung zeigt, wie die Heirat zwischen Onkeln, Nichten und Vettern zu den wichtigen biblischen Gestalten führt, die wir Stammväter und Stammmütter nennen. Hagar, obwohl nicht zu den Stammmüttern gehörend, ist hier dennoch wegen ihrer Bedeutung für die Weltgeschichte aufgenommen worden.

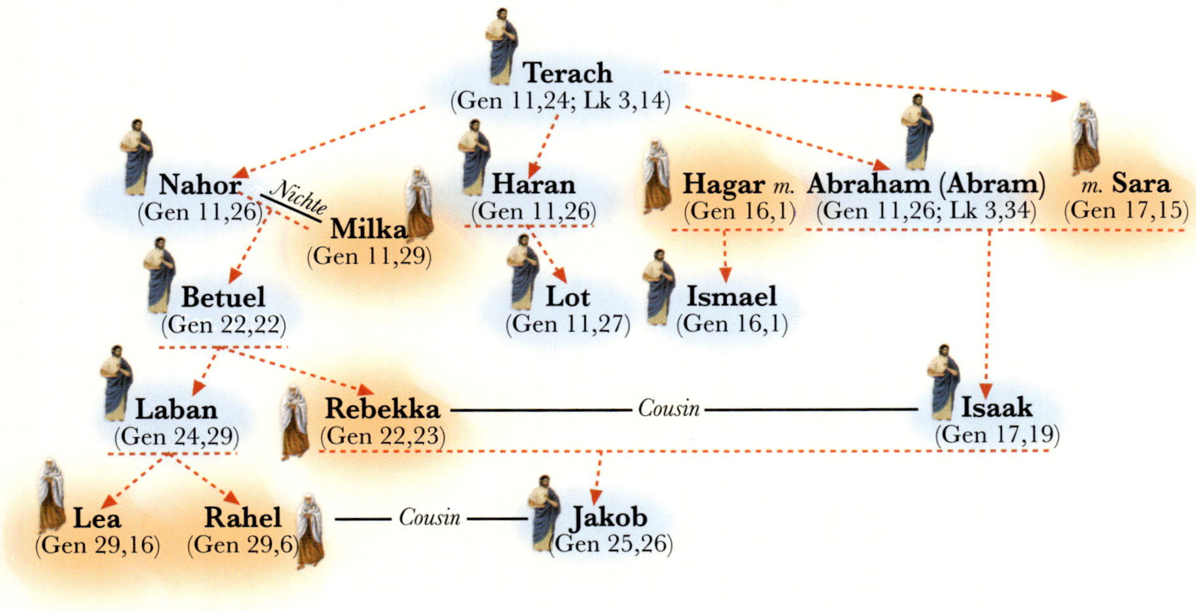

aber sie wurden vor dem Alter von 12 Jahren nicht anerkannt. Das Leben von Ciceros Tochter war nicht ungewöhnlich: Sie wurde mit 12 verlobt, heiratete mit 16, wurde mit 23 geschieden, heiratete mit 29 erneut, wurde mit 33 geschieden und starb mit 34 im Kindbett.

Liebe war nicht der erste Grund für eine Heirat, aber sie musste nicht notwendigerweise fehlen, wie aus dieser Terrakotta hervorgeht, die ein verliebtes Ehepaar zeigt. Ur (Heimat Abrahams), 19. Jahrhundert v. Chr.

Warum heiraten?

Obwohl Sprichwörter 30,23 eine »Verschmähte, die verheiratet wird« beklagt und zuvor in Genesis 24,67 erzählt wird, dass Isaak Rebekka liebte, hat Liebe nur eine geringere Bedeutung verglichen mit den wirtschaftlichen und politischen Verwicklungen, die meist den Hintergrund von Eheschließungen bildeten.

Weil das meistens für »Ehemann« genutzte hebräische Wort *baal* auch mit »Herr« übersetzt werden kann, scheint dieser Begriff auch »Eigentümer« zu meinen. Jedoch das biblische Wort, das üblicherweise die Herrschaft des einen über einen anderen meint, ist *adon*, nicht *baal*. Der Unterschied zwischen diesen beiden Worten kann bei Hosea 2,18 festgestellt werden: »An jenem Tag – Spruch des Herrn – wirst du zu mir sagen: Mein Mann! (hebräisch *ish)*, und nicht mehr: Mein Herr! (hebräisch *baal*)« Hoseas Behandlung seiner Frau Gomer (Hos 1-2) ist eine machtvolle religiöse Zeichenhandlung, aber lässt auch die beträchtliche Macht sichtbar werden, die Ehemänner über ihre Frauen hatten.

Der Gedanke, dass der Mann in der Ehe als Beschützer der Frau

Oleg Trabish

Ein Bild unserer Tage, das Jakob zeigt, wie er mit seiner Stärke Rahel beeindrucken will (Gen 29,10).

auftritt, klingt in Jesajas Beschreibung einer Notzeit an, wenn »sieben Frauen sich an einen einzigen Mann klammern und sagen: Wir wollen unser eigenes Brot essen, nur lass uns deinen Namen tragen« (Jes 4,1)

Ein jüdisches Paar aus Samarkand bei einem Fest

Ehefrauen standen unter der Autorität ihrer Gatten (Gen 3,16; 18,12; Ri 19, 26; Ps 45,11 …), und wer dagegen anging, hatte Schlimmes zu erwarten (Est 1,11-12). Im Epheserbrief 5,23 wird der Mann »das Haupt der Frau« genannt. Der Schreiber dieses Briefes sieht den idealen Haushalt als Widerspiegelung des Verhältnisses zwischen Gott und der Kirche. Eine andere Mahnung im 1. Petrusbrief 3,1-7 verweist darauf, dass der Ehemann von der natürlichen Ordnung aus über der Frau, den Kindern und den Dienern steht.

Diese griechische Vase, die wohl ein Hochzeitsgeschenk für eine Braut war, zeigt Braut und Bäutigam.

Ehegesetze

Obwohl Verbote gegen Inzest (Lev 18,7-9; 20,11-14 …) schwere Strafen androhten, war die Heirat im eigenen Clan, wie schon gezeigt, vorrangig. Isaak und Jakob zum Beispiel heirateten Cousinen; bei Isaak war es die ausdrückliche Bestimmung Eliesers durch seinen Herrn Abraham, für Isaak eine Verwandte als Braut zu finden (Gen 24,48). Jakob wurde zu seinem Onkel Laban gesandt, um eine seiner Töchter zu heiraten (Gen 28,2) und in der Tat heiratete er sowohl Lea wie Rahel, seine Cousinen. Amran, der Vater des Mose, heiratete seine Tante Jochbed (Ex 6,20). Als Simson eine Philisterfrau heiraten wollte, erhoben seine Eltern dagegen Einspruch und forderten, dass er eine Braut »unter seinen Verwandten oder in seinem Volk finden solle« (Ri 14,3). Heirat innerhalb des Clans gab es auch in späterer biblischer Zeit. Heiraten innerhalb der weit verzweigten königlichen Familie waren kompliziert; die Töchter Eleasars, Sauls Onkel, heirateten Söhne von Kisch, ihre Vettern (1 Chr 23,22). Salomos Sohn Rehabeam heiratete die Tochter seines Onkels Jerimots (2 Chr 11,18).

Die Ehefrau hatte als Brücke zwischen ihrer Geburtsfamilie und der Familie ihres Mannes eine zentrale Bedeutung. Trotz des Streits um die gestohlenen Hausgötter schließen Laban und Jakob einen Vertrag, denn sie sind durch die Töchter Labans, Jakobs Ehefrauen, aneinander gebunden (Gen 31,33-32,1). Jedoch gibt es auch den umgekehrten Fall: Die Nebenfrau des Levits kehrte zu ihrem Vater zurück (Ri 19,1-10), und Simson zeigte eine große Loyalität zu seiner Herkunftsfamilie, als er sich weigerte, seiner Frau ein Geheimnis mitzuteilen, über das er noch nicht einmal mit seiner Familie gesprochen hatte (Ri 14,16).

Rahel und Lea allerdings verbinden sich mit ihrem Ehemann (Gen 31,14-16), als Rahel die Hausgötter ihres Vaters stiehlt. Und Michal nimmt ein Götterbild, um ihren Vater zu täuschen und David zu schützen (1 Sam 19,11-17).

Ein Grund, warum die Heirat innerhalb des Clans wichtig war, ist, dass so der Erbbesitz zusammenblieb. Dies zeigt die Geschichte von Zelofhad, der keinen Sohn, sondern nur Töchter hat. Sie mussten einen »Mann aus der Sippe ihres väterlichen Stammes heiraten« (Num 36,6).

Deuteronomium 7,3-4 warnt vor Heiraten mit ausländischen Frauen nicht wegen des Erbbesitzes, sondern weil solche Frauen die Israeliten zu fremden Götter hinführen könnten. Ausländische Frauen konnten jedoch als Kriegsbeute angesehen werden, wie wir etwa nach der Schlacht Israels gegen Midian sehen, wo Mose sich erzürnt zeigt, dass die Krieger diese Frauen am Leben ließen (Num 31,14-15). Andererseits sollten die Jungfrauen der Midianiter geschützt werden (Num 31,18). Dass eine solche Praxis allgemein üblich war, zeigen die Anweisungen in Deuteronomium 21,10-14.

Dass ausländische Frauen in der Regel keine Heiratspartner für Israel waren, kann auch aus dem Protest Aarons und Miriams gegen die Heirat ihres Bruder Mose mit Zippora geschlossen werden (Num 12,1). 600 Jahre später verlangte Esra, dass die aus dem Exil zurückgekehrten Israeliten sich von ihren ausländischen Frauen trennen sollten.

Priestern wurden Heiratsbeschränkungen auferlegt. Sie mussten innerhalb ihres Stammes heiraten, allerdings keine geschiedene oder verwitwete Frau und keine Prostituierte (Lev 21,14). Dieses Verbot ergab sich aus der Sorge um die Vaterschaft eines Kindes.

Heute weisen Wissenschaftler darauf hin, dass eine Heirat außerhalb des Familienverbandes für die Gesundheit der Nachkommen wichtig ist. Dennoch sind auch heute unter den Beduinen Verbindungen zwischen engen Verwandten üblich – wie in biblischen Zeiten.

Die Bedürfnisse von Frauen wurden bei solchen biblischen Geboten nicht beachtet. Eine Ausnahme stellt nur der Grund dar, weshalb ein Mann im ersten Jahr seiner Ehe nicht in den Krieg oder auf eine Geschäftsreise ziehen durfte: »um seine Frau zu erfreuen« (Dtn 24,5).

Beispiele von Rücksichtnahme von Männern gegenüber den Frauen, die sie in ihr Haus aufnahmen, hat es gegeben, so die Behandlung einer Gefangenen in Deuteronomium 21,13-14: »Sie soll in deinem Haus wohnen und einen Monat lang ihren Vater und ihre Mutter beweinen. Danach darfst du mit ihr Verkehr haben, du darfst ihr Mann werden und sie deine Frau … Auf keinen Fall darfst du sie für Silber verkaufen. Auch darfst du sie nicht als Sklavin kennzeichnen. Denn du hast sie dir gefügig gemacht.«

Die Aufmerksamkeit, die der Misshandlung von Frauen gilt, kann nach Meinung von Gelehrten ein Hinweis auf das soziale Durcheinander in einer Zeit sein, in »der kein König in Israel« war, wie es im Buch Richter immer wieder heißt, von der Vergewaltigung und dem Mord an der Nebenfrau in Gibea (Ri 19) bis zum Frauenraub in Schilo (Ri 21,15-25). Das Königtum bot allerdings auch keine Garantie für die Sicherheit der Frau, wie die Geschichte von Tamar zeigt, die von ihrem Bruder Amnon vergewaltigt und entehrt wird (2 Sam 13,1-19).

Wenn ein Mann die Frau oder Tochter eines anderen nahm, wie David Batseba oder Sichem Dina, war dies in erster Linie ein Vergehen gegen das Eigentum eines anderen – die Gefühle der Frau spielten dabei keine Rolle. Laban weist Jakob bei seiner Abreise nach mehreren Jahren Knechtschaft darauf hin: »Die Töchter sind meine Töchter, und ihre Söhne sind meine Söhne, und das Vieh ist mein Vieh, und alles, was du siehst, gehört mir« (Gen 31,43).

Ehebruch

Die Behandlung von Ehebruch macht einen großen Teil der biblischen Sexualbestimmungen aus. Nach Levitikus 20,10 und Deuteronomium 22,22 war die Strafe für Ehebruch die Steinigung beider Partner. Wir wissen nicht, wie oft diese Strafe vollzogen wurde; jedoch wird in der Schrift, wenn es um Ehebruch geht, allein die Steinigung der Frau erwähnt (Gen 38,24; Joh 8,3-11). Obwohl Natan David wegen des Mordes an Batsebas Ehemann und wegen des Ehebruchs mit ihr anklagt (2 Sam 12,1-11), wird er im Traktat *Sanhedrin 107a* entlastet. Dort wird erzählt, dass er nur deshalb Urias Frau sehen konnte, weil der Satan durch einen Pfeil den Wandschirm um ihre Badestelle umgeworfen habe.

Wie die Frau, die Teig knetet (Seite 13), stammt diese Tonfigur einer badenden Frau (die uns an Batseba erinnert) von einem Friedhof der Eisenzeit im phönizischen Akhziv. Die Frau sitzt in einer flachen Wanne und wäscht ihr linkes Bein. Ihre linke Hand reibt die Zehen, ihre rechte hält das Bein. Ihr Haar fällt hinter ihren Ohren lang an beiden Seiten des Kopfes herunter.

Geschlechtsverkehr mit einer verheirateten oder verlobten Frau wurde als Verletzung des Bundes zwischen Gott und dem Volk angesehen (Lev 18,25-30; Hos 2; 4,10; Jer 5,7-9 …), als ein moralisches Vergehen und als einen Verstoß gegen die Ordnung der Gesellschaft. Deshalb musste auch die Gesellschaft durch Strafen eingreifen (Dtn 22,22-24). Ein solcher Verstoß gegen die Gemeinschaft, der über die Jahrhunderte hinweg in manchen Gesellschaften zu einer Frage der »Familienehre« wurde, klingt auch bei Josef und Maria an (Mt 1,18-19).

Ehebruch erschwerte die Feststellung der Vaterschaft bei Kindern, was wiederum Auswirkungen auf die Familie und ihren Besitz hatte.

In der Bergpredigt wird Ehebruch nicht nur als Handlung, sondern auch als Begehren definiert. Dies beinhaltet, dass Frauen nicht als Sexualobjekte betrachtet werden und übergibt die Aufgabe der Selbstkontrolle an den Mann. Es soll auch

Mit freundlicher Genehmigung des Jo Alon Museum of Bedouin Culture

Die Szene einer für ihren Hochzeitstag geschmückten und verschleierten Frau mit Kamel zeigt einen bei Beduinen heute weithin vergessenen Brauch.

darauf hingewiesen werden, dass Jesus eine diffenzierte Sicht des Ehebruchs hat, wenn er sagt: »Wer seine Frau aus der Ehe entlässt und eine andere heiratet, begeht ihr gegenüber Ehebruch« (Mk 10,11).

Ein Blick auf Schilo, wo die Männer des Stammes Benjamin mit der Unterstützung ihrer Gemeinschaft, Frauen zur Heirat zwangen (Ri 21,20-23).

Erzwungene Heirat

Die Geschichte der bei einem Fest tanzenden Mädchen von Schilo (Ri 21,15-23) ist ein Beispiel, wie der übliche Weg einer Verbindung von Mann und Frau ausgeweitet wird: Die Geschichte erzählt, dass die Entführung der Mädchen unvermeidlich war, um eine Ächtung des Stammes Benjamin zu verhindern, weil der Stamm wegen des Mangels an Frauen zum Aussterben verurteilt sei.

Der Kommentar der Mischna, *Ta'anit 4,8* wendet diese Erzählung ins Positive. »Die Töchter Jerusalems gingen hinaus und tanzten im Weinberg. Was bedeutet das? Ihr jungen Männer, hebt eure Augen und schaut, wen ihr für euch wählt. Schaut nicht auf äußeren Schmuck, sondern auf die Familie der Auserwählten.«

Der als Frau personifizierte Sommer mit Weintrauben im Haar; Detail aus der Hamat Synagoge in Tiberias. Der Sommer ist die Zeit der Traubenernte; die Frauen tanzten deshalb beim Fest in Schilo (Ri 21,1) und waren vielleicht in gleicher Weise geschmückt, als die Männer des Stammes Benjamin »sie aus den Weinbergen raubten«.

Antike Quellen überliefern, dass es durch Entführung erzwungene Heiraten bis in die römische Zeit hinein gab und den Gesetzgeber beschäftigte. Doch die Sorge der Römer galt nicht dem Schicksal des entführten Mädchens (in der Tat nahm das Gesetz an, dass sie zustimmend beteiligt war), sondern der Gesellschaft.

Frühe christliche Quellen behandeln das Thema ebenfalls. Basilius, Bischof von Cäsarea, verlangt, dass ein zur Zeit der Entführung verlobtes Mädchen zu ihrem Verlobten zurückkehren muss, wenn dieser sie weiterhin will. Ein unverlobtes Mädchen aber hat zu »ihren Eltern oder Brüdern zurückzukehren, zu dem, der über sie Autorität hat«. Die Strafe für den Entführer ist, dass er »drei Jahre lang den Gottesdiensten fern bleiben muss«. Im Jahr 320 wurden die Gesetze durch einen Erlass Kaiser Konstantins verschärft, der schwere Strafen für den Fall einer Entführung mitsamt erzwungener Heirat androhte, Bestimmungen, die allerdings durch weitere Regelungen wieder erleichtert wurden.

Ehefrauen und Konkubinen

Eine mehrfache Heirat war teuer und auch im Zusammenleben kompliziert. Deshalb darf man annehmen, dass sie, selbst wenn sie für das Überleben des Stammes notwendig erschien, bei gewöhnlichen Leuten nur selten vorkam. Dennoch zeigen Gesetze wie in Exodus 21,10 und Deuteronomium 21,15, dass dies nicht ungewöhnlich war.

Wie fühlten sich die Frauen in solchen Ehen? Anscheinend waren sie in ihrem Status gleich wie Hanna und Peninna (1 Sam 1,2) oder Rahel und Lea (Gen 31,50). Exodus 21,10 verlangt, dass die Zweitfrau nicht missachtet werden darf. Aber diese Gleichheit gab es nur dem Namen nach, besonders wenn eine der Frauen unfruchtbar war. Unter den verschiedenen Frauen eines Mannes gab es eine klare Rangordnung; eine Konkubine hatte weniger Rechte als eine Ehefrau. Nach dem Tod ihres Herrn konnte sie einem anderen Mann übergeben werden, so wie Sauls Konkubine Rizpa an Abner übergeben wurde (2 Sam 3,7). Im vorderen Orient der alten Zeit war es üblich, dass einem Mann Dienerinnen als Nebenfrauen gegeben wurden, wenn seine Hauptfrau unfruchtbar war. So wurden Hagar, Bilha und Zilpa von Sara, Rahel und Lea ihren Ehemännern übergeben (Gen 16,1; 30,3.9). Solche Frauen hatten die geringsten Rechte von allen.

Dennoch konnten Konkubinen ihren Einfluss ausweiten. Die Nebenfrau des Leviten schien Macht über ihren Ehemann zu besitzen – sie wurde »zornig auf ihn und verließ ihn« (Ri 19,3) und er versuchte, sie zur Rückkehr zu überreden. Dennoch blieb die wirkliche Autorität auch über eine solche Frau bei ihrem Mann und ihrem Vater. Und das grausame

Ende dieser Nebenfrau zeigt nicht nur die Ohnmacht des Leviten gegenüber »schändlichen Männern«, sondern auch, dass sie letztlich ihr Schicksal nicht selber bestimmen konnte (Ri 19,25).
Die zehn Nebenfrauen Davids zeigen sich treu, als er vor seinem Sohn Abschalom fliehen muss und sie zurücklässt, um den Palast zu bewachen (2 Sam 15,16). Sauls Nebenfrau Rizpa war in der Lage, David zu zwingen, ihre Söhne in würdiger Form zu beerdigen, als sie auf seinen Befehl hin von den Gibeoniter getötet und aufgehängt wurden.
Die Verwicklungen der Dreiecksbeziehung von Ehemann, Ehefrau und Nebenfrau waren sogar größer, als es den Anschein hat. Gelehrte nehmen aufgrund von Vergleichen mit anderen vorderorientalischen Kulturen an, dass Hagar eigentlich zu seiner wirklichen Ehefrau werden musste, nachdem sie Abraham ein legitimes Kind geboren hat. Doch selbst wenn der Vater den Söhnen seiner Konkubinen Geschenke machte (Gen 25,6), wurden sie mit seinen legitimen Söhnen nicht gleichrangig und ihr gesellschaftlicher Stand blieb niedrig. Diese Ordnung löste Spannungen zwischen den Frauen aus, weil die Magd das Eigentum ihrer Herrin blieb.

Politische Heirat

Ein König soll »sich keine große Zahl von Frauen nehmen, damit sein Sinn nicht vom rechten Weg abweicht« (Dtn 17,17). Reiche oder König ignorierten dieses Gebot, wie Salomo mit seinen »siebenhundert Frauen und dreihundert Nebenfrauen« (1 Kön 11,3). Polygamie war für politische Allianzen zu wichtig.
Die Beziehungen zwischen Männern und Frauen waren in mehreren biblischen Ge-

Mit freundlicher Genehmigung von Beged Ivri

Eine Braut aus unserer Zeit trägt ein »Goldenes Jerusalem« – eine Krone, die die heilige Stadt darstellt, in römischer Zeit ein Schmuck wohlhabender Frauen.

Die Fallen der Polygamie

Polygamie war in den frühen Zeiten der Bibel nicht verboten, woran Josephus erinnert: »Es ist nämlich unser alter Brauch, dass ein Mann mehrere Frauen zur gleichen Zeit hat.« Nach dem Jerusalemer Talmud allerdings konnte eine Frau ihren Brautpreis zurückfordern, wenn ihr Mann sich eine andere Frau nahm. Die Gelehrten der alten Zeit waren sich in diesem Punkt nicht einig: »Er soll nicht mehrere Frauen haben« (Traktat *Sanhedrin 21a*) – Rabbi Juda antwortete: »nur achtzehn«. In der Diskussion um Polygamie ging es den Gelehrten weniger um die Bedürfnisse der Frauen als um die Probleme, die sich aus dem Zusammenleben von Frauen ergaben. So formuliert ein Mischna Traktat »Die Ethik der Väter«: »Je mehr Frauen, je mehr Zauberei.«
Polygamie war im jüdischen Gesetz erlaubt bis zum Dekret des Rabbi Gershom im zehnten Jahrhundert n. Chr. Auffälligerweise war dieses Verbot in der Welt der Juden im Jemen nicht bekannt; einige Mitglieder dieser jemenitischen Gemeinschaft heirateten mehrere Frauen, als sie in der ersten Zeit nach der Staatsgründung nach Israel kamen.

Heiratsurkunde der Babatha.
Sie war eine Frau von Ein Gedi, die während des Bar Kochba-Aufstandes (132–135 n. Chr.) mit Nachbarn in eine Höhle in der Judäischen Wüste floh, wo sie belagert wurden und starben. Babathas Dokumente wurden in einem ledernen Beutel gefunden. Sie zeigen viele Details ihres Lebens und auch, dass sie eine wohlhabende Frau war, die zweimal heiratete.

schichten von politischen Bedingungen geprägt. Manchmal stellten sie Verbindungen zu anderen Völkern der Region her – wie bei Simson und seiner Philisterbraut (Ri 14) oder bei Sichem und Dina (Gen 34,3-31). Die Bibel ist voll von Beispielen einer Heirat mit ausländischen Frauen. Viele von ihnen stammen aus königlichen Familien und wurden verheiratet, um so grenzüberschreitende Verbindungen zu schaffen, ein Brauch, den es auch in unserer Zeit gibt. Selbst Heiraten zwischen Israeliten wurden manchmal mit dem Ziel geschlossen, dem Zentrum der Macht näher zu kommen: Als Saul David seine Tochter Michal anbietet, hofft er, dass David sein Diener wird, während David diese Heirat als einen entscheidenden Schritt auf seiner Karriereleiter ansieht.

Ein anderes Beispiel einer politischen Verbindung durch Heirat ist Davids Verbindung mit Ahinoam, die aus Jesreel stammte (2 Sam 3,2). David heiratete wohl auch Abigail, um die Verbindung zu dieser strategisch wichtigen Region im Norden mit der jüdischen Bevölkerung im Süden zu festigen.

Ein anderes Beispiel von Machtzuwachs durch Heirat im israelitisch-judäischen Kontext ist die Hochzeit von Atalja, der Tochter von Ahab und Isebel, die von ihren Eltern Joram, dem König Judas gegeben wurde, wohl als Teil eines Bundes zwischen dem Norden und dem Süden (2 Kön 8,18).

Ein Luftbild von Tel Betsaida in der Nähe des Sees von Galiläa, vielleicht die Heimat von Maacha, der Tochter von König Talmai von Geschur (2 Sam 3,3), deren Heirat mit David politische und wirtschaftliche Bedeutung für ihren Vater hatte.

Die Heiratsurkunde von Maresha, die 1993 in Maresha im judäischen Tiefland entdeckt wurde, besteht aus sieben Stücken eines Tongefäßes und wurde in Aramäisch geschrieben. Gelehrte, die diese Urkunde untersuchten, sagen, dass es eine typische Heiratsurkunde aus dem zweiten Jahrhundert v. Chr. ist, die eine Heirat innerhalb der idumäischen Gemeinschaft von Maresha im Jahr 197 v. Chr. dokumentiert. Der zwischen Bräutigam und Brautvater ausgehandelte Vertrag, von einem geübten Schreiber aufgeschrieben, stellt die älteste je in Israel gefundene Heiratsurkunde dar und ist babylonischen Dokumenten der gleichen Zeit in akkadischer Sprache vergleichbar. Solche Verträge wurden in der jüdischen Gesellschaft akzeptiert, wie aus Traktaten des Talmud hervorgeht. Die Höhe der Mitgift zeigt, dass beide Familien reich waren und sich Papyrus leisten konnten. Deshalb nimmt man an, dass diese Tonscherben nur einen Entwurf der eigentlichen Urkunde darstellen. Die Braut durfte in diesem Fall die Mitgift für sich selber behalten.

Das Dokument lautet:

Im Monat Sivan, im Jahr 136 (in den Tagen) König Selevs erklärt Kosram, der Sohn des Kosyad, aus freien Stücken:

An Kosid, Sohn des Kosyahav: Es gibt (die Frau) Arsena, die Jungfrau. Nun bitte ich darum, dass … meine Ehefrau mir männliche Kinder schenkt, die zu Eigentümern meines Hauses und meinen Erben werden.

Kosid hörte, was Kosram sagte und gab ihm Ar(sena), seine Tochter, als Ehefrau.

Das Eigentum seiner Tochter: Kleidung und Töpfe, die einem Wert von 300 silbernen Zuzim entsprechen.

Sie heiratete und ging in das Haus von Kosram …

Unterschrieben von …

Priszilla

Das Kapitel über Heirat handelt vor allem über die Bräuche, die zur Eheschließung führen. Aber so wichtig die Hochzeitszeremonie auch ist, Ehe bedeutet viel mehr als die Vorbereitungen darauf und der große Tag der Hochzeit selbst. Die meisten Geschichten biblischer Frauen finden sich im Alten Testament. Im Neuen Testament ermöglicht Priszilla einen seltenen Einblick in das Leben einer verheirateten Frau.

Priszilla ist im Neuen Testament sechsmal erwähnt, niemals ohne ihren Gatten Aquila. Aquila ist von seiner Herkunft her Jude, wir wissen allerdings nicht, ob Priszilla den gleichen Hintergrund hatte. Jedoch verzeichnet die Apostelgeschichte, dass das Ehepaar Rom verlassen musste, als Kaiser Claudius die Juden der Stadt ins Exil schickte (Apg 18,2). Danach ließen sie sich in Korinth nieder, wo sie Paulus zum ersten Mal trafen.

Wie Paulus waren Priszilla und ihre Gatte Zeltmacher. Dies gibt uns ein Beispiel für die gemeinsame Arbeit einer Frau zusammen mit ihrem Ehemann. Mit demselben Glauben und demselben Beruf war das Ehepaar Paulus freundschaftlich verbunden. Er nennt beide, Priszilla wie Aquila, »seine Mitarbeiter« und lässt anklingen, dass sie an einer Stelle sein Leben gerettet haben. Die Tatsache, dass er in seinen Dank an das Ehepaar »alle« anderen heidenchristlichen Kirchen einschließt, lässt erkennen, wie weit der Einfluss von Priszilla und ihres Ehemanns reichte.

Sie waren in der Gemeinde von Korinth wohlbekannt, denn als Paulus dieser Gemeinde einen Brief schrieb, bestellte er Grüße von ihnen (1 Kor 16,19). Priszilla und ihr Mann waren zusammen mit Paulus in Ephesus, wo sie blieben, als Paulus weiterreiste. In Ephesus belehrten sie einen Judenchristen namens Apollos, der aus Alexandrien kam und sich in der Lehre Jesu nur ungenau auskannte (Apg 18,24-28). Zudem leiteten sie eine Hauskirche. Hauskirchen waren die ersten Orte, wo sich die Christen als Gemeinde trafen, Jahrhunderte bevor die ersten Kirchen erbaut wurden. Gelehrte haben herausgefunden, dass das Oberhaupt eines solchen Hauses zugleich das Oberhaupt der christlichen Gemeinde war. Daraus und aus der Tatsache, dass von den sechs Erwähnungen des Ehepaars Priszilla viermal vor ihrem Ehemann genannt wird, schließen manche, dass sie in einer leitenden Funktion in der Gemeinde stand.

Es ist ebenso möglich, dass dadurch, dass Priszillas Name zuerst erwähnt wird, eine Deutung des hebräischen Wortes für »Hausfrau« akaret habayit, *»die Hauptstütze des Heims« gemeint ist. Schließlich wechselte das Paar von Rom nach Korinth (Apg 18,1) und weiter nach Ephesus (Apg 18,19) und wieder nach Rom (Apg 16,3). Überall errichtete Priszilla einen Haushalt nicht allein für ihren Mann, sondern ebenso für die Gemeinschaft der Gläubigen.*

Das weitere Schicksal von Priszilla ist uns unbekannt; eine Legende erzählt, dass sie in Rom das Martyrium erlitt und an der Stelle begraben wurde, wo sich noch heute eine Kirche mit einem Grabmal zu ihrer Erinnerung befindet.

Das Evangelium nach Lukas erkennt die Tugend einer Frau an, die sich ganz dem Dienst Gottes widmet – Anna, die als Witwe im Tempel lebte und zur Prophetin wurde (Lk 2,36). Jedoch stellt Priszilla das Beispiel einer Frau dar, die ihre Ehe mit ihrem Beruf und mit ihrer Berufung vereinen konnte – der Seelsorge zusammen mit ihrem Ehemann. Und augenscheinlich war sie, nach dem ersten Korintherbrief 9,5, in diesem Lebensstil nicht allein: »Haben wir nicht das Recht, eine gläubige Frau mitzunehmen, wie die übrigen Apostel und die Brüder des Herrn und wie Kephas?« Einige Gelehrte gehen sogar so weit, dass sie Priszilla ein anderes Werk zuschreiben: Autor des Briefes an die Hebräer zu sein. In jedem Fall kann man Priszilla dadurch, dass sie mit ihrem Gatten im Dienst der Kirche wirkte, in aller Klarheit und in jedem Sinn des Wortes als die »Gesinnungsgenossin« ihres Mannes bezeichnen.

Veränderung der Lebensform: Scheidung und Witwenschaft

»Das Gelübde einer Witwe oder einer verstoßenen Frau bleibt für sie in Kraft« (Numeri 30,10)

Frauen, deren Ehen durch Scheidung oder Tod des Gatten beendet waren, waren die verletztlichsten Mitglieder der antiken Gesellschaft. Sie mussten sich eine Weise des Lebensunterhaltes suchen, die sie unabhängig leben ließ. Dies war jedoch innerhalb der engen Grenzen der damaligen Gesellschaft nicht einfach. Sie mussten auch einen Ort zum Leben finden, oft kehrten sie in das Haus ihres Vaters zurück.

Deuteronomium 24,1 legt fest, dass ein Mann sich von seiner Frau mit den fadenscheinigsten Begründungen scheiden lassen konnte – sie konnte sich dagegen kaum wehren, wenn ihr Mann das so wollte. Frauen umgekehrt konnten nicht die Scheidung erklären, obwohl es Frauen gab, die ihre Ehemänner verließen wie die Nebenfrau in Richter 19. Jeremia 3,6-7 braucht das Bild einer Ehefrau, die ihren Mann verlässt, um die Untreue Israels gegenüber Gott zu geißeln. Dass Witwen nur geringe Unterstützung fanden, wird in der Rede einer Frau gegenüber König David deutlich, die klagt, dass sich die Verwandtschaft ihres Mannes gegen sie erhebt und »die Kohle auslöscht, die mir geblieben ist«, das bedeutet, ihren Sohn töten möchte (2 Sam 14,7). So machten geschiedene und verwitwete Frauen vergleichbare Erfahrungen. Jedoch zeigt die Geschichte dieser Frau auch, dass solche Frauen eine größere Unabhängigkeit besaßen, denn sie trugen für ihre Gelübde selber Verantwortung, während bei ihren verheirateten Schwestern Gelübde nur vom Gatten gelöst werden konnten.

Eine Bronzemünze wie diese war der kleinste Nennwert einer Münze zur Zeit Jesu und alles, was eine arme Witwe spenden konnte; deshalb wird diese Münze »Witwenheller« genannt. Sie zeigt ein doppeltes Füllhorn, ein Symbol des hasmonäischen Königs Alexander Janäus.

Ehebruch scheint der wichtigste Grund für einen Mann gewesen zu sein, sich von seiner Frau scheiden zu lassen. Dies wird in Hosea 2,4-17 kraftvoll beschrieben: Die untreue Gomer wird »nackt in die Wüste vertrieben«. Die untreue Frau ist auch ein bekanntes Bildwort in Ezechiel 16,32. Jedoch wird auch der untreue Ehemann kritisiert (Mal 2,10-26; Jer 5,8-9, Ez 18,11; 33,26; Spr 5,20; 6,29). Nach Numeri 5,11-23 war für den Mann kein Beweis für den Ehebruch seiner Frau nötig, schon bei Verdacht konnte er sie beim Priester einem Gottesurteil mit bitterem Wasser unterwerfen lassen. Davon musste sie trinken und zugleich einen Eid auf ihre Unschuld vor dem Priester ablegen.

Der Brauch, als Teil einer Scheidung eine ehebrüchige Frau vor aller Augen zu entblößen (Ez 16,27), findet sich im 16. Jahrhundert v. Chr. auch in einem Gesetzestext von Nuzi, einem Königreich im nördlichen Mesopotamien. Es lässt vermuten, dass dieser Brauch entstand, weil Kleidung die Person des Trägers symbolisiert – in Mesopotamien konnte ein Analphabet ein Schriftstück dadurch unterzeichnen, dass er den Rand seines Gewandes in den Ton der Schrifttafel drückte. Durch die Entblößung wurde die »Persönlichkeit« der Frau verneint – dies war das Gegenteil von »ein Gewand über eine Frau legen« als Schutzerklärung und Heiratsantrag (Rut 3,9; Ez 16,8). Der Geschichtsschreiber Tacitus berichtet im ersten Jahrhundert n. Chr., dass die Entblößung einer ehebrüchigen Frau zu dieser Zeit auch bei den Germanen üblich war.

Anders als die ehebrüchige Frau wurde eine »verleumdete Braut«, eine Frau, die fälschlich von ihrem Bräutigam beschuldigt wurde, keine Jungfrau

Das Dorf Nain im Jesreel-Tal in Israel, Heimat der Frau, deren Sohn von Jesus auferweckt wurde.

zu sein, von der Gesellschaft geschützt: Der Mann soll gezüchtigt und mit einer Geldbuße belegt werden. Außerdem darf er seine Frau niemals entlassen (Dtn 22,13-21). Solche Gesetze stärkten die Struktur und die Beziehungen der Familien.

In den biblischen Scheidungsregeln wird die Stellung der Frau wenig berücksichtigt. Doch nehmen Gelehrte an, dasss das Verbot der Wiederheirat einer geschiedenen Frau durch den gleichen Mann (Dtn 24,4; Jer 3,1) den Frauen dadurch Schutz gewährte, dass der Mann so nicht an den Besitz gelangen konnte, den sie nach der ersten Ehe erlangt hatte.

Eine Tontafel aus der Zeit der Sumerer (2300-2000 v. Chr.) zeigt, dass Verhandlungen zwischen streitenden Ehepaaren zum Scheidungsprozess gehörten und dass die Frau in diesem Fall in harter Weise agierte. Das Dokument lautet: »Letztes Urteil: Lu-Utu, der Sohn von Nig-Baba, lässt sich von Geme-Enlil scheiden. Duidu und zwei Beamte beeiden, dass Geme-Enlil ihre Lage geschildert und verlangt hat: ‚Beim König: Wenn du mir zehn Silberschekel gibst, werde ich gegen dich keine Klage erheben.' Danach pfändete sie zehn Silberschekel bei ihm.«

Scheidung muss bei den aus dem Exil in Babylon nach Jerusalem heimkehrenden Juden ein wichtiges Thema gewesen sein, denn die Männer mussten einen Eid schwören, dass sie ihre ausländischen Frauen und Kinder wegschickten (Ez 10,2.13-44; Mal 2,11-12 ...).

Von der Zeit an, als man bei der Vermutung eines Ehebruchs die beschuldigte Frau dem Gottesurteil des bitteren Trankes unterwarf (Num 5,11-23), bis zu der Zeit des Neuen Testaments und danach veränderten sich die Verfahrensweisen, die eine solche Frau betreffen. Der gelehrte Rabbi Joshua etwa verlangt, dass vor einem solchen Urteil zwei Zeugen sie auffordern mussten, sich von ihrem Liebhaber fern zu halten (*Sotah 2a*). Damit wurde die biblische Forderung nach einem gerechten Prozess aufgegriffen, bei dem zwei oder drei Zeugen aussagen mussten (Dtn 19,15). Anderenfalls war die Frau berechtigt, das im Ehevertrag vereinbarte Vermögen zu verlangen.

Im klassischen Athen erwähnten mehrere Redner (z.B. Lysias, Demosthenes) verschiedene Arten von Scheidung. Darunter fielen Scheidungen, die von beiden Seiten, von Mann und Frau, beantragt wurden, aber auch solche, die der Vater der Frau beantragen konnte, wenn er herausfand, dass der Mann seine Frau vergewaltigte. Scheidung von einer ehebrüchigen Frau war verpflichtend, andere Gründe für Scheidung blieben unbestimmt. Ein Grund war, wenn eine Frau nach mehreren Jahren unfruchtbar blieb. Ein jüdischer Mannn konnte sich scheiden lassen, wenn seine Frau nicht innerhalb von zehn Jahren schwanger wurde.

Andererseits berichtet der Athener Redner Andokides (etwa 420-390 v. Chr.) einen Fall, bei dem die Frau beim Magistrat die Scheidung deshalb beantragte, weil ihr Mann andere Frauen ins Haus brachte.

In Rom konnte eine Ehefrau ihren Mann zur Scheidung zwingen. Wahrscheinlich ahmte Herodias diese römische Ordnung nach, als sie, wie Josephus es beschreibt, »die Gesetze unseres Landes verwirrte und sich selbst von ihrem Mann scheiden ließ, um dann Herodes Antipas, den Bruder ihres Mannes, zu heiraten« (Ant 18,136).

Im Traktat *Gittin*, der die Scheidung behandelt, legt die Schule des Hillel fest, dass ein Mann sich wegen jeder Sache scheiden lassen konnte, die ihm nicht angenehm war: weil sie ein Gelübde nicht erfüllte,

Ein byzantinischer Kochtopf aus Nitzana in der Negev-Wüste. Nach den strengen jüdischen Regelungen konnte eine Frau bereits entlassen werden, wenn sie ihrem Mann das Essen anbrennen ließ.

Scheidung in der Spätzeit der Bibel

Die folgende Geschichte aus dem Genesiskommentar Rabba *beleuchtet das Problem, das eine Frau selbst nach den Regelungen der Rabbis hatte, die sie vor willkürlicher Scheidung schützen sollten (u.a. dass ihr Ehemann die Summe bezahlen musste, die im Ehevertrag festgelegt war). Ein gewisser Rabbi klagte, dass er sich von seiner Frau scheiden lassen wolle, aber »ihr in die Ehe eingebrachtes Vermögen ist für mich zu groß und deshalb kann ich mich nicht scheiden lassen«. Seine Studenten wollten ihn unterstützen und sagten: »Wir teilen es unter uns auf, dann kannst du dich scheiden lassen.« So geschah es, und er konnte eine bessere Frau heiraten.*

weil sie seine Eltern verfluchte, weil sie sein Essen verdarb ... Die Schule von Schammai dagegen hielt nur sexuelle Vergehen für einen Scheidungsgrund. Um die Stabilität der Familie zu stärken, wurde die Scheidung komplizierter und anspruchsvoller gemacht. Im 10. Jahrhundert verbot Rabbi Gershom (derjenige, der auch die Polygamie verurteilt hatte), dass eine Frau ohne ihr Einverständnis geschieden werden konnte. Dass beide Seiten die Scheidung beantragen konnten, zeigen Quellen, etwa des Jerusalemer Talmuds (*Ketuboth 5,8*), in dem Rabbi Jose zitiert wird: »Wenn sein Hass auf sie wächst oder umgekehrt ihr Hass auf ihn, so führt dies zu einer finanziellen Lösung, und solche Lösungen sind gültig.« Dennoch kann das Ideal einer dauerhaften Bindung in der Ehe aus den Diskussionen der Gelehrten im Buch *Gittin* geschlossen werden, die bei der Stelle Maleachi 2,13 zu dem Ergebnis kommen, »dass der Altar des Herrn mit Tränen bedeckt wird«, wenn ein Mann sich von der Frau seiner Jugend scheiden lässt.

Scheidung im Neuen Testament

Lebenslange Treue ist auch das Ideal, das Jesus in seinem Streitgespräch mit den Pharisäern ausdrückt (Mk 10,2-9) und das an anderen Stellen des Neuen Testaments anklingt (Röm 7,2-3; 1 Kor 7,10-11). Jedoch unterschied sich das fast totale Scheidungsverbot (Mt 5,31-32; 19,4-9; Mk 10,2-12; Lk 16,18) und auch die Stellung des Paulus dazu (1 Kor 7,12) von der Stellung anderer Juden, wie sie zwei Jahrhunderte später in der Mischna niedergelegt ist. Matthäus 5,31-32 erlaubt die Scheidung nur im Falle eines Ehebruchs durch die Frau: »Ferner ist gesagt worden. Wer seine Frau aus der Ehe entlässt, muss ihr eine Scheidungsurkunde geben. Ich aber sage euch: Wer seine Frau entlässt, obwohl kein Fall von Unzucht vorliegt, liefert sie dem Ehebruch aus; und wer eine Frau heiratet, die aus der Ehe entlassen worden ist, begeht Ehebruch.« Das griechische Wort *porneia*, das meist mit »Unzucht« übersetzt wird, meint uneheliche Beziehungen (vgl. Lev 18,6-18), wie sie von einigen Heiden praktiziert wurden, bevor sie sich den Christen anschlossen. Markus 10,12 und 1 Korinther 7,11 lassen anklingen, dass Frauen sich von ihren Männern trennen können. Dies war im römischen Recht möglich, nicht aber im damals noch nicht kodifizierten jüdischen Recht.

Witwen

Einige biblische Witwen waren wohlhabend wie Abigail, die nach dem Tod ihres Ehemannes Nabal zu David kam, »begleitet von fünf ihrer Mägde« (1 Sam 25,42), oder die Mutter von Micha (Ri 17,1-4), die elfhundert Silberstücke besaß. Naomi, die Schwiegermutter Ruts und Witwe des Elimelech, schien das Recht zu haben, sein Land zu verkaufen (Rut 4,3). Später lesen wir in der Geschichte der Judit, dass »ihr Mann Manasse ihr Gold und Silber, Knechte und Mägde, Vieh und Felder hinterlassen hatte, die sie in ihrem Besitz hielt« (Jdt 8,7). Dass nicht alle Witwen arm waren, ist auch aus den Ermahnungen in 1 Timotheus 5,3-8 ersichtlich, wo solche Witwen geehrt werden sollen, die »wirklich Witwen sind und kein ausschweifendes Leben führen«. Doch scheinen wohlhabende Witwen insgesamt eine Ausnahme gewesen zu sein, denn das hebräische Wort für »Witwe« beinhaltet, dass sie nicht nur ihren Mann, sondern auch jede Unterstützung verloren hat.

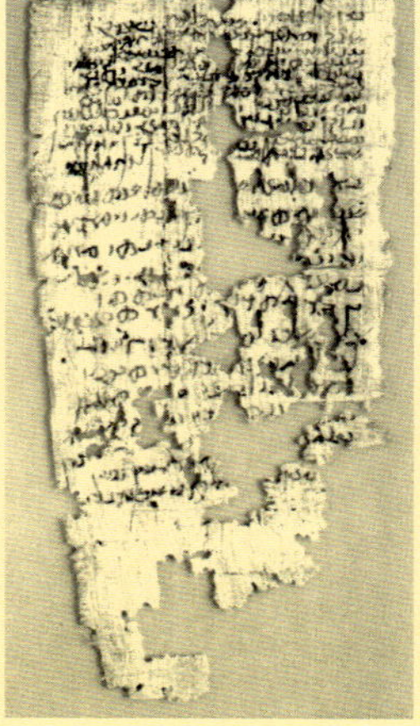

Eine Scheidungsurkunde aus Masada, 71 n. Chr., gefunden im Wadi Muraba'at in der judäischen Wüste:

Am ersten Marheshvan im Jahr sechs in Masada:
Ich, Yehosef, Sohn des Naqsan, aus Masada scheide mich und verstoße dich,
meine Frau, Miriam, Tochter des Honathan aus Hanablata, in Masada lebend,
die bis zu dieser Zeit meine Frau war, so dass du ab jetzt deinerseits frei bist,
die Ehefrau jedes jüdischen Mannes zu werden, den du magst.
Du erhältst von mir die Verstoßungsurkunde. Ich gebe dir zurück ... und zahle dir
alle Güter zurück. So lass es mit einer vierfachen Zahlung entschieden sein.
Dieses Dokument werde ich für dich aufbewahren, so lange ich lebe.

Die Notwendigkeit finanzieller Unterstützung zwang eine Witwe, in das Haus ihres Vaters zurückzukehren (Rut 1,8). Juda sagt zu Tamar, dass »sie als Witwe im Haus ihres Vaters leben soll« (Gen 28,11).
Die verwitwete Tochter eines Priesters darf »in das Haus ihres Vaters zurückkehren und vom Lebensunterhalt ihres Vaters essen« (Lev 22,13). Die Witwe von Sarepta lebte bei ihrer Familie (1 Kön 17,15); Elija bezog das Obergemach des Hauses, das ihr gehörte (1 Kön 17,19), obwohl sie offensichtlich nichts zu essen hatte. Das Recht einer Witwe, in das Haus ihres Vaters zurückzukehren, wurde in der Zeit des Talmud bestärkt, als von den Vätern verlangt wurde, ein »Haus«, vielleicht nur ein Zimmer von einer bestimmten Größe, zu bauen. In einer Parallele zur Geschichte von Elija und der Witwe von Sarepta sorgt auch der Prophet Elischa für eine Frau, die nach dem Tod ihres Mannes in Gefahr stand, ihre Söhne in die Schuldsklaverei zu verlieren (2 Kön 4,1-7).
Witwen werden oft zusammen mit den Fremden und den Vaterlosen als eine Gruppe genannt (Dtn 24,19; Ijob 31,16), die besonderen Schutz nötig hat (Ex 22,21-22). Wer sich nicht daran hält, wird verflucht (Dtn 27,19). Genauer heißt es: »Du sollst das Kleid einer Witwe nicht als Pfand nehmen« (Dtn 24,17). Ebenso soll man vergessene Garben nicht vom Feld holen: »Sie sollen den Fremden, Waisen und Witwen gehören«. Gleiches gilt für heruntergefallene Früchte des Olivenbaums oder von Trauben (Dtn 24,19-21). Gott wird als Beschützer der Rechte einer Witwe bezeichnet (Dtn 10,18; Ps 68,5; 146,9).

Die Witwe von Sarepta; Detail aus der Synagoge von Dura Europos in Syrien, 3. Jahrhundert

Dass diese Gebote oft nicht eingehalten wurden, kann aus der wiederholten Kritik der Propheten gegen die Ausbeutung der Witwen und anderer benachteiligter Gruppen durch die Wohlhabenden geschlossen werden (Jes 1,17; Jer 7,6; Ez 22,7; Sach 7,10; Mal 3,5 …).

Die Armut und Erniedrigung, die Witwen erdulden mussten, machten ihren Stand zu einem bedeutenden Symbol der Verlassenheit – in den Klageliedern wird Jerusalem mit einer Witwe verglichen: »Einer Witwe wurde gleich die Große unter den Völkern« (Klgl 1,1). Im Gegensatz dazu wird das sündige Babylon in Offenbarung 18,7 als »Königin, nicht als Witwe« beschrieben.

Im Gegensatz zur wohlhabenden Abigail mussten arme Witwen jede Arbeit annehmen, durch die sie sich versorgen konnten. Rut zum Beispiel las Ähren auf dem Feld des Boas auf, so wie es diese Frau bei Betlehem tut.

Witwen im Neuen Testament

Im Neuen Testament wird die Erniedrigung von Witwen ebenfalls erwähnt, wie in der Geschichte der armen Witwe, die zwei Kupfermünzen spendete (Mk 12,1-44). Dieser Text folgt den Worten gegen die Schriftgelehrten, die »die Witwen um ihre Häuser bringen« (Mk 12,40), (vielleicht waren es Vermögensverwalter, die den Besitz der Witwen für sich nahmen). Nach der Apostelgeschichte (6,19) erhielten Witwen eine tägliche Nahrungsration.
Ebenso wie in der Erzählung von der blutflüssigen Frau wird auch in der Erzählung von der Erweckung des Sohns einer Witwe in Nain einer Frau ihre Würde zurückgegeben und sie damit vom Rand der Gesellschaft zurückgeführt.
Die Unabhängigkeit von Witwen lässt sich aus mehreren neutestamentlichen Erzählungen ablesen: Anna (Lk 2,36-38), die im Tempel lebt und Gott dient, ist die einzige Frau, die in den Evangelien als Prophetin bezeichnet wird. Die Witwe Tabita (Apg 9,36-42) ist die einzige Frau, die mit der weiblichen Form des griechischen Worts für Schüler benannt wird. »Sie tat viele gute Werke und gab reichlich Almosen.« Nach 1 Timotheus 5,3 sollen Witwen geehrt werden; gläubige Frauen sollen für Witwen sorgen (1 Tim 5,16).
Jesus erzählt das Gleichnis einer Witwe, die einen hartherzigen Richter bedrängt, ihr »Recht gegen ihren Feind zu verschaffen« (Lk 18,1-6). Dies zeigt, dass ein solch unabhängiges Vorgehen weniger das Vorrecht von Witwen war als eine Notwendigkeit, da niemand anders als sie selber für sich sprechen konnte.

Das Tor in Tel Dan im nördlichen Israel besitzt ein Podium für den König der Stadt und eine Bank für den Stadtrat. Eine solche Kulisse erinnert uns an das Stadttor, das in Rut 4,1 erwähnt wird. Dort holte Boas die Ältesten zusammen, um die Zeremonie zu bezeugen, durch die Leviratsehe geschlossen wurde – der nächste männliche Angehörige von Ruts verstorbenen Ehemann gab zugunsten von Boas sein Recht auf, die Witwe zu heiraten.

Über eine andere Witwe, die sich geistlichen Studien widmete, schreibt der babylonische Traktat *Sotah 22a*: »Eine Witwe hatte eine Synagoge in ihrer Nachbarschaft, doch ging sie täglich zum weiter entfernten Haus des Rabbi Yochanan und betete dort. Er fragte sie nach dem Grund, und sie antwortete: »Rabbi, werde ich denn nicht für die zusätzlichen Schritte belohnt?«

Als Witwe keine neue Ehe einzugehen galt bei den Römern als Tugend. Paulus preist eine Witwe, die, obwohl sie erneut heiraten könnte, nach seinem Rat unverheiratet bleibt (1 Kor 7,39-40). Dabei scheint er aber vor allem ältere Witwen zu meinen. Es gibt nämlich umgekehrt die Mahnung an jüngere Witwen, wieder zu heiraten und Kinder zur Welt zu bringen (1 Tim 5,13-14). In der jüdischen Tradition wurde die Wiederheirat einer Witwe ebenfalls erwartet. Selbst im Falle, wenn ein Ehemann verschwunden war, beugten die Gelehrten die Regeln, um ihr die Wiederheirat zu ermöglichen. Dabei galt sogar das Zeugnis eines einzigen Zeugen, selbst wenn es sich um eine Frau oder einen Heiden handelt.

Leviratsehe

Dass es wichtig ist, dass eine Familie und ihr Name weiterlebt, wird aus dem Brauch der Leviratsehe (Schwagerehe) sichtbar (Dtn 25,5). Dieser Brauch, der nach dem lateinischen Wort für Schwager, levir, benannt ist, war die Verpflichtung eines Mannes, für seinen verstorbenen Bruder die kinderlose Witwe zu heiraten oder sie freizugeben, damit sie einen anderen heiraten konnte. Dies wird in Genesis 38 an Tamar und in Rut 4 an Rut mit geringfügigen Veränderungen gezeigt. Gelehrte nehmen deshalb an, dass sie dieser Brauch über die Zeiten hinweg weiterentwickelte. Ein übertriebenes Szenario einer solchen Schwagerehe stellt den Hintergrund für das Streitgespräch der Sadduzäer mit Jesus über die Auferstehung dar, an die diese im Gegensatz zu Jesus nicht glaubten: Welchem Mann wird die Frau angehören, die die Leviratsehe siebenmal vollzogen hat (Mk 12,18-27)?

Der in Rut 4,7-8 erwähnte Brauch, beim Lösen einer Frau die Schuhe abzulegen, kann dadurch erklärt werden, dass das Heben des Fußes das Überlassen von Eigentum bezeichnen konnte bzw. die Entlassung von jemand aus dem Dienst eines anderen.

Antike Gesetzestexte des Vorderen Orients erwähnen diesen Brauch ebenfalls. In einem Text der Mittelassyrischen Zeit (14.–10. Jahrhundert v. Chr.) heißt es: »Ihr Schwiegervater soll sie einem Sohn seiner Wahl geben oder, wenn er es will, dem Schwiegervater selbst. Wenn jedoch ihr Vater und ihr Schwiegervater tot sind und sie keinen Sohn hat, dann hat sie den Stand einer Frau ohne männliche Unterstützung und kann gehen, wohin sie will.« Dies zeigt, dass eine Witwe zu jener Zeit eine gewisse Freiheit haben konnte.

Durch die Leviratsehe konnte eine Familie die Nachkommen und auch die Arbeitskraft einer Frau für die Familie sichern, in die sie eingeheiratet hatte. Dies war auch für die Witwe von Nutzen: Wenn ein Mann ohne Kinder starb, ging sein Besitz an seinen überlebenden Bruder – die Leviratsehe sicherte somit ihre Versorgung.

Der doppelte Nutzen der Leviratsehe kann bei Rut erkannt werden: Der Familienname starb nicht aus und das Eigentum blieb zusammen (Rut 4,10) und die Witwe und ihre Angehörige wurden versorgt (Rut 4,13-15). Wissenschaftler haben darauf hingewiesen, dass in diesem Text die Sorge um Eigentum und Familienname von Männern ausgedrückt wurde, die Sorge um die Witwe dagegen von den Naomi begleitenden Frauen.

Eine Leviratsehe war nicht ohne Nachteile, dies zeigt die Geschichte von Onans Weigerung, mit der Frau seines verstorbenen Bruders ein Kind zu zeugen (Gen 38,8-9). Die Bibel bemerkt, dass »er wusste, dass das Kind nichts seins sein würde«, d.h. das Kind würde ein Konkurrent zu seinen eigenen Ansprüchen auf das Erbe seines Bruders werden. In einer Sicht allerdings konnte ein Mann auch Nutzen von der Leviratsehe ziehen – es gab keinen Brautpreis. Doch wurde bei ihr das Wohl der Familie höher gestellt als das des einzelnen Familienmitglieds.

Bei der samaritischen Frau, die Jesus am Brunnen trifft, können wir uns über »die fünf Männer« nur wundern. Wir wissen nicht, ob sie fünfmal geschieden wurde, wie man es üblicherweise auslegt, oder ob es sich um Leviratsehen handelt. Doch kann man sich vorstellen, welches Leben eine solche Frau in der damaligen Gesellschaft hatte.

Rut

Die Geschichte der Rut zeigt, wie eine biblische Frau mit dem Schicksal ihrer Witwenschaft umgeht. Sie zeigt ebenso die Bedeutung verwandtschaftlicher Beziehungen in biblischen Großfamilien und fügt die Beziehungen von Familie, Nation und künftigen Generationen zusammen, etwas, das in der Bibel wichtig erscheint. Rut, genannt eshet hayil, *»starke Frau« – das gleiche Wort, das für die Frau in Sprichwörter 31,10 gebraucht wird, ist eine der vier Frauen, die im Stammbaum Jesu des Matthäusevangeliums aufgeführt werden (Mt 1,5). Sie wird von biblischen Kommentatoren sehr bewundert.*

Zu Beginn des kleinen Buches Rut erfahren wir, dass sie und ihre Schwiegermutter Naomi Witwen sind. Es war damals üblich, dass eine Witwe in den Haushalt ihrer Herkunftsfamilie zurückkehrte. Dies schlägt Noomi auch vor und drängt Rut und ihre andere Schwiegertochter Orpa, dies zu tun. Rut bleibt jedoch bei Noomi, ihr Gelübde wird berühmt: »Wohin du gehst, dahin gehe auch ich, und wo du bleibst, da bleibe auch ich. Dein Volk ist mein Volk, und dein Gott ist mein Gott« (Rut 1,16).

Beide, Rut und Noomi, treffen mutige Entscheidungen, aus denen deutlich wird, dass Witwen in der Tat mehr Unabhängigkeit hatten als andere Frauen. Sie konnten stolz darauf sein, ohne männlichen Schutz zu überleben, ohne Ehemann, ohne Vater und auch ohne erwachsene Söhne. Dass Noomi Land besaß, verbesserte natürlich ihre Stellung. Dennoch zeigen Noomis Worte, dass sie »leere Hände hat« (Rut 1,21), wie sie ihre gesellschaftliche Situation einschätzt. Später will Boas nicht, dass Rut »mit leeren Händen zu Noomi zurückkehrt« (Rut 3,17). Die Gerstenernte als Hintergrund der ganzen Geschichte, also eine Zeit der Fülle und des Überflusses, stellt einen Kontrast zur Situation der beiden Frauen »mit leeren Händen« dar.

Rut entscheidet sich, mit der Suche nach einem anderen Ehemann zu beginnen (Rut 2,2), während sie auf dem Feld zusammen mit anderen Armen Ähren liest (Lev 19,9-10; 23,22; Dtn 24,19-22). Noomi unterstützt dies. Dort auf dem Feld trifft sie dann Boas. Durch Boas Bericht über die Situation Ruts (Rut 2,11) erfahren wir die Bedeutung einer weit verzweigten Familie, in der einer für den anderen sorgt. Dieser Gedanke zeigt sich auch am Ende der Geschichte, als Rut, von anderen Frauen umgeben, ihr Kind mit Noomi »teilt«: »Der Noomi ist ein Kind geboren« (Rut 4,14-17).

Noomi verweist darauf, dass Boas mit ihnen verwandt und deshalb ein »Löser« ist, der den Frauen künftig Schutz geben kann. Auf Noomis Rat hin geht Rut einen Schritt weiter und kommt Boas näher. Doch es gibt einen »Löser«, der noch näher mit Naomis verstorbenem Gatten verwandt ist. Es scheint, dass das Gebot einer Leviratsehe (Levir bedeutet im Lateinischen Schwager) nicht allein für den Bruder eines Mannes galt, sondern auch für andere nahe Verwandte, die damit verpflichtet waren, die Witwe eines Verstorbenen zu heiraten (Dtn 25,5). Doch gibt es in diesem Fall eine Schwierigkeit: Der Mann muss nicht nur Noomi annehmen und ihr Land, sondern auch Rut. Rut könnte ihm Kinder gebären, die dann mit anderen Kindern (aus erster Ehe) konkurrieren könnten (Rut 4,6). So verlässt dieser Löser das Feld, und Boas kann zum Zuge kommen. Noomi erwähnt diesen Löser nie, obwohl sie von seiner Existenz gewusst haben muss. Dies kann als Vertrauen in ein gutes Ende der Geschichte gewertet werden.

Der rabbinische Kommentar Rut Rabba *vergleicht Ruts Weggehen von Moab mit der Erlöschen eines großen Lichtes, vergleichbar dem Geschehen, als Jakob Beerscheba verließ. Durch diesen Vergleich Ruts mit dem Stammvater zeigen die Gelehrten die Hochschätzung dieser Frau, die mit ihrem Sohn Obed einen Vorfahren von König David und dem Messias geboren hatte. Rut erfährt auch heute große Wertschätzung in der Erinnerung, wie sie und Noomi entschieden für das Überleben und die Fortsetzung ihrer Familie sorgten.*

Unter sorgenden Fittichen: Mutterschaft

»Adam nannte seine Frau Eva (Leben), denn sie wurde die Mutter aller Lebendigen« (Genesis 3,20)

Eine jüdische Mutter mit ihrem Kind in Kurdistan, um 1950

Wie Fachleute herausgefunden haben, waren zwei Drittel der Lebenszeit der Frauen zu biblischer Zeit mit Schwangerschaft und Mutterschaft ausgefüllt – bei Frauen unserer Zeit ist dies nur noch ein Siebtel. Selbst heutige Hausfrauen können sich wohl kaum vorstellen, wie die Mutterschaft das Leben der Frauen völlig in Beschlag nahm.

Tontafel, die eine Frau mit ihrem Kind zeigt, Mesopotamien, 3000–2000 v. Chr.

Mutterschaft als Symbol

Mutterschaft in der Bibel meint nicht unbedingt nur Kinder gebären und großziehen. Debora nennt sich »eine Mutter in Israel« (Ri 5,7), obwohl wir nirgendwo etwas über ihre Kinder erfahren. Deshalb kann man schließen, dass Deboras Mutterschaft in ihrer Führerrolle bestand, durch die sie Israel rettete.

Die Bibel nennt sogar eine Stadt »Mutter«: Abel, eine Stadt, »die für Israel wie eine Mutter ist« und von Davids General Joab belagert wird (2 Sam 20,19). Rat und Lehre gehörten wesentlich zur Mutterschaft (Spr 1,8 und 6,20) und Abel, Wohnsitz einer klugen Frau, erwarb sich die Bezeichnung »Mutterschaft« vielleicht deshalb, weil die Leute hierher kamen, um sich Rat zu holen. Interessanterweise konnten Städte nicht nur als »Mütter«, sondern auch als »Töchter« bezeichnet werden – kleinere Städte, die von größeren städtischen Zentren abhängig waren. Die Formulierung »mit den dazugehörenden Tochterstädten« (Jos 15,45; Ri 11,26) nutzt das hebräische Wort für »Tochter«.

Wie auch andere Akzente im Leben einer Frau konnte auch Mutterschaft zu einem bedeutenden religiösen Symbol werden. Zum Beispiel beschreibt Psalm 131,2, ein Wallfahrtspsalm, der von Pilgern auf ihrem Weg zum Tempel gesungen wurde, wie die Seele auf dem Weg zum Heiligtum ruhig wird: »wie ein kleines Kind bei der Mutter ist meine Seele still in mir«.

Bei Jesaja 49,15 ist Gottes Liebe zu seinem Volk größer als die einer Mutter: »Kann denn eine Mutter ihr Kindlein vergessen, eine Mutter ihren leiblichen Sohn? Und selbst wenn sie ihn vergessen würde, ich vergesse dich nicht.« Jesus nimmt das Symbol der Mutterschaft, als er über das Schicksal Jerusalems klagt: »Wie oft wollte ich deine Kinder um mich sammeln, so wie eine Henne ihre Küken unter ihre Flügel nimmt« (Mt 23,37). Paulus beschreibt die Sorge der Apostel für die Thessalonicher: »wie eine Mutter für ihre Kinder sorgt« (1 Thess 2,6-7).

Eine Frau und ihre Kinder fahren auf einem Wagen. Detail des Lachisch-Reliefs, das den Fall Judas durch die Hand Sanheribs 701 v. Chr. zeigt (vgl. 2 Kön 18,13-37)

Auch der Gegensatz zu mütterlichen Instinkten kann als Bild dienen. Als zwei Dirnen zu Salomo kamen, die beide dasselbe Kind als ihr eigenes verlangten, war eine dazu bereit, das Kind in zwei Teile zu teilen – sicher nicht die richtige Mutter (1 Kön 3,16-28). Von Müttern, die ihre eigenen Kinder aufaßen, wird in der Erzählung von der Belagerung Samarias erzählt, was die Gräuel deutlich macht (2 Kön 6,27-29). Und während die Bibel am Anfang von Eva, der »Mutter aller Lebendigen« erzählt, so steht am Ende das Bild einer Frau, auf deren Stirn der geheimnisvolle Name geschrieben war: »Babylon, die Große, die Mutter aller Huren und aller Abscheulichkeiten der Erde« (Offb 17,5).

Die Mutter hinter dem Sohn

Im Vorderen Orient der Antike hatte das Verhältnis Mutter – Sohn eine besondere Bedeutung. Dies klingt schon in der Geschichte an, wie Gideons Sohn Abimelech an die Macht kam und die Sippe seine Mutter auffordert, ihm gegen die anderen Söhne seines Vaters zu helfen (Ri 9,1-6). Abschalom wiederum sucht Schutz bei seinem Großvater mütterlicherseits, dem König von Geschur (2 Sam 3,3; 13,37).

Gerade aus dem Jemen angekommen trägt eine Frau in einer Hauptstraße von Tel Aviv ihr Kind auf dem Kopf – ein Bild, das in der ersten Zeit des Staates Israel aufgenommen wurde. Vielen Frauen erging es wie dieser Mutter, als sie nach Israel kamen.

Maria auf dem Weg nach Betlehem

Dieser unscheinbare Stein ist »Marias Thron« (kathisma im Griechischen). Hier soll der Tradition nach die hochschwangere Maria auf ihrem Weg nach Betlehem gerastet haben. Er wurde zum zentralen Ort einer antiken Kirche, die mit wunderbaren Mosaiken geschmückt war, und liegt am Weg nach Betlehem.

Batseba, die oft als »hilflose Frau« erscheint (1 Kön 1,11), hatte in Wirklichkeit große Macht. Sie spricht bei David für Salomo und greift auch ein, als Salomos verbannter Bruder Adonija sie um Hilfe bei der Heirat mit Abischag bittet (1 Kön 1,51-53; 2,13-21). Salomo antwortet verletzend auf die in der Öffentlichkeit geäußerte Bitte Batsebas. Doch zeigt ein tieferes Lesen, dass Batseba auf diese Weise Salomo die Möglichkeit eröffnete, öffentlich seine Macht zu zeigen und seinen Bruder als Rivalen loszuwerden. Hohelied 3,11 erinnert an Batsebas Rolle: »König Salomo mit der Krone, mit der ihn seine Mutter gekrönt hat.«

Wenn andererseits ein Sohn Macht hatte, konnte die Mutter an dieser Macht teilhaben. Der Fall des mächtigen Sisera bedeutete für seine Mutter ebenfalls den Niedergang. Wir treffen auf sie in Richter 5,28-30, wo sie, am Fenster sitzend, vergeblich auf seine Rückkehr vom Schlachtfeld wartet. Wenn ausgerechnet die Prophetin Debora, die in gewisser Weise für den Tod Siseras verantwortlich war, diese Szene in ihrem Siegeslied darstellt, dann versetzt sie sich in die Lage dieser anderen Frau, selbst in die der Mutter des Feindes.

Frauen beten an Rahels Grab

Um ihre Söhne zu fördern, taten biblische Mütter alles, was in ihrer Macht stand – das Ergebnis rechtfertigte aus ihrer Sicht die Mittel: Als Rebekka den blinden Isaak betrügt, damit er Jakob für Esau hält (Gen 27,5-13), wollte sie die Zukunft ihres zweitgeborenen Sohnes stärken und damit ihres Volkes. (Es liegt eine Ironie darin, dass sie in der Folge ihren geliebten Sohn wegschicken muss, um die Rache seines Bruders zu vermeiden.) Rebekkas Schwiegermutter Sara bewerkstelligte, dass ihr eigener Sprössling die Nachfolge Abrahams antrat, indem sie für die Vertreibung ihrer Rivalin Hagar, der Mutter von Abrahams älterem Sohn Ismael, sorgte. Der Prophet Natan rät Batseba, Salomo anstelle von Adonija zum König ausrufen zu lassen, um »dir und deinem Sohn das Leben zu retten« (1 Köln 1,11-14).

Rahels Grab, Kupferstich von W. H. Bartlett, 1842

Im Neuen Testament versteht sich eine Frau besonders als Förderin ihrer Söhne: »Die Frau des Zebedäus kam mit ihren Söhnen zu Jesus und fiel vor ihm nieder, weil sie ihn um etwas bitten wollte: Versprich, dass meine beiden Söhne in deinem Reich rechts und links neben dir sitzen dürfen« (Mt 20,20-21).

Ein Glasgehänge, auf dem ein Frosch abgebildet ist, entdeckt in den Ruinen der aus dem 4. Jahrhundert stammenden Basilika von Tiberias. Schmuck dieser Art diente in der Regel als Amulett. Im alten Ägypten begleitete der Frosch die Göttin der Geburt. Frösche schmückten oft Lampen in Häusern; Wissenschaftler nehmen an, dass solche Lampen während der Geburt eines Kindes angezündet wurden.

Mütter und Töchter

Nur selten wird in der Bibel von einer Mutter und ihren Töchtern gesprochen. In Exodus 2,1-10 tun sich Jochebed und ihre Tochter Miriam zusammen, um Mose zu retten. Am Anfang der Erzählung von Dinas Vergewaltigung wird Dina ausdrücklich als »Tochter, die Lea dem Jakob geboren hat« erwähnt (Gen 34,1). Einige Kommentatoren deuten die Nennung der beiden, dass so ihre Einsamkeit betont werden soll, die von Dina, die sich »die Töchter des Landes« ansieht, und die von Lea, die durch Jakobs Mangel an Liebe isoliert ist. Genesis 24,28 und Hohelied 3,4 und 8,2 zeigen eine Mutter-Tochter-Beziehung; das Buch Rut die Beziehung einer Frau zu ihrer Schwiegermutter. In solchen Fäller ersetzt der Begriff »das Haus meiner/deiner Mutter« das übliche »Vaterhaus«. Vielleicht geschieht dies wegen des Zusammenhangs mit der Eheschließung, bei der die Mutter eine größere Rolle spielte.

In den Evangelien finden wir zwei Mutter-Tochter-Paare: zum einen die unselige Salome, die mit ihrer Mutter zusammenwirkt, um Johannes den Täufer hinrichten zu lassen, und zum anderen die heidnische Frau, die Jesus um Heilung ihrer Tochter bittet.

Nicht fruchtbar

Das Thema der unfruchtbaren Frau findet sich oft in biblischen Quellen, schon bei den Stammmüttern. In einer Gesellschaft, in der viele Kinder eine Sache des Überlebens von Familie und Clan waren, war der Gedanke, dass Kinder ein Geschenk Gottes seien (Ps 113,9; 127,3-5; 128,3-4) mehr als nur eine poetische Anmerkung. Ijob 24,21 vergleicht eine kinderlose Frau mit einer Witwe, denn sie hat keinen Schutz. Eine Frau mit vielen Nachkommen dagegen wird gepriesen als diejenige, die ganze Städte

beschützt (Gen 24,60). Kinderlose Frauen wie Sara (Gen 16,1) oder Hanna (1 Sam 1,6) hatten Erniedrigung und Spott zu ertragen.
Zur Zeit der Mischna konnte ein Mann sich von seiner Frau nach zehn kinderlosen Jahren scheiden lassen. Die traurige Lage kinderloser Frauen klingt im jüdischen Gesetz an: Der Mischna Traktat *Yebamot 64a* verlangt, dass ein Mann, der sich von seiner Frau wegen ihrer Unfruchtbarkeit scheiden lässt, ihr alle Güter, die im Ehevertrag aufgelistet sind, zurückgeben muss, denn es gibt keinen Beweis dafür, dass sie an der Unfruchtbarkeit Schuld hat. Der römisch-jüdische Philosoph Philo spricht einfühlsam über einen Mann, der seine Frau so liebt, dass er sie selbst bei Unfruchtbarkeit nicht entlässt.

Die Blüten der Mandrake (Alraune)

Die Herausforderung der Kinderlosigkeit

Der mittelalterliche jüdische Kommentator Nahmanides erwähnt, dass die menschengestaltige Wurzel der weiblichen Alraune eine Empfängnis fördern soll, obwohl er selbst an dieser Wirkung zweifelt. Auch glaubt er, dass Ruben seiner Mutter Lea nicht die Wurzeln, sondern Zweige oder Früchte der Alraune gebracht hat (Gen 30,14). Josephus beschreibt die Ernte von Alraunenwurzeln; Dioscorides und Plinius erwähnen, dass die Alraune als schmerzstillendes Mittel genutzt wurde.
Die biblischen Geschichten von unfruchtbaren Frauen werden von vielen als Lehrstücke über Gottes Wirken in der Welt angesehen. Im Buch Rut greift Gott nur einmal direkt ein, als »der Herr sie schwanger werden ließ« (Rut 4,13). Der Traktat *Yebamot 64a* glaubt, dass die Stammmütter unfruchtbar waren, weil »der Heilige danach verlangt, die Gebete der Gerechten zu hören«. Dieser Gedanke wurde vom Philosophen Moshe Haim Luzzato im 18. Jahrhundert aufgegriffen, der Rahels Verlangen nach Alraunwurzeln als nicht zu akzepierenden Wunsch nach einer fruchtbarkeitsfördernden Magie verstand. Er betont, dass Lea die Pflanze nicht nutzt und bald schwanger wird, während Rahel erst später von Gott erhört wird (Gen 30,22).

Geburt

Die Notwendigkeit, schwangere Frauen in besonderer Weise zu schützen wird in dem Gebot einer Bußzahlung sichtbar, die geleistet werden muss, »wenn Män-

Diese fein geformte, 23 cm hohe Tonfigur einer schwangeren Frau, deren Hand auf ihrem gewölbten Bauch in einer altehrwürdigen Geste liegt, wurde auf dem Friedhof von Akhziv gefunden und wird auf das 7. Jahrhundert v. Chr. datiert.

Maria und Jesus

Viele sehen Maria eher in der Rolle einer Jüngerin, die sich zu Jesus bekennt, als in der Rolle der Mutter, die hier für uns wichtig ist. Das Verständnis der Kultur zu biblischer Zeit kann beide Aspekte erhellen. Die Feier einer Hochzeit war eine Gelegenheit, das Ansehen einer Familie zu steigern. Deshalb war ein Mangel an Wein für einen antiken (und auch modernen) nahöstlichen Gastgeber ein Albtraum. Bei der Hochzeit von Kana sollte dies vertuscht werden; vielleicht fand Maria es durch ein Frau der Familie heraus, die es ihr mit der Bitte um Hilfe zuflüsterte. Marias Äußerung »Sie haben keinen Wein mehr« zeigt ihre Erwartung, dass Jesus als Familienhaupt handelt. Dem steht die harsche Antwort Jesu »Was willst du von mir, Frau?« (Joh 2,4) gegenüber. Man muss annehmen, dass Jesus bereits von Johannes getauft war (Joh 1,29) und sich auf sein öffentliches Auftreten vorbereitete. Und dann kommt ihm Maria mit einer Familienangelegenheit! Man kann das Handeln Marias dabei in zwei Richtungen verstehen: Sie hoffte, dass das Wirken Jesu nicht allein dieser Familie helfen würde, sondern auch den Beginn seiner Sendung darstellen könnte – so wie Johannes (2,11) es ausdrückt: »Er offenbarte seine Herrlichkeit.«
Einen Blick auf die besorgte Mutter können wir werfen – angesichts der vielen Kinder, die bereits früh wegen Krankheit und aus anderen Gründen »verloren« gingen –, als der zwölfjährige Jesus im Tempel »verloren« geht: »Seine Mutter sagte zu ihm: Kind, wie konntest du uns das antun? Dein Vater und ich haben dich voll Angst gesucht« (Lk 2,48).

ner raufen und dabei eine schwangere Frau treffen« (Ex 20,21). Dass solcher Schaden nicht allein physisch, sondern auch psychologisch sein konnte, ist der Erzählung von der schwangeren Schwiegertochter des Priesters Eli zu entnehmen, die »zu Boden sank und gebar«, als sie vom Verlust der Bundeslade und vom Tod ihres Mannes Pinhas und ihres Vaters hörte (1 Sam 4,20-22). Zu späterer Zeit wurden »Bocksgeister«, in Jesaja 34,14 erstmalig erwähnt und als »*Lilith*« bekannt, mit dem Schwanz von Dämonen verbunden, die gebärende Frauen bedrohten.

Obwohl diese steinerne Krippe in Megiddo aus einer Zeit Jahrhunderte vor Jesu Geburt stammt, kann sie zeigen, wie die Krippe in der Geburtserzählung ausgesehen hat (Lk 2,7).

Im antiken Vorderen Orient war Medizin oft mit magischen Ritualen verbunden. Den rote Faden, der einem von Tamars Zwillingen bei der Geburt umgebunden wird (Gen 38,28-30), gibt es auch in mesopotamischen Traditionen und wird als Magie verstanden. Die »Töchter deines Volkes, die Zauberbinden nähen« (Ez 13,18) waren in solche Rituale eingebunden. In heutiger Zeit wird Besuchern von heiligen Stätten in Israel oft ein roter Faden angeboten, der, um das Handgelenk gebunden, Glück bringen soll – eine Erinnerung an diese Tradition.

Beduinenfrauen auf der Sinai-Halbinsel – eine hält ihr Baby und einen Hirtenstab, die andere arbeitet während des Gehens mit ihrer Spindel.

Die Verbindung von Schmerzen mit der Geburt beginnt in der Erinnerung vieler Bibelleser mit Genesis 3,16. Jedoch sollte der hebräische Ausdruck für diesen Vers besser so übersetzt werden: »Ich werde deine Arbeit und deine Schwangerschaften sehr vermehren.« Das hebräische Wort ist das gleiche, das Gott für die Arbeit des Adam gebraucht. Diese Zusammenstellung von Arbeit und Geburt bezeichnet genau das Leben von Frauen in biblischer Zeit.

Schmerzen bei der Geburt werden in der Bibel auch symbolisch verstanden. Jesaja 13,8 beschreibt die Ankunft des »Tag des Herrn« als eine Zeit, in der die Menschen verzagt und bestürzt sind und »sich winden wie eine Gebärende«. Mk 13,8 vergleicht Krieg, Erdbeben und Hungersnot mit den Wehen vor der Geburt. In Offenbarung 12,2 ist die mit der Sonne bekleidete Frau »schwanger und schreit vor Schmerz in ihren Geburtswehen« (vgl. Röm 8,22; 1 Thess 5,3). Jesus gebraucht das Bild von den Schmerzen des Gebärens, die von der Freude über das Kind abgelöst werden (Joh 16,21).

Frauen brachten ihre Babys in einem hufeisenförmigen Stuhl zur Welt oder auch hockend oder kniend. Ihnen wurde von anderen Frauen geholfen, die an beiden Seiten oder hinter ihnen standen. Auf diese Weise unterstützte Rahel ihre Magd Bilha (Gen 30,3 Deutung des »auf meine Knie gebären« in einigen Übersetzungen). Diese Geburtshaltung wird auch in Ijob 3,12 erwähnt: »Weshalb kamen mir (bei der Geburt) Knie entgegen?«

Dass eine Geburt in den Bereich der Frauen fiel, kann aus verschiedenen biblischen Erzählungen geschlossen werden. Der Vater war in Jeremias Beschreibung seiner eigenen Geburt nicht anwesend: »Verflucht der Mann, der meinem Vater die frohe Kunde brachte: Ein Kind, ein Knabe ist dir geboren!, und ihn damit hoch erfreute« (Jer 20,15).

Bei Benjamins Geburt wurde Rahel von einer Hebamme geholfen (Gen 35,17). Pinhas Frau war von anderen Frauen umgeben, als sie gebar (1 Sam 4,19), ebenso Rut in Betlehem: »Naomi nahm das Kind, drückte es an ihre Brust und wurde seine Wärterin« (Rut 4,16). Man möchte gerne wissen, ob Frauen von Betlehem nicht auch Maria, einer Fremden in dieser Stadt, beistanden.

Der Arzt Soranus, der am Ende des ersten und am Beginn des zweiten Jahrhunderts nach Christus lebte, sagt, dass man ein Baby mit Salz waschen soll – Hebammen dieser Gegend taten dies bis zum letzten Jahrhundert. Das Einreiben mit Salz wird bereits viel früher erwähnt, in der Beschreibung einer Geburt durch Ezechiel (16,4). Dies mag symbolisch eine Beziehung zu Gott bedeuten (vgl. Lev 2,13; Num 18,19; 2 Chr 13,5), wurde aber auch als heilend und stärkend verstanden (2 Kön 2,21-22). Soranus empfiehlt auch, Neugeborenen die Augen mit Olivenöl zu reinigen und sie mit Honig, Olivenöl oder dem Saft von Gerste oder Malven einzureiben und dann zweimal in lauwarmen Wasser zu baden.

Mit freundlicher Genehmigung des Tel Shiloh Visitor Center

Der Weg zu den Altertümern von Schilo. Hanna muss einen ähnlichen Weg geschritten sein, als sie zum Tempel des Herrn ging, um für die Geburt eines Kindes zu beten.

Babys wurden fest in Windeln gewickelt (Ez 16,4), ein Brauch, der viel später bei der Geburt Jesu berühmt wurde (Lk 2,12). Dieser Brauch sollte augenscheinlich dem Zweck dienen, »die Glieder des Neugeborenen zu stärken«, wie es der talmudische Traktat Sotah 11b ausdrückt.

Eine Geburt ließ die Mutter rituell unrein werden (Lev 12,2), und zwar mit einer unterschiedlichen Zeit für männliche und weibliche Babys. Josef und Maria hielten diesen Brauch bei, als sie Jesus »am Tag der vom Gesetz des Mose vorgeschriebenen Reinigung« in den Tempel brachten, d.h. vierzig Tage nach der Geburt (Lk 2,22).

Wie Mutterschaft war die Geburt ein solch aussagekräftiges Bild, dass es auch auf einen Mann bezogen werden konnte. Paulus »erleidet Geburtswehen«, als er sich bei den Galatern um ihren Glauben mühte (Gal 4,19).

Hebammen

In Psalm 71,6 wird Gott selbst symbolisch in der Rolle einer Hebamme gesehen: »Von Mutterleib an stütze ich mich auf dich.« Jesaja beschreibt die Umbrüche der Endzeit: »Hätte ich ihr etwa den Schoß öffnen sollen, ohne sie gebären zu lassen?, spricht der Herr« (Jes 66,9). Die Wahl dieses Bildes lässt uns die Bedeutung der Hebamme erkennen.

Hebammen machten der Gebärenden Mut, so etwa bei der Geburt von Benjamin, als die Hebamme zu Rahel sagte: »Fürchte dich nicht, auch diesmal hast du einen Sohn« (Gen 35,17). Fast die gleichen Worte spricht die Frau, die Pinhas Frau unterstützt (1 Sam 4,20). Bei den Zwillingen, die Tamar gebiert, Perez und Serach, war die Hebamme für die Bestimmung des Älteren zuständig (Gen 38,28); dies hatte Auswirkungen auf die Reihenfolge der Erben.

Tonfigur einer Frau mit einem Kind, 4. Jahrhundert n. Chr.

Die Hebammen in der Geschichte des Eodus hatten Macht über Leben und Tod: »Zu den hebräischen Hebammen – die eine hieß Schifra, die andere Pua – sagte der König von Ägypten: Wenn ihr den Hebräerinnen Geburtshilfe leistet, dann achtet auf das Geschlecht! Ist es ein Knabe, so lasst ihn sterben! Ist es ein Mädchen, dann kann es am Leben bleiben« (Ex 1,15-16). Die Bibel erzählt weiter, dass diese Frauen »Gott fürchteten« und deshalb die Jungen mit einer Ausrede am Leben ließen (Ex 1,19).

Die Bibel lobt diese Hebammen: »Gott verhalf den Hebammen zu Glück ... Weil sie Gott fürchteten, schenkte er ihnen Kindersegen« (Ex 1,20). Auch dass wir um ihre Namen wissen, stellt eine Form der Anerkennung dar. *Sotah 11b* glaubt, dass Puas Name von einem Wort mit der Bedeutung »herausrufen« kommt, weil »sie das Kind aus seiner Mutter herausruft«. Schifras Name dagegen kommt von »verbessern« – sie verbessert den Wuchs des Kindes dadurch, dass sie seine Glieder stärkt.

Soranus belehrt die Hebamme, das Kind auf den Boden zu legen und durch Zeichen auszudrücken, ob es ein Junge oder ein Mädchen ist (vielleicht wiederum eine magische Praxis). Soranus lehrt ebenso, dass die Hebamme bedenken soll, ob das Kind die Kindheit überleben kann. Dabei kommt es darauf an, ob die Mutter die Schwangerschaft in guter Gesundheit überstanden hat, ob das Kind zur rechten Zeit gekommen ist und ob es nach seiner Geburt kräftig geschrien hat.

Ein Detail aus der Synagoge in Dura Europos, das zeigt, wie Mose aus dem Nil gezogen wird. Die Gegenstände, die sie halten, weisen die drei stehenden Frauen vermutlich als Ammen aus.

In Übereinstimmung mit dem hohen Wert, den das Leben im jüdischen Gesetz und Alltag hatte, durfte eine Hebamme selbst am Sabbat einer Frau bei einer Geburt helfen und dazu auch von Ort zu Ort reisen, was sonst als Verletzung des Sabbatgebotes gewertet wurde. Auch konnte eine Lampe angezündet werden, wenn eine blinde Frau gebar, um sie zu beruhigen. Denn so merkte sie, dass sich Menschen um sie kümmerten und Licht für ihre Arbeit hatten (*Shabbat 128b*). Für die Tage nach der Geburt, »so lange wie der Uterus offen ist« (*Shabbat 129a*), sollten alle Bedürfnisse der Frau ohne Berücksichigung der Sabbatregeln beachtet werden.

Stillen und Entwöhnen

Jede Amme bleibt für das Leben eines Kindes eine wichtige Person. Rebekkas Amme hatte in ihrem Leben eine hohe Bedeutung (Gen 24,59; 35,8). In späterer Zeit wurde Joasch von seiner Tante Joscheba und von seiner Amme vor den mörderischen Anschlägen seiner Großmutter Atalja beschützt (2 Köln 11,2; 2 Chr 22,11). In römischer Zeit wurde die Frage, ob ein Kind von einer Amme gestillt werden soll, von den Ärzten häufig diskutiert, war aber zumindest bei den Reichen eine übliche Praxis. Soranus beobachtete, dass Mütter, die selber stillten, eine tiefere Beziehung zu ihrem Kind aufbauten. Er erlaubte jedoch den Einsatz einer Amme, wenn die Mutter nicht genügend Milch hatte. Gelehrte erwähnen, dass alte ägyptische Verträge mit Ammen in der Regel einen Zeitraum von zwei, manchmal drei Jahren umfassten. Wenn man die hohe Sterblichkeitsrate der Babys und Kinder in der Antike bedenkt, war das Überleben eines Kindes bis zu diesem Alter Grund genug für ein Fest wie das, das bei der Entwöhnung von Isaak von Abraham veranstaltet wurde (Gen 21,8). Hanna brachte einen drei Jahre alten Stier als Opfer nach Schilo, als sie Samuel entwöhnte (1 Sam 1,24), so dass wir annehmen können, dass auch er seinerseits drei Jahre alt war. Unter den Armen stellte eine frühe Entwöhnung ein Risiko dar, weil man nicht über so viel Nahrung verfügte wie die Reichen. Wie erwähnt spricht Psalm 131,2 von der in Gott ruhigen Seele als von einem Kind, das – noch nicht entwöhnt – bei seiner Mutter ist. Zu späterer Zeit belehrte Soranus römische Frauen, ihre Kinder während der Zeit der Entwöhnung mit Brotkrumen zu füttern, die in Wasser und Honig eingeweicht waren, oder mit Milch oder Wein, einer Suppe aus Dinkel, Haferbrei oder eingeweichten Eiern. Der Arzt Galen empfahl im zweiten Jahrhundert nach Christus nur Milch, bis das Baby Zähne hatte, dann bis zum Ende des zweiten Jahres zunehmend feste Nahrung.

Oleg Trabish

Zeitgenössisches Bild, wie die Tochter des Pharao Mose findet.

Vor der Geburt

Im talmudischen Traktat *Yebamot 12b* diskutierten die Rabbis über die Möglichkeit der Empfängnisverhütung in drei Fällen, bei denen es in zwei Fällen um die Gesundheit der Mutter, im letzten um die eines älteren Kinder geht: Die Mutter ist minderjährig (ein Mädchen zwischen elf und zwölf) und damit zu jung, um ein Kind gesund zur Welt zu bringen; eine bereits schwangere Frau, die nach der damaligen Meinung eine zweite, überlagernde Schwangerschaft riskierte; eine stillende Mutter, die ein Kind vorzeitig entwöhnen musste, wenn ein anderes geboren würde. Was die Gebote des Pharaos gegen die Hebräer angeht, so waren die Gelehrten der Meinung, dass sich viele Israeliten damals für Enthaltsamkeit entschieden, eingeschlossen Amram und Jochebed, die Eltern des Mose. Sie stellten sich weiter vor, dass das Paar nur durch ihre junge Miriam ermutigt wurde, wieder miteinander zu verkehren, und dass sie durch die Geburt des Mose schon bald belohnt wurden.

Yebamot 65b erklärt, dass Frauen nicht verpflichtet waren, das Gebot von Genesis 1,22 (»seid fruchtbar«) einzuhalten. Allerdings konnte dies zur Scheidung wegen Unfruchtbareit durch ihren Gatten führen. In einem Fall fragte eine Frau die Schriftgelehrten nach dieser Regelung in der Meinung, dass dadurch erlaubt sei, einen »Sterilisierungstrunk« zu trinken, was ihr Mann beklagte. Das römische Gesetz des zweiten Jahrhunderts n. Chr. sah Abtreibung als ein Verbrechen an, weil dadurch dem Mann gegenüber »eine Unterschlagung« stattfindet.

Wenn man die Lebensfähigkeit eines Kindes vor der Geburt bedenkt, stellen die Worte von Psalm 139,13-16 eine poetische Bestätigung der Person des Fötus dar. »Denn du hast mein Inneres geschaffen, mich gewoben im Schoß meiner Mutter …«. In der Erzählung, wie Elisabet und Maria einander in der Zeit ihrer beider Schwangerschaft treffen und das »Kind in Elisabets Leib hüpfte« (Lk 1,41), wird interessanterweise für Baby das griechische Wort *brephos* gebraucht. Dies ist das gleiche Wort, das später für das Baby Jesus in der Krippe genutzt wird.

Die Schriftgelehrten der talmudischen Zeit betrachteten einen Fötus vierzig Tage nach der Empfängnis als vollwertigen Menschen (*Niddah 30a*), obwohl er aus der Sicht der Rechtssprechung erst nach der Geburt als unabhängige Person zählte.

Salbei, im Arabischen *marimiyeh* genannt, verschaffte Maria der Legende zufolge Erleichterung in den Wehen.

Sichere Geburt

Der griechische Arzt der Antike Hippokrates bemerkt, dass Geburt und die Gefährdung durch Krieg die bedeutendsten Gesundheitsrisiken für Frauen seien. Dabei hatten reiche Frauen mehr zu leiden als Frauen der Unterklasse. Galen begründet dies dadurch, dass »sie immer im Haus blieben, nie anstrengende Arbeiten ausführen mussten und sich nie dem Sonnenlicht aussetzten«. Ein solcher Lebensstil sei auch für das ungeborene Kind schlecht, weil es so anfälliger für Krankheiten werde.

Mit freundlicher Genehmigung von Z. Weiss, Tzippori Expedition; Hebräische Universität von Jerusalem, Foto G. Laron

Fragment des Mosaikfußbodens der Synagoge von Sepphoris in Galiläa aus dem 5. Jahrhundert n. Chr. Dank einer Parallele in einem Wandmosaik in der Kirche San Vitale in Ravenna (6. Jahrhundert) konnte das Bild als »die an der Tür horchende Sara« identifiziert werden, als die Engel Abraham besuchten. Dort sitzt Abraham unter einem Baum und zeigt auf einen Tisch, mit den Engeln zu seiner Rechten und Sara daneben. Dies ist die früheste Darstellung jüdischer Kunst zu Genesis 18,1-15, in der die Geburt Isaaks angekündigt wird.

In der Heimsuchungskirche in Ein Karem in der Nähe von Jerusalem zeigt dieses Bild Maria und Elisabet. In traditioneller Sicht wurde diese Kirche an der Stelle »in einer Stadt im Bergland von Juda« (Lk 1,39) gebaut, wohin Maria am Anfang ihrer Schwangerschaft kam, um ihre Verwandte zu besuchen. Elisabet, die vorher unfruchtbar war, war ebenfalls schwanger; der Sohn, den sie ihrem Mann Zacharias gebar, war Johannes der Täufer.

Avivit Gera

Kameldorn wurde genutzt, um eine Geburt einzuleiten.

Der Arzt Rufus aus Ephesus riet im ersten Jahrhundert n. Chr. den Frauen der Oberschicht, die »ein verweichlichtes und schwächliches Leben führen, … diejenigen zu beobachten, die sich ihren Lebensunterhalt selber verdienen, und dabei den Unterschied zu diesen Frauen festzustellen, was allgemein die Gesundheit und im Besonderen die Geburt angeht, denn ihre Nahrung ist einfach und sie bewegen ihre Körper.« Fehlgeburten werden in jüdischen Quellen häufig erwähnt; die Gebete, die im Tempel gesprochen wurden, enthielten auch eine Bitte für schwangere Frauen, sie vor einer Fehlgeburt zu bewahren.

Eine babylonische Klangschale mit aramäischer Inschrift, 7.–4. Jahrhundert v. Chr. Hunderte solche Schalen wurden entdeckt. Sie wurden geschlagen, um böse Geister zu vertreiben, die man als Ursache von Krankheiten ansah (Mt 10,8; Lk 4,40-41; 8,2), und um Gebärende und Neugeborene zu beruhigen. Die Form als Schale sollte den Dämon einfangen. Die Schalen trugen oft Inschriften, darunter auch biblische Zitate, die den »Namen Gottes« anrufen, etwa Exodus 3,15 und 15,3.

Die Szene zeigt die blutflüssige Frau, die das Gewand Jesu berührt, Sarkophag der Christin Julia Latronilla, frühes 4. Jahrhundert

Als Jesus die blutflüssige Frau (Lk 8,43) heilte, war ihr zwölfjähriges Leiden wohl nicht nur physisch. Da die Schwächung ihres gynäkologischen Zustands auch eine Empfängnis verhinderte, hatte sie die Schmach der Gesellschaft zu ertragen und konnte sogar geschieden werden. Zudem wurde jeder, der sie oder etwas, das mit ihr in Berührung gekommen war, anfasste, selber unrein. Deshalb wohl zitterte sie auch in der Szene mit Jesus. Wegen der Blutung kann die Frau auch an chronischem Eisenmangel gelitten haben, so dass sich ihre Anfälligkeit gegenüber Krankheiten vergrößerte. In Skelettuntersuchen von Herculaneum, das im Jahr 79 n. Chr. durch den Vulkan Vesuv zestört wurde, zeigten 41 Prozent der Frauen Zeichen von porösen Knochen (Männer 29 Prozent).

Die Frau berührte das Gewand Jesu, weil sie bei seinen anderen Heilungen den körperlichen Kontakt beobachtet hatte (Lk 4,40). Bei zwei dieser Heilungen ging es um Frauen: bei der Frau mit dem verkrümmten Rücken (Lk 13,11) und bei der Tochter des Jairus (Lk 8,54). Im Fall der Schwiegermutter des Petrus, berührte er sie nicht, beugte sich aber über sie und befahl »dem Fieber zu weichen« (Lk 4,39). Die Schlussfolgerung dieser Geschichte, dass »sie sofort aufstand und sie bediente«, ist bei Heilungsgeschichten dieser Zeit üblich, in denen die Geheilten ihre Heilung durch neu gewonnene Handlungsmöglichkeiten bekundeten.

Jochebed

Jochebed ist einer der berühmtesten Mütter in der Bibel. Sie gebar drei herausragende Führer des Volkes: Mirjam, Aaron und Mose. Wir erfahren ihren Namen in Exodus 6,20, wo wir auch darüber unterrichtet werden, dass ihr Mann Amram gleichzeitig ihr Neffe war. Dies verweist wiederum auf die Bedeutung von Hochzeiten möglichst innerhalb des Stammes. In Numeri 26,59 erfahren wir, dass Jochebed vom Stamm der Leviten war, ebenso wie Amram. Von da aus können wir die Vorfahren ihrer Kinder als Priester einordnen, während Aaron selbst als Priester und in Esra 7,5 sogar als »Hohepriester« bezeichnet wird.

Im weiteren Ablauf der Geschichte »verliert« Jochebed ihren Namen. In Exodus 2,1 ist sie »eine levitische Frau«, die heiratet und eine Sohn in der Zeit gebiert, als der Pharao den Befehl gibt, die Kinder der Hebräer in den Nil zu werfen und zu ertränken. Jochebed zeigt Mut und Scharfsinn und stellt ein Binsenkörbchen her, dichtet es mit Pech und Teer ab und setzt das Kind Mose hinein, um das Körbchen am Nilufer im Schilf auszusetzen und dadurch sein Überleben zu ermöglichen.

Die Geschichte nimmt eine dramatische Wendung, als die Tochter des Pharao das Körbchen mit dem Baby findet und beschließt, den Knaben zu adoptieren. Moses Schwester Mirjam, die sich versteckt hatte und beobachtete, was mit ihrem kleinen Bruder geschah, stellt sicher, dass die Amme des Kindes niemand anders ist als Jochebed. (In diesem Kapitel haben wir ja erfahren, dass sich reiche Frauen in der Regel eine Amme leisteten.) Eine der schönsten ironischen Seiten dieser Kette von Ereignissen ist, dass Mose so die ersten zwei oder sogar drei Jahre bei seiner leiblichen Mutter verbringen konnte.

Nach diesen Ereignissen erfahren wir nichts mehr von Jochebed. Aber das kraftvolle und zugleich leidgeprüfte Porträt einer Mutter, die das Leben ihres Kindes gegen alle Widerstände rettete, eines Kindes mit einer großen Zukunft, war für die alten Schriftgelehrten eine große Versuchung, ihre Geschichte mit Legenden auszuschmücken. In Übereinstimmung mit der jüdischen Tradition, biblische Gestalten durch Über-Kreuz-Identifizierung zu erläutern, glaubten sie, dass Jochebed in Wirklichkeit Schifra war, eine der mutigen Hebammen aus Exodus 1,15. Der talmudische Traktat Sotah 11b *erzählt, dass der Kindersegen, mit dem Gott die Hebammen belohnte (Gen 1,21) aus den beiden Söhnen Jochebeds bestand: Mose und Aaron.*

Als Pharaos Tochter das schwimmende Körbchen unter den Binsen erspähte, »sah sie, dass es ein Kind war, ein weinender Junge (junger Mann)«, so die wörtliche Übersetzung des hebräischen Originals in Exodus 2,6. Die talmudischen Schriftgelehrten, die den Traktat Sotah 12b *verfassten, wurden neugierig, weil der Text von Kind zu Junge (junger Mann) wechselt. Um es zu erklären, brachten sie Jochebed erneut in die Geschichte ein und schauten genauer in das Körbchen hinein, das von ihr gemacht wurde. Sie wählten den Begriff für den traditionellen jüdischen Baldachin einer Braut aus – auch als »Baldachin eines jungen Mannes« bekannt – und sagten: »Jochebed machte den Baldachin eines jungen Mannes über dem Körbchen in der Annahme, dass sie bei seiner Hochzeit nicht dabei sein würde.« Es fällt auf, dass die Schriftgelehrten Jochebed nicht als um das Überleben ihres Sohnes angesichts der widrigen Umstände besorgt zeigen, sondern in dieser Geschichte Moses Heranwachsen bis hin zu seiner Heirat betonen.*

Der alte Kommentar zum Hohelied Rabba *bemerkt, dass der angesehene Rabbi Juda, der Prinz, aus dem 2. Jahrhundert seinen Schülern die Geschichte von Jochebed auf andere Weise erzählte, um ihre Aufmerksamkeit zu erregen: »Wer war die Frau, die 600 000 Kindern zur gleichen Zeit das Leben schenkte?«, fragte er sie. Vermutlich gab er, wenn seine Zuhörerschaft sich mit überspannten Antworten brüstete, selber die Antwort: Jochebed. Denn sie rettete das Leben des Mose, der zum Führer der Israeliten wurde – und das war so, als ob sie der ganzen jüdischen Nation Leben schenkte.*

Geisterfülltes Leben: Frauen beim Gebet

»... der Frauen, die am Eingang des Offenbarungszeltes Dienst taten« (Exodus 38,8)

Welchen Platz hatten die Frauen der Bibel im Gottesdienst? Einerseits gab es für Frauen gewisse rituelle Beschränkungen: Ihnen war nicht erlaubt, am Altar tätig zu werden. Von ihnen wurde auch nicht – wie von den Männern – verlangt, dass sie an den drei Pilgerfesten teilnahmen (Ex 23,17; 34,23; Dtn 16,16). Auch mussten sie in späterer Zeit, als regelmäßige Tagesgebete verpflichtend wurden, an diesen nicht teilnehmen. In den Psalmen werden betende Frauen nur zweimal erwähnt (Ps 148,12; 68,25). Andererseits erzählen viele biblische Geschichten von einer engen Verbindung von Frauen zum Schöpfergott. Wie nun kamen die Frauen mit der biblischen Ausübung von Religion zurecht?

Frauen spannen Garn und webten Stoff für den Tempel. In diesem Bild zeigen Handwerker in alten Kostümen, wie Stoff gefärbt wird.

In der frühen Zeit des Glaubens Israels, als die Stämme durch den Sinai wanderten, gaben Frauen wie Männer ihre Wertsachen für die Errichtung des Bundeszeltes her (Ex 35,22-29). Sie spannen blaues, purpurnes und scharlachrotes Garn ebenso wie feinen Leinen und webten es zu Stoffen, die im Bundeszelt gebraucht wurden (Ex 35,25).

Bibelwissenschaftler sind verschiedener Meinung, welche Aufgaben Frauen »am Eingang des Offenbarungszeltes« hatten (Ex 38,8). Einige nehmen hauswirtschaftliche Tätigkeiten an, obwohl sie dabei wohl eher an ihren eigenen Lebensstil als an den der biblischen Zeit denken. Jedoch ist es interessant, dass das hebräische Wort für »dienen« (*tzavu*) auch in Numeri 4,23 und 8,24 und in 1 Samuel 2,22 gebraucht wird, um die Arbeit der Leviten zu beschreiben. Es beinhaltet ebenfalls die Handlung einer Gruppe, so dass einige Wissenschaftler annehmen, dass Frauen zu einer »Innung« gehörten, die Tempeldienste übernahm.

Diese Nachbildung des Bundeszeltes hilft uns bei der Vorstellung, wie Frauen an seinem Eingang standen, obwohl uns die Schrift keinen Hinweis gibt, wie sie dort Gott »dienten«.

Obwohl Frauen eindeutig an die Gebote des Bundesschlusses gebunden waren und darauf hören sollten, schienen sie nicht den gleichen Zugang zum Offenbarungszelt zu haben. Man hat bemerkt, dass, wenn Männer Opfergaben zum Offenbarungszelt bringen, die Begriffe »zum Herrn« (Lev 5,7) oder »vor den Herrn« (Lev 14,23) gebraucht werden. Bei Frauen fehlen diese Worte, sie bringen ihre Gaben zum Priester (Lev 12,8; 15,29).

Warum erwähnt die Bibel Frauen vor dem Eingang des Offenbarungszeltes und nicht darin? Frauen ist wahrscheinlich der Zugang zum Heiligtum verwehrt worden, weil sie nach damaliger Vorstellung in manchen Zeiten »unrein« waren, eine rituelle Unreinheit, die sich aus der Regelblutung ergibt (Lev 12,1-5). Ebenso konnten Männer unter gewissen Umständen rituell unrein sein.

Doch warum wurde Blut als »unrein« angesehen? Eine Erklärung ist, dass Blut mit Leben assoziiert wurde, sein Verlust bedeutete deshalb Tod, etwas, dass am Ort des Gottesdienstes vermieden werden musste.

Jedoch gab es auch Situationen, in denen Frauen augenscheinlich »vor dem Herrn« standen, d.h. vor dem Altar. Bei einer des Ehebruchs verdächtigen Frau (Num 5,18) wurde so gehandelt, ein Vorgehen, dass sich nach dem Traktat *Kiddushin 1,8* der Mischna bis in die Zeit des Zweiten Tempels fortsetzte.

Alle Israeliten mussten dreimal jährlich nach Schilo pilgern (später nach Jerusalem), obwohl Hanna die einzige Frau ist, deren Gebet in Schilo uns überliefert ist. Archäologen glauben, dass der Heilige Platz in Schilo gefunden wurde.

Ein wichtiger Punkt ist das Verbot, dass Frauen als Priester dienen konnten. Dieser Ausschluss von Frauen vom priesterlichen Dienst mag durch die relativ langen Zeiten begründet sein, in denen sie rituell unrein waren (Lev 15,19-30) und deshalb keine Dienste übernehmen konnten. Vielleicht war es auch deshalb, weil Frauen in den Israel umgebenden Kulturen oft als Priesterinnen von Fruchtbarkeitskulten dienten – so konnte der Dienst an dem einen Gott Israels sich von diesen Kulten absetzen.

Vor dem Einzug in das Gelobte Land stellte sich das ganze Volk, auch die Frauen, vor dem Bundeszelt auf (Dtn 29,9-10). Auch sollte im Sabbatjahr (alle sieben Jahre) das Volk mit den Frauen ebenso versammelt werden, um die Weisung des Herrn zu hören (Dtn 31,12). Unter denen, »die vor Gott fröhlich sind« befanden sich auch Töchter und Sklavinnen (Dtn 12,12); ebenso galt dies für das Wochenfest (Dtn 16,10-11). Frauen brachten Gaben zur rituellen Reinigung (Lev 12,6; 15,28-29). Sie waren auch dabei, als Josua auf dem Berg Ebal Segen und Fluch verkündete (Jos 8,35), und später nach der Zerstörung des ersten Tempels bei der Rückkehr aus dem Exil, als Esra dem Volk das Gesetz vortrug (Neh 8,2). Frauen wie Männer wurden mit der Todesstrafe bedroht, wenn sie anderen Göttern dienten (Dtn 17,3.5; 29,18), und zu Schadensersatz verpflichtet, wenn sie etwas, »das dem Herrn gehört«, veruntreuten (Num 5,6-7).

Manoach und seine ungenannte Frau bringen zusammen ihre Opfergaben (Ri 13,23). Hanna kommt zusammen mit ihrem Mann Elkana zum Gebet nach Schilo (1 Sam 1,19) und nimmt zusammen mit ihrer Mitfrau Peninna und deren Söhnen und Töchtern am Opfermahl teil (1 Sam 1,4).

Beim Einzug der Bundeslade in Jerusalem nahmen an der festlichen Prozession auch Frauen teil; jede dieser Frauen erhielt danach aus der Hand Davids einen Brotlaib, einen Dattelkuchen und einen Traubenkuchen (1 Chr 16,3).

Wie konnten Frauen ihren Glauben zeigen?

Von der Zeit der Patriarchen an zeigt die Bibel, wie Männer rituelle Handlungen vornehmen (Gen 22,9-14; 26,23-25; 28,18-19 …). Wie wir später im Kapitel über die Führerschaft sehen werden, war zumindest eine religiöse Funktion auch für Frauen geöffnet – die der Propheten. Die Bibel versteht Miriam als Prophetin, obwohl ihre Prophezeiungen nicht überliefert sind. Die Schriftgelehrten des Zweiten Tempels haben diese Lücke deshalb durch verschiedene Legenden geschlossen. Um bei Miriam zu bleiben: Singen und Tanzen waren für das spirituelle Leben von Frauen von Bedeutung, wie wir im Kapitel über Musik genauer sehen werden. Debora, die auch Prophetin genannt wird, weil sie den in Deuteronomium 18,18-21 vorgegebenen Kriterien für prophetisches Reden genügt, spricht im Namen Gottes, und ihre Prophezeiungen erfüllen sich. Zur Zeit des Ersten Tempels gab es Hulda (vgl. Seite 87; 2 Kön 22,14-20), und ebenfalls eine vom Namen her unbekannte Prophetin (Jes 8,3), die einen Sohn gebar. Als Jesus im Tempel dargebracht wurde, treffen wir auf die Prophetin Anna (Lk 2,36).

Es gab auch unwürdige Prophetinnen, die Ezechiel 13,17 »Töchter deines Volkes« nennt und nur unwillig unter die Prophetinnen zählt, sie sogar mit ihren männlichen Kollegen wegen ihrer Zauberkunst (Ez 13,18) verflucht. Diese Frauen wurden nicht wegen ihrer Prophezeiungen gescholten, sondern weil sie dies »aus eigener Kraft« taten und mit magischen Mitteln, um »damit auf Menschenfang

zu gehen«. Es gab eine weitere Prophetin, Noadja, die zusammen mit anderen Propheten gegen Nehemias Pläne zum Tempelbau vorging (Neh 6,14).
In einer Gesellschaft, in der öffentliche Religionsausübung in der Regel durch Männer geschah, ragt die Geschichte von Jiftachs Tochter (Ri 11,29-40, vgl. das Porträt auf Seite 70) heraus. Bevor sie durch ihren Vater geopfert wird, bittet sie ihn darum, »in die Berge gehen und mit meinen Freundinnen meine Jugend beweinen zu dürfen« (Ri 1,37). Die Erzählung fährt fort, dass »es seit dieser Zeit Brauch wurde, dass die Töchter Israels in die Berge gehen und die Tochter des Jiftach beklagen« (Ri 11,40). Es ist anzunehmen, dass diese Zeremonie ein alter Pubertätsbrauch für Mädchen war.

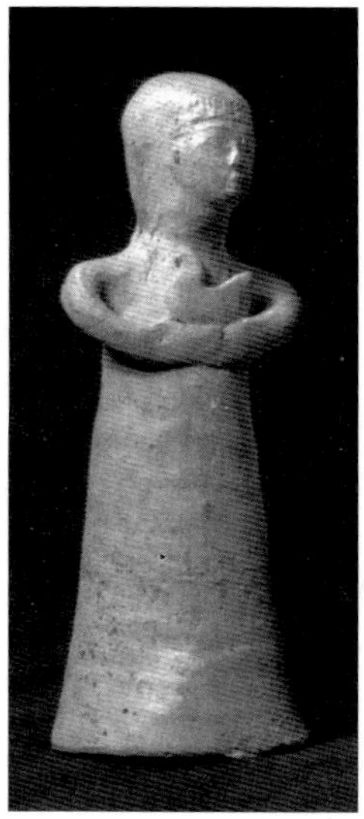
Eine Figur wie diese konnte beim häuslichen Gebet genutzt werden.

Eine andere Aufgabe der Frauen war die Benennung von Babys. Eine Zählung verzeichnet 27 Fälle in der Bibel, in denen die Frau ein männliches Kind benennt und nur 14, in denen dies durch den Mann geschieht. Solche Zeremonien konnten den Dank an Gott für die Geburt enthalten, z.B. bei Leas Benennung von Juda (= »Dank«, Gen 29,35), oder die Freude über eine glückliche Geburt nach den Mühen der Schwangerschaft wie – ebenfalls von Lea – bei Gad (= »Glück«, Gen 30,11) und Asher (= »Glückskind«, Gen 30,13). Noch heute sprechen jüdische Frauen nach der Geburt ein Gebet in der Synagoge. Die Frau von Pinhas, an deren Lebensende sich persönliche Tragik durch den Verlust des Ehemanns und Schwiegervaters mit dem Leid des Volkes über den Verlust der Bundeslade mischte, gab ihrem Sohn den Namen Ikabod (= »Fort ist die Herrlichkeit«, 1 Sam 4,21-22). Elisabet nannte ihren Sohn zur Überraschung aller Anwesenden Johannes (= »Gott hat Gnade erweisen«, Lk 1,60), und ihr Gatte Zacharias bestätigte diese Wahl.
Die Frauen, die bei einer Geburt halfen, waren oft auch bei der Namensauswahl beteiligt, so etwa in Rut 4,14-17, wo ein Bruchstück eines Lobliedes anklingt zusammen mit dem Namen, den die Frauen dem Kind geben: Obed (= »Knecht [Gottes]«).

Häusliche Verehrung

Selbst nachdem das religiöse Leben am Tempel in Jerusalem konzentriert wurde, blieb das private Haus der Ort des religiösen Lebens. Dies zeigen viele hundert Figuren, die bei Ausgrabungen im ganzen Land gefunden wurden. Solche Figuren in unterschiedlicher Form stellen nach Meinung von Wissenschaftlern die Göttinen Astarte oder Aschera (1 Kön 15,13; 2 Kön 21,7; 2 Chr 15,16 ...) dar und waren Nachbildungen von Kultfiguren an heiligen Orten. In späterer Zeit wird beschrieben, wie der Silberschmied Demetrius in Ephesus Artemisstatuen fertigte (Apg 19,23-41). Jedoch müssen die in Israel gefundenen Statuen nicht unbedingt eine religiöse Aufgabe gehabt haben, vielleicht noch nicht einmal Göttinnen darstellen, denn ihnen fehlen Insignien wie Krone oder besondere Kleidung. Von der Hüfte abwärts sind sie oft glatt und walzenförmig – daher ihr Name »Pfeilerfiguren«.
Manche Forscher nehmen deshalb an, dass Frauen in Israel solche Figuren formten, um damit ihrer Hoffnung auf ein Frucht bringendes Leben entsprechend dem Gebot Gottes in Genesis 1,28 (»Seid fruchtbar«) auszudrücken. Dass viele solcher Figuren herabhängende Brüste haben, bestätigt die Beziehung dieser Figuren zur mütterlichen Rolle der Frauen.
Solche Hausgötter mag Rahel aus dem Haus ihres Vaters Laban gestohlen haben, als sie und Lea mit Jakob wegzog (Gen 31,19) – sie wollte deren »Schutz« und ihre Lebenskraft mitnehmen.

Frauen der Bibel beim Gebet

Die Bibel überliefert nicht viele Gebete in der Art, wie wir sie kennen, und noch weniger von Frauen. Doch, beginnend mit den Erzählungen über die Stammmütter, sind einige Situationen erkennbar, in denen Gebete erschlossen werden können. Die Worte »Nun erinnerte sich Gott an Rahel. Gott erhörte sie und öffnete ihren Muterschoß« (Gen 30,22) schließen ein, dass Rahel betete. Das Buch Jashar, eine Legendensammlung aus dem 1.–2. Jahrhundert n. Chr. führt Rahels vermutetes Gebet wie folgt auf: »Herr, mein Gott, erinnere dich an mich und schenke mir ein Kind, denn mein Gatte wird mich verbannen, wenn ich ihm keine Söhne gebäre ...« Auch aus Genesis 30,17 »Gott hörte auf Lea« können wir auf ihr Gebet schließen.
Kam der Engel, der Hagar in der Wüste in der Stunde ihrer Not erschien (Gen 16,7), als Antwort auf ihr Gebet? Wenn wir Gebet als Dialog zwischen Gott und Menschen verstehen, dann gehört der En-

gel, der Manoachs Frau erschien, ebenfalls dazu. Sie erhielt die Antwort des Engels mit der Ankündigung der Geburt Simsons, obwohl ihr Mann um eine solche Auskunft gebeten hatte (Ri 13,8). Manoachs Frau zeigt ein tiefes Verständnis von Gottes Willen, als sie sagt: »Wenn der Herr uns hätte töten wollen, hätte er nicht aus unserer Hand Brand- und Speiseopfer angenommen, und er hätte uns nicht all das sehen und uns auch nichts derartiges hören lassen« (Ri 13,23).

Das Erscheinen des Engels bei Maria in Lukas 1,26-35 kann nicht mit anderen biblischen Ereignissen verglichen werden. Jedoch machen uns die Worte »Maria aber bewahrte alles in ihrem Herzen und dachte darüber nach« (Lk 2,19) auf die Gebete aufmerksam, die Maria über die Jahre hinweg geäußert haben muss.

Die Bibel erwähnt nur an zwei Stellen das ausdrückliche Gebet von Frauen – und beide haben den gleichen Namen: Im Alten Testament ist es Hanna (1 Sam 1–2) und im Neuen in der griechischen Form ihres Namens Anna (Lk 2,36).

Von Hanna wird zweimal berichtet, dass sie betet. Beim ersten Mal betet sie still zu Gott um die Gnade eines Kindes und machte ein Gelübde, dass sie dieses Kind Gott weihen würde. Bei diesem Gebet bewegt sie die Lippen in einer Weise, die den Priester Eli veranlasst, sie der Trunkenheit zu beschuldigen (1 Sam 1,9-14). Das zweite Gebet war Hannas Danklied an Gott für ihr Kind Samuel, den sie nach der Entwöhnung nach Schilo brachte, damit er im Tempel Dienst tat, so wie sie es gelobt hatte (1 Sam 2,1-10). Dieses Gebet ähnelt stark dem Magnifikat, dem Dankgebet, welches Maria sprach, als sie von ihrer Verwandten Elisabet begrüßt wurde (vgl. Seite 61).

Judit kann als das Beispiel einer Frau angesehen werden, die ihr Leben ganz dem Glauben widmet. Denn ebenso wie die Prophetin Anna im Neuen Testament war sie durch ihre Witwenschaft von familiären Bindungen befreit, und so konnte sie sich leichter auf das Gebet ausrichten. Das Buch Judit erzählt, dass seine Heldin täglich außer freitags fastete (Jdt 8,4-7) und führt auch ihre Gebete an (Jdt 9; 16).

Wie bei Manochs Frau gibt es auch andere Stellen in der Bibel, in denen Frauen in besonderer Weise nach dem Willen Gottes handeln. Als Beispiel sei die schunamitische Frau genannt, die den durchziehenden Propheten Elischa drängt, in ihrem Haus zu bleiben, und dann zu ihrem Mann sagt: »Ich

Der Ort Schunem, Heimat der Schunemiterin, wie ihn der britische Forscher und Ingenieur Charles Wilson im späten 19. Jahrhundert gezeichnet hat.

weiß, dass dieser Mann, der ständig bei uns vorbeikommt, ein heiliger Gottesmann ist« (2 Kön 4,9-10). In der folgenden Erzählung wird die Frau nach Jahren der Unfruchtbarkeit schwanger. Doch ihr Sohn stirbt und wird von Elischa ins Leben zurückgerufen. Dies zeigt – wie auch bei den Stammmüttern –, wie Gott in das Leben der Menschen eingreift.

Eine andere Frau, die eine Auskunft von einem Propheten empfängt, ist die Frau von König Jerobeam, die anstelle ihres Mannes und verkleidet Ahija aufsucht und ihn nach dem Schicksal ihres kranken Sohnes fragt (1 Kön 14,1-10). Jedoch, anders als bei der Schunamiterin, bringt Jerobeams Frau eine Unglücksbotschaft mit, die für ihren Sohn nicht Leben, sondern Tod beinhaltet.

Dass das Gebet von Frauen als wertvoll angesehen wurde, kann aus Quellen der römischen Zeit erschlossen werden. Ein im zweiten oder ersten Jahrhundert v. Chr. in Griechisch geschriebener Anhang zum Buch Ester legt der Königin Ester folgende Worte in den Mund, bevor sie zu König Artaxerxes geht (vielleicht, so wird angenommen, um die nichtreligiöse Aussage des Buches umzuformen):

»O mein Herr, du allein bist unser König; hilf mir, denn ich bin allein und habe keine Hilfe außer dir und Gefahr steht mir vor Augen. Seit ich gebo-

Betende Frauen an der Klagemauer, der westlichen Mauer und dem letzten erhaltenen Teil des Jerusalemer Tempels

ren wurde, habe ich in meinem Stamm und in meiner Familie immer gehört, dass du, o mein Herr, Israel aus allen Nationen erwählt hast und unsere Vorväter aus all ihren Vorfahren für ein immerwährendes Erbe, und dass du an ihnen alles erfüllt hast, was du ihnen versprochen hast« (Anhang zu Ester 14,3-6).

Obwohl das Buch der Klagelieder dem Propheten Jeremia zugeschrieben wird, findet sich darin das Echo einer Frauenstimme und die Sorgen aller Frauen, vor allem im ersten Lied der »Tochter Zion« (Klgl 1,15-17a):

»Verworfen hat all meine Helden der Herr in meiner Mitte. Ein Fest rief er aus gegen mich, meine Jungmannschaft zu zerschlagen. Die Kelter trat der Herr gegen die Jungfrau, Tochter Juda. Darüber muss ich weinen, von Tränen fließt mein Auge. Fern sind alle Tröster, mich zu erquicken. Verstört sind meine Kinder, denn der Feind ist stark. Zion ringt die Hände, sie hat keinen Tröster.«

Gelübde der Frauen

Numeri 30,1-15 beweist, dass Frauen in der Zeit der Bibel religiöse Gelübde ablegen konnten. Väter oder Ehemänner konnten diese Gelübde auflösen; nur Frauen, die nicht unter der Autorität eines Mannes standen – Witwen und Geschiedene – mussten ihre Gelübde unter allen Umständen einhalten.

Dieser Stern (16. Jahrhundert v. Chr., gefunden bei Gaza) ist ein Schmuckstück, kann aber auch mit der Verehrung der Gestirne als Götter verbunden werden.

Die Bibel erwähnt nicht, ob Ehemänner wirklich die Gelübde ihrer Frauen auflösten. Im Fall von Hannas Gelübde wird nicht erwähnt, dass sie ihren Mann vorher um Erlaubnis fragte oder dass er versuchte, es aufzulösen. Gleiches geschieht bei Simsons Mutter, als sie ihren Sohn als Nasiräer Gott weiht. Jeremia klagt die Ehepaare gemeinsam an, nicht erlaubte Gelübde »der Himmelkönigin gegenüber gewissenhaft zu erfüllen und ihr Opfer darzubringen« (Jer 44,25), vielleicht waren die Göttinen Ischtar oder Astera damit gemeint.

Das Gebet der Frau ist wertvoll
Eine Erzählung des Talmud

Im talmudischen Traktat Ta'anit 23a-b *wird von Schriftgelehrten erzählt, die in einer Zeit der Dürre zu Abba Hilkia kamen, dem Enkel Honis. (Beide, Großvater und Enkel waren berühmt für ihre Fähigkeit, um Regen zu beten.) Er und seine Frau gingen auf das Dach des Hauses in unterschiedliche Ecken, um zu beten. Die Schriftgelehrten sahen, wie sich Wolken dort ansammelten, wo die Frau stand. Als sie Abba Hilkia danach befragten, antwortete er: »Warum die Wolken zuerst in der Ecke der Frau erscheinen und dann erst in meiner? Weil eine Frau im Haus lebt und den Armen direkt Brot gibt, das sie sofort verzehren können, während ich ihnen Geld gebe, das sie nicht sofort essen können. Vielleicht hängt es aber auch mit einigen Räubern in unserer Nachbarschaft zusammen. Ich bete, dass sie sterben; sie aber betet, dass sie bereuen.«*

Es fällt auf, dass der Abschnitt im Buch Numeri, in dem es um die Gelübde von Frauen geht, mit den Worten schließt: »Das sind die Gesetze, die der Herr dem Mose aufgetragen hat; sie gelten für den Mann und seine Frau« (Num 30,17). Vielleicht können sich verheiratete Paare auf diese Regel ihrer biblischen Vorfahren beziehen: Um nämlich zu verhindern, dass das Gelübde einer Frau zum ständigen Streitpunkt wird, konnte der Ehemann auch durch Schweigen zustimmen – dies wird in diesem Abschnitt zweimal erwähnt (Num 30,15).

Nach Numeri 6,1 konnten sowohl Männer wie Frauen das Nasiräergelübde ablegen. Simsons Mutter, die während ihrer Schwangerschaft auf Wein verzichtete, hat vielleicht ein solches Gelübde gemacht. Lemuels Mutter machte augenscheinlich ein Gelübde von unbekannter Natur, denn sie nennt ihren Sohn »du Sohn meiner Gelübde« (Spr 31,2).

Fastende Frauen

Die Bibel enthält zwei Beispiel, wonach eine Frau außerhalb des Versöhnungstages, an dem alle zum Fasten verpflichtet waren, fastet: Ester (Est 4,16) und Anna (Lk 2,37). In der jüdischen Tradition wurde selten gefastet. Deshalb verwundert es, dass römische Autoren, die über das Leben der Juden schrieben, das Fasten oft erwähnen, besonders das am Sabbat, obwohl dies gerade verboten war. Jedoch müssen zur Zeit des Zweiten Tempels fastende jüdische Frauen den Römern so häufig begegnet sein, dass der Dichter Martial dies erwähnt und anführt, dass der Atem einer fastenden jüdischen Frau weniger süß war. Im talmudischen Traktat *Sotah 22a* missbilligten die Rabbis die extreme Weise, wie einige ihrer Kollegen fasteten. Sie kritisierten auch »fastende Mädchen«, vielleicht deshalb, weil diese jungen Mädchen das Fasten dermaßen übertrieben, dass körperliche Schäden dadurch entstanden – eine Erfahrung, die es auch in heutiger Zeit bei jungen Frauen gibt. Die Alten waren augenscheinlich darum besorgt, dass extremes Fasten die Heiratschancen der jungen Mädchen beeinträchtigen würde. Es wird auch angenommen, dass das Fasten für die Frauen eine Weise war, wie sie ihre Spiritualität ausdrücken konnten, denn ihre Möglichkeiten, den Glauben öffentlich zu leben, waren eng begrenzt.

In der frühen Christenheit glaubte man nicht, dass Fasten den Glauben fördert (1 Kor 8,8 und Röm 14,17). Jedoch ab dem 3. Jahrhundert erscheinen Texte, die das Fasten besonders für Frauen preisen, weil es ihnen Selbstreinigung ermöglicht.

Frauen im Zweiten Tempel

Im Neuen Testament tauchen Frauen zweimal in den Höfen des Jerusalemer Tempels auf, beide Male stehen sie in positivem Licht: Anna ist, wie schon oben erwähnt, eine davon. Die arme Witwe aus Markus 12,41-44, die ihre Kupfermünze spendete, ist die andere.

Der Zweite Tempel bestand aus verschiedenen Plätzen von anwachsender Heiligkeit, die heiligsten Gebiete innen und die öffentlichen Höfe außen. Man nimmt an, dass Jesus im äußersten Hof, dem »Vorhof der Heiden«, die Tische der Geldwechsler umstieß (Joh 2,14-16). Weiter nach innen folgte der »Vorhof der Frauen«, gefolgt vom »Vorhof der Männer« und darin lag schließlich das Allerheiligste, zu dem nur der Hohepriester Zugang hatte und dies auch nur am Versöhnungstag.

Der talmudische Traktat *Sotah 51-52* beschreibt, wie die Frauen auf den Balkonen standen, die den Hof der Frauen umgaben. Wenn sie dort blieben, konnten sie sich während des Tanzes nicht mit den Männern vermischen – das galt als ungehörig –, der beim Ritus der Besprengung mit dem Reinigungswasser stattfand (Num 19,1-22). An anderen Tagen aber drängten sich im Frauenhof Männer und Frauen. Hier kamen auch männliche und weibliche Nasiräer, um von ihren Gelübden gelöst zu werden, ebenso geheilte Leprakranke. Zudem wurde hier das Holz für die Opferfeuer vorbereitet. Nachdem ein Priester seine Arbeit am Pascha beendet hatte, saß er im Vorhof der Frauen.

Der Vorhof der Frauen im Zweiten Tempel nach einem Modell im Maßstab 1 : 50 im Israel Museum in Jerusalem

Gingen Frauen weiter hinein als in den Vorhof der Frauen? Die Quellen ergeben ein widersprüchliches Bild: Die Mischna *Bikkurim 1,49* verlangt von Frauen, dass sie die Erstlingsfrüchte opfern. Frauen brachten auch Opfer dar, wenn sie ein Nasiräergelübde ablegten. Maria kam mit Josef, um nach der Geburt Jesu die beiden vorgeschriebenen Tauben zu opfern (Lev 12,8; Lk 2,27), obwohl wir nicht wis-

Die Ruinen von Gamla auf den Golanhöhen. Der offene Platz ist der verbliebene Rest der Synagoge, die aus der Zeit Jesu stammt.

sen, ob sie diese dem Priester persönlich überreicht hat. Königin Helena aus dem mesopotamischen Königreich Adiabene, die zum Judentum konvertierte und den Tempel unterstützte, opferte mehrfach im Tempel, eingeschlossen eine goldene Inschrift mit den Worten, die ein Priester beim Eifersuchtsordal (Num 5,24) auszusprechen hatte. Andererseits zeigen Quellen der Mischna und des Talmud auf, dass Frauen nicht weiter als bis zum Vorhof der Frauen gehen durften.

Wie war die Rolle von Frauen im Christentum der frühen Zeit? Der Befehl des Paulus (bzw. seiner Schüler), dass Frauen beim Gottesdienst zu schweigen hatten (1 Kor 14,34; 1 Tim 2,12) wird später im Kapitel über Führerschaft behandelt. An Pfingsten jedoch griff Petrus in seiner Predigt in Jerusalem die Worte des Propheten Joel (2,29-30) auf, die von einer gleichen geisterfüllten Erfahrung bei Männern wie Frauen ausgehen: »In den letzten Tagen wird es geschehen, so spricht Gott: Ich werde von meinem Geist ausgießen über alles Fleisch. Eure Söhne und eure Töchter werden Propheten sein« (Apg 2,17). Ebenso sicher ist, dass Frauen Jesus auf seinem Weg begleiteten, auch mit ihm von Stadt zu Stadt reisten (Lk 8,1-2; Mk 15,41).

Die religiöse Rolle jüdischer Frauen zur Zeit des Zweiten Tempels bezog sich vor allem auf ihren Haushalt. Die Schriftgelehrten des Talmud betonen, dass Frauen nur die Gebote lernen müssen, die sich auf die Aufgaben im Haushalt beziehen – im Bereich ritueller Reinheit bezogen auf das Backen des Hallah-Brotes für den Sabbat oder auf das Anzünden der Sabbatkerzen. Im talmudischen Traktat *Brachot 17a* besteht der Verdienst der Frauen darin, dass »sie ihre Kinder zum Studium anhalten und ihre Männer empfangen, wenn diese nach Hause zurückkehren.«

Frauen in der Synagoge

Die orthodoxe jüdische Tradition, Männer und Frauen beim Gebet in der Synagoge zu trennen, scheint, so glaubt man, erst aus dem Mittelalter zu stammen. Es gibt zahlreiche Hinweise, dass Frauen in der Synagoge anwesend waren, eingeschlossen Josephus, Jüdische Altertümer, 14,10 (259-261). Nach dem kleinen talmudischen Traktat *Soferim 18,4* war es Brauch, dass ein Festgottesdienst zu späterer Zeit angesetzt wurde, um es so den Frauen zu ermöglichen, das Essen zu bereiten, bevor sie zum Gebet aufbrachen. Der talmudische Traktat *Avoda Zara 38a* zeigt, dass der Gang zur Synagoge für Frauen zum normalen Tagesablauf gehörte: »Eine Frau setzt ihre Kochtöpfe auf den Ofen und lässt ihre nichtjüdischen Dienerinnen allein zu Hause, bis sie aus dem Badehaus oder der Synagooge zurückkehrt.« Philo vermerkt bei seiner Beschreibung des Lebens in Alexandria, dass Frauen nicht in der Öffentlichkeit erscheinen sollen mit Ausnahme ihres Weges in die Synagoge.

Der talmudische Traktat *Megilla 23a* bemerkt, dass Frauen aus der Tora lesen durften: »Alle sind berechtigt, unter den Sieben zu sein (die am Sabbat in der Synagoge öffentlich die Tora vorlesen), selbst ein Minderjähriger oder eine Frau.« Paradoxerweise legten Schriftgelehrte ebenso fest, dass Frauen

Terrakottafigur einer Frau, die einen runden Gegenstand hält, 9.–7. Jahrhundert v. Chr.

»aus Respekt vor der Gemeinschaft« nicht aus der Tora lesen sollten.
Als Paulus und seine Gefährten in Philippi waren und nach einem (jüdischen) Gebetsplatz Ausschau hielten, gingen sie zum Fluss außerhalb des Stadttores, wo sie »eine Gebetsstätte vermuteten« und sprachen dort zu den Frauen (Apg 16,13). Daraus schließen manche Forscher, dass es eine Gemeinschaft nur von gläubigen Frauen gegeben hat.
Im talmudischen Traktat *Berachot 20b* rangen die Schriftgelehrten um die Frage, ob Frauen in gleicher Weise wie die Männer zu bestimmten Segensgebeten verpflichtet sind. Als der Brauch, dreimal am Tag zu beten, in talmudischer Zeit aufkam, wurde es dennoch für Frauen nicht die Regel, zu vorgegebenen Zeiten zu beten, Weil Frauen durch ihre »biologische Uhr« ständig an die Gegenwart Gottes im Universum erinnert werden, sind sie von rituellen Verpflichtungen zu bestimmten Zeiten befreit. Dies kann dazu geführt haben, dass Frauen weniger Zeit in der Synagoge verbringen als Männer.

Frauen und Götzendienst

Nach Jeremia 7,16-20 und 44.15.19.25 verehrten israelitische Frauen eine »Himmelsgöttin«, wahrscheinlich Ischtar, eine kanaanäische Gottheit, die auch als Astarte bekannt ist. Bekannter ist Aschera, die in der Bibel vierzigmal erwähnt wird. Die Wissenschaftler sind sich nicht einig, ob mit Aschera die Holzsäule als Symbol der Gottheit bezeichnet wird (Dtn 16,21; 1 Kön 15,13; 2 Köln 21,7 …) oder eine Statue der Göttin selbst.
Einige Gelehrte verweisen auf die Bedeutung ausländischer Königinnen bei dem Import von Götzen nach Israel. Isebel kam aus Sidon und war berüchtigt, weil »an ihrem Tisch 450 Propheten des Baal und 400 Propheten der Aschera aßen« (1 Kön 18,19). Maacha, deren Großmutter mit gleichem Namen eine von Davids Frauen war (2 Sam 3,3) und von Geschur jenseits der nördlichen Grenze Israels kam, wurde von ihrem Enkel Asa ihrer Stellung enthoben, weil sie Aschera ein Bildnis errichtet hatte (1 Kön 15,13).

Zwei in Gezer gefundene Frauenfigurinen aus dem 16. Jahrhundert v. Chr. Aus Goldblech in einer Repoussétechnik hergestellt wurden sie in einem Lagerraum des Stadttores gefunden. Wahrscheinlich stellen sie kanaanäische Gottheiten, etwa Anat oder Astarte dar.

Andere Gelehrte glauben, dass die Ascheraverehrung örtliche Wurzeln hatte. Jedenfalls scheint die Verehrung der Aschera zu einigen Zeiten offzieller Staatskult sowohl in Israel wie in Juda gewesen zu sein. Ein hölzerner Kultpfahl der Aschera wurde im Staatstempel von Bet-El gefunden (2 Kön 23,15), an der Grenze Israels zu Juda. Dieser Kultpfahl wurde zuerst von König Hiskija zerstört (2 Kön 18,4), erneut aufgestellt und vom Reformkönig Joschija zerstört (2 Kön 23,6).
Die Verehrung der Aschera muss nicht immer als Gegensatz zur offiziellen Religion gesehen werden. Ein bedeutender Teil der Bevölkerung »unsere Könige, Vorsteher, Priester und Väter« (Neh 9,34; Jer 44,17) war daran beteiligt. Die Beteiligung von Frauen an der Verehrung der Himmelskönigin ergab sich aus den traditionellen Arbeiten der Frauen: weben (2 Kön 23,7), um eine Statue mit Stoff zu umhüllen, Teig kneten (Jer 7,18; 44,19) und nähen (Ez 13,17). Dennoch war nach Jeremia 7,18 die ganze Familie an der Verehrung der Göttin beteiligt, die Frauen kneteten den Teig für die Opferkuchen, was wichtig war und augenscheinlich öffentlich geschah. Jeremia (44,25) greift die Frauen deshalb scharf an. Briefe aus der jüdischen Gemeinschaft im ägyptischen Elephantine aus dem 5. Jahrhundert zeigen, dass die Verehrung der Himmelskönigin durch exilierte

Bronzene Figurine der Astarte und die passende Gussform dazu aus dem 13. Jahrhundert v. Chr., gefunden in Nahariya, Israel.

Juden dorthin gebracht wurde. Einige Gelehrte verbinden sie mit der Göttin Anat, der Schwester des Baal. Frauen nahmen auch an der Verehrung einer anderen Göttin, Tammuz, teil (Ez 8,14).
Die Verehrung von Göttinen war mit Fruchtbarkeit verbunden. In einem Land wie Israel, wo vier oder fünf Monate Regen einen ganzen Wachstumszyklus versorgen mussten, war die Fruchtbarkeit von Feldfrüchten, Herden und Menschen wesentlich, wenn man das Land besitzen, kultivieren und mit einer großen Bevölkerung füllen wollte.

Die Propheten sahen die Verehrung von Götzen durch die Zeiten hindurch sowohl durch Männer wie Frauen als inneren Grund für die Zerstörung des Ersten Tempels und den Niedergang der Nation. Sacharjas Vision einer Befreiung vom Bösen durch die Entfernung einer als ruchlos bezeichneten Frau aus Jerusalem (Sach 5,5-11) weist darauf hin, dass man nach der Rückkehr aus dem Exil solche Göttinen nicht mehr dulden wollte.

Der kultische Ständer von Ta'anach und die »Entfernung« der Aschera

Dieser Tonständer aus dem 10. Jahrhundert v. Chr. wurde in Ta'anach im südlichen Jezreel-Tal entdeckt. Er wird oft als Ständer für Weihrauch bezeichnet, aber es gibt an ihm keine Brandspuren und deshalb wird er eher für Speiseopfer gebraucht worden sein. Er hat vier Ebenen: Die unterste zeigt eine nackte Frau zwischen zwei Löwen. Die darüberliegende zeigt Sphinxen. Die dritte Reihe zeigt wiederum Löwen, aber zwischen ihnen ist ein Baum mit zwei ziegenähnlichen Tieren. Die oberste Reihe zeigt eine Sonnenscheibe, dazu Säulen und ein Tier, das einige als Kalb, andere als Pferd ansehen. Dies erinnert an die Reform Joschijas (2 Köln 23,11), der die »Pferde zu Ehren der Sonne« am Eingang des Jerusalemer Tempels entfernen ließ, die Jahwe repräsentieren sollten. An den Seiten des Ständers werden die Tiere fortgeführt; die Rückseite des Ständers ist glatt, nur von zwei quadratischen Löchern durchbrochen. Einige Forscher vermuten eine symbolische Beziehung dieser Darstellung zur Göttin Aschera, die in der Bibel vierzigmal erwähnt wird. Die Ebenen könnten Szenen von Heiligtümern darstellen, in denen die Gottheiten »lebten«. Dass eine Frau mit zwei Löwen in der unteren Reihe in der dritten durch einen Baum mit zwei Löwen ersetzt wird, lässt auf eine Darstellung von Aschera in beiden Fällen schließen, denn eine weibliche Gottheit in der Gestalt eines Baumes erscheint bereits in der späten Bronzezeit.
Da diese Bilder von Aschera mit dem Jahwekult in Beziehung stehen, zeigt, dass bei diesem Kult eine gemeinsame Verehrung von Aschera und Jahwe stattfand. Eine Inschrift aus dem letzten Viertel des 8. Jahrhunderts v. Chr., die im nördlichen Sinai in Kuntilat Ajrud gefunden wurde, und eine andere aus Khirbet el-Qom bei Hebron lautet: »Für Jahwe und seine Aschera«. Das sind Beispiele für einen tief verwurzelten Ascherakult, an dem Männer wie Frauen teilgenommen haben.
Später wurde Aschera abgewertet – sie wurde nicht mehr als Bild, sondern als Symbol, vielleicht als Baum, abgebildet. So brachte Manasse »ein Bild der Aschera« in den Tempel (2 Kön 21,7); die später geschriebene Notiz 2 Chronik 33,7 spricht von einem Götterbild. Der Name Aschera ist hier nicht mehr erwähnt, ein Hinweis auf den geringer gewordenen Einfluss der Göttin.
Denkbar ist auch, dass die beiden in der Bibel am meisten genannten Göttinnen – Aschera und Astarte – miteinander vermischt wurden. Deshalb können die Israeliten zur Zeit des Jeremia auch davon sprechen, für die »Himmelkönigin« Kuchen zu backen (Jer 7,16-20; 44,15.19.25), ein Beiname, von dem der Schreiber wusste, dass er zu einer Göttin gehört, aber nicht zu welcher. Möglicherweise, so nimmt man an, wurden diese Göttinnen später in die »Weisheit« verwandelt, die als Frau personifiziert wird und in einer sehr engen Beziehung zu Gott steht (Spr 1,20-33; 8; 9; auch in außerkanonischen Büchern).

Maria und Hanna preisen Gott

Die Loblieder der Maria und Hanna ähneln sich
in Wort und Aussage auf vielerlei Weise.
Sie stellen die schönsten Beispiele
für Gebet und Lobpreis von Frauen dar.

Ich bin Gottes Magd

Ich bin Gottes Magd

Hanna:

Mein Herz ist voll Freude über den Herrn,
große Kraft gibt mir der Herr.

(1 Sam 2,1)

Maria:

Meine Seele preist die Größe des Herrn,
und mein Geist jubelt über Gott,
meinen Retter.

(Lk 1,46)

Hungrige werden beschenkt

Hungrige werden beschenkt

Hanna:

Die Satten verdingen sich um Brot,
doch die Hungrigen können feiern für immer.

(1 Sam 2,5)

Maria:

Die Hungernden beschenkt er mit seinen
Gaben und lässt die Reichen leer ausgehen.

(Lk 1,53)

Er erhöht die Armen

Er erhöht die Armen

Hanna:

Den Schwachen hebt er empor aus dem Staub
und erhöht den Armen.

(1 Sam 2,8)

Maria:

Er stürzt die Mächtigen vom Thron
und erhöht die Niedrigen.

(Lk 1,55)

Fröhlicher Lärm: Musik und Tanz

»Voraus die Sänger, die Saitenspieler danach, dazwischen Mädchen mit kleinen Pauken« (Psalm 68,25)

Die Bibel erwähnt singende, tanzende und Musikinstrumente spielende Frauen, die Gottes rettende Macht preisen, in ihren entscheidensten Erzählungen, etwa in der von der Durchquerung des Schilfmeeres, dem Sieg von Debora und Barak und der Tempelweihe in Jerusalem. Durch Lobpreis und Tanz konnten Frauen, deren Leben sonst oft auf ihre Familien und Haushalte begrenzt war, auch in der Öffentlichkeit ihrer Kreativität Ausdruck geben. Frauen dankten also für die Wunder in ihrem Leben, so wie es der einzigartige Gesang der Maria, das Magnificat, oder Hannas Lied tun – beide gehören zur denkwürdigsten Dichtung der Bibel.

Eine beduinische Hirtin spielt Flöte. Wissenschaftler nehmen an, dass die Flöte der Bibel, die »Halil«, eine doppelte Oboe war.

Obwohl wir die biblischen Frauen nicht mehr tanzen sehen und auch die von ihnen gespielten Melodien nicht mehr hören können, hat die Bibel den Reichtum dieser Frauenlieder bewahrt, ihre Bildersprache und ihren hebräischen Rhythmus. Die begleitenden Musikinstrumente können wir uns nur vorstellen, aber im Rhythmus der Lyrik können wir das Echo von Trommeln, Leiern, Zimbeln und anderen Instrumenten wahrnehmen, die die Sängerinnen meist begleiteten.

Gelehrte weisen daraufhin, dass das Lied der Mirjam (Ex 15,20-21) nach der Rettung vor den ägyptischen Verfolgern am Schilfmeer eine Reihe anderer Loblieder biblischer Frauen inspiriert hat:

Ein Jadesiegel aus dem 7. Jahrhundert v. Chr. mit den Worten »Ma'adana, die Tochter des Königs«. Ma'adana scheint die Tochter eines judäischen Königs gewesen zu sein, dessen Name auf dem Siegel nicht erscheint. Das zwölfseitige Musikinstrument auf dem Siegel ist die biblische »Kinnor«, die auch König David spielte. Wählte Prinzessin Ma'adana eine Kinnor als ihr Symbol, weil sie dieses Instrument spielte? Wir werden es wohl nie herausfinden.

»Die Prophetin Mirjam, die Schwester Aarons, nahm die Pauke in die Hand, und alle Frauen zogen mit Paukenschlag und Tanz hinter ihr her. Mirjam sang ihnen vor:
Singt dem Herrn ein Lied,
denn er ist hoch und erhaben!
Rosse und Wagen
warf er ins Meer!«

Bronzefigur einer Lautenspielerin, Bet She'an, 700-600 v. Chr.

Auf der Grundlage von Mirjams Lied entstanden das Lied der Hanna (1 Sam 2,1-10), als sie ihren Sohn Samuel zum Dienst in den Tempel von Schilo bringt, und das Magnificat (Lk 1,46-55), Marias Loblied, das sie nach dem Segen Elisabets anstimmte. Mirjams Lied feiert Gottes Eingreifen zum Wohl des ganzen Volkes Israel. Hanna und Marias Lieder beginnen mit einer persönlichen Danksagung, weiten dann aber die eigene Erfahrung auf den Plan Gottes mit der Menschheit insgesamt aus.

Wohl das bekannteste Siegeslied der Bibel findet sich in Richter 5. Obwohl der einleitende Vers davon spricht, dass Debora und Barak das Lied gemeinsam sangen, ist es als »Deboras Lied« in die Geschichte eingegangen – denn in ihm hören wir ihre Stimme. Gelehrte sagen, dass Debora und Barak die Verse des Liedes vielleicht abwechselnd gesungen haben, vergleichbar den Liedern des Mose und der Mirjam am Schilfmeer. Obwohl keine Instrumente erwähnt werden, ist der Rhythmus des hebräischen Originals offensichtlich. Selbst wer kein Hebräisch versteht, kann dies in einer hebräischen Bibel dadurch feststellen, dass er in der Anordnung der Zeilen den Unterschied zwischen dem Lied und dem übrigen Text erkennt.

Zur Zeit Jesu wurde die Tradition eines abwechselnden Gesangs von Männern und Frauen in Alexandria bewahrt, wo eine jüdische Sekte, die die »Therapeuten« genannt wurde, Männer- und Frauenchöre hatte. Ihre »Hymnen an Gott« wurden nach dem zeitgenössischen Historiker Philo »in allen Arten von Reimfolgen und Melodien komponiert, die einen würdevollen Rhythmus ergaben«. Das Buch Judit, geschrieben im zweiten Jahrhundert v. Chr., enthält ebenfalls ein wunderbares Gedicht eines Lobliedes, das die Heldin unmittelbar nach ih-

Arabische Frauen in altehrwürdigen Gewändern feiern mit Handtrommeln und Tanz.

rem militärischen Sieg anstimmt, als sie mutig und klug das Lager des assyrischen Kommandanten Holofernes betrat und ihn enthauptete (Jdt 15,13-16,18). Ebenso wie Mirjam die Frauen anführte, so bringt Judit die Menschen zu Gesang und Tanz, wenn sie beginnt: »Stimmt ein Lied an für meinen Gott unter Paukenschall, singt für den Herrn unter Zimbelklang! Preist ihn und singt sein Lob, rühmt seinen Namen und ruft ihn an!« (Jdt 16,1)
Lieder gehörten mit Sicherheit zu den Feiern, die einer Geburt folgten. Auffallenderweise singen an den einzigen beiden Stellen, an denen in der Bibel nach einer Geburt gesungen wird, zum einen ein Mann, zum anderen Engel. Zuerst ist es Zacharias, der das in der katholischen Tradition als Benedictus bekannte Lied anstimmt, nachdem seine Frau Elisabet ihren neugeborenen Sohn Johannes genannt hat (Lk 1,68-19). Das zweite dieser Lieder wird nach der Geburt Jesu von Engeln gesungen (Lk 2,14).
Die Worte, die die Frauen in Rut 4,14.17 einstimmig über Ruts Sohn Obed sprechen, scheinen ein Rest eines solchen Geburtsliedes zu sein. Wenn man die Bedeutung einer Geburt bedenkt, wird die Erleichterung des Jesaja verständlich, der in seiner bildhaften Prophezeiung der Wiedergeburt Zions ein überraschendes Bild aufgreift:

»Freu dich, du Unfruchtbare, die nie gebar,
du, die nie in Wehen lag,
brich in Jubel aus und jauchze!« (Jes 54,1)

Natürlich geschieht dies im wirklichen Leben nie in dieser Weise. Und deshalb löst Jesaja im nächsten Vers die Spannung: Die unfruchtbare Frau macht in einer künftigen Zeit des Segens die Erfahrung einer Geburt – wie es auch im Lied der Hanna (1 Sam 2,5) und in Psalm 113,9 zu vernehmen ist:

»Denn die Einsame hat jetzt viel mehr Söhne als
die Vermählte, spricht der Herr.«

Öffentliche Lieder anlässlich eines Sieges im Krieg waren für Frauen, deren Leben weithin nicht in der Öffentlichkeit stattfand, eine gute Gelegenheit, eine aktive Rolle in öffentlichen Feiern und im Gottesdienst zu übernehmen. Wenn die Krieger siegreich vom Schlachtfeld zurückkehrten, waren die Frauen da und begrüßten sie mit festlicher Musik, etwa die Frauen, die Saul und David empfingen, als sie aus dem Terebinthental zurückkehrten, wo David Goliat erschlagen hatte:

Tonfigur einer sitzenden Frau, die die Harfe spielt, Mari, ca. 2000 v. Chr.

»Als sie nach Davids Sieg über die Philister heimkehrten, zogen die Frauen aus allen Städten Israels König Saul singend und tanzend mit Handpauken, Freudenrufen und Zimbeln entgegen. Die Frauen spielten und riefen voll Freude:
Saul hat Tausend erschlagen,
David aber Zehntausend.« (1 Sam 18,6-7)

Eine andere Frau, die einen nach Hause zurückkehrenden Führer mit Lied und Tanz begrüßt, ist die unbekannte tragische Heldin aus Richter 11,29-38, die als Jiftachs Tochter bekannt wurde. Jiftach

Nachbildung einer Bankettszene, wie sie häufig ägyptische Gräber der Wohlhabenden im Neuen Königreich (1570–1070 v. Chr.) schmückten. Die Frauen tragen parfumierte Wachskegel auf ihren Köpfen, die während des Festes schmelzen und die Luft wohlriechend machen (vgl. Seite 79).

Zwei Grazien. Detail aus der Hippolytus-Halle, die unter einer im 8. Jahrhundert entstandenen Kirche in Madaba, Jordanien gefunden wurde.

war ein amtsenthobener Stammesführer in Gilead, östlich des Jordans, der zurückgerufen wurde, um den Kampf gegen die Ammoniter zu führen. Würde er gewinnen, erhielte er auch seine Führerschaft zurück. Weil so viel von seinem Sieg abhing, gelobte Jiftach Gott, dass er nach einem Sieg das Erste opfern würde, das er bei seiner Rückkehr nach Hause sehen würde (Ri 11,31).

Es läuft uns kalt den Rücken herunter, wenn wir die junge Frau sehen, wie sie ihren Vater in einer Weise begrüßt, die für eine Frau der tiefste Ausdruck öffentlicher Freude war – Lied und Tanz –, denn wir kennen bereits ihr Schicksal. Ein Porträt von Jiftachs Tochter findet sich im Kapitel über Trauer.

Frauen nahmen auch an religiösen Prozessionen teil. Psalm 68,25 beschreibt die Zukunft des Heiligen Landes in einer anschaulichen Darstellung, die der Psalmist gut gekannt haben muss: eine religiöse Prozession auf ihrem Weg zum Heiligtum, an der Frauen teilnahmen:

> »Gott, sie sahen deinen Einzug, den Einzug
> meines Gottes und Königs ins Heiligtum:
> voraus die Sänger, die Saitenspieler danach,
> dazwischen Mädchen mit kleinen Pauken.«

Als der hochbetagte David Salomo als seinen Nachfolger bestimmte (1 Chr 23,1), versammelte er die Führer des Volkes und wies sie an, wie die verschiedenen Stämme die Tempeldienste zu übernehmen hätten. David, der in seiner Jugend selber Musik gemacht hatte, scheint seine besondere Aufmerksamkeit auf die Tempelmusik gerichtet zu haben, denn er gründet einen Chor mit 288 Mitgliedern, dem Asaf, Jedutun und Heman vorstanden (1 Chr 25,5). Nach den meisten Übersetzungen gehörten auch Hemans drei Töchter zusammen mit ihren vierzehn Brüdern dazu und spielten auf Zimbeln, Harfen und Zithern.

In Kohelet 2,8 sagt Salomo, dass er »sich Sänger und Sängerinnen besorgt hat«. Sängerinnen gehörten auch zur Volksgemeinde, die von Babylon nach Juda zurückkam (Esra 2,65; Neh 7,67). Es fällt auf, dass ein Keilschriftbericht über den siegreichen Sanherib Musikanten und Musikantinnen erwähnt. Zur Einweihung der nach dem Exil neugebauten Mauer um Jerusalem gehörten frohe Lobgesänge und Musik (Nehemia 12,43): »An diesem Tag brachte man große Schlachtopfer dar, und alle freuten sich; denn Gott hatte ihnen eine große Freude bereitet. Auch die Frauen und Kinder waren fröhlich, und der Jubel in Jerusalem war weithin zu hören.«

Beduinenfrauen aus dem Negev singen zusammen.

Dass der Gesang der Frauen ein wesentlicher Bestandteil des alltäglichen Lebens war, lässt sich in Kohelet 12,3-5 nachlesen, wo das Alter als Zeit beschrieben wird, in der die üblichen Aktivitäten der Menschen zurückgehen. Drei dieser Tätigkeiten dort gehören zum Bereich der Frauen: das Mahlen von Mehl (Müllerinnen), das Hinausschauen aus dem Fenster und das Singen von Liedern, die verklingen.

Frauen und Lieder verbanden sich ebenso bei Festen auf dem Lande. Das bekannteste Beispiel ist die Geschichte in Richter 21,15-25, wo eine Atmosphäre von »Wein, Weib und Gesang« vorherrscht. Die Männer des Stammes Benjamin dürfen sich aufgrund von vorangegangenen Untaten keine Frauen aus anderen israelitischen Stämmen nehmen und greifen deshalb zu einem alten Brauch, der Entführung von Frauen (vgl. im Kapitel über Heirat). Als sie in den Weingärten auf der Lauer liegen, kommen die jungen Frauen, weiß gekleidet, und tanzen aufgrund der reichen Ernte dieser Früchte des Hochlandes.

Tanz im Zusammenhang

mit Brautwerbung kann auch hinter den Versen von Hohelied 7 stehen. Hier sucht das schulammitische Mädchen ihren Liebhaber und scheint im Gespräch mit einer anderen Frau zu sein. In Hohelied 7,1 beobachtet die andere Frau das Mädchen, als es den »Mahanaim-Tanz«, den »Lagertanz« tanzt. Vermutlich war dies ein Tanz, der mit einem Zeltlager (»mahanaim« bedeutet »zwei Lager«) zusammenhängt. Dies kann in einem militärischen Zusammenhang stehen und damit kehren wir zurück zu der Vorstellung von Siegestänzen von Frauen, die die Rückkehr der Männer aus dem Krieg begleiteten.

Jeremia 31,12-14 spielt auf zwei junge Frauen an, die in ihrem Tanz die gute Ernte feiern:

»Sie kommen und jubeln auf Zions Höhe, sie strahlen vor Freude über die Gaben des Herrn, über Korn, Wein und Öl, über Lämmer und Rinder. Sie werden wie ein bewässerter Garten sein und nie mehr verschmachten.

Dann freut sich das Mädchen beim Reigentanz, jung und alt sind fröhlich.«

Jesaja beginnt sein Weinberglied mit dem Vergleich Israels mit Gottes Weinberg und kleidet diesen Vergleich in Bilder, die seinen Hörern damals wohl bekannt sein mussten – eine Frau, die die Hoffnung auf eine reiche Ernte besingt (Jes 5,1):

»Ich will ein Lied singen von meinem geliebten Freund, ein Lied vom Weinberg meines Liebsten.«

Auch Jeremia verbindet eine Frau und einen Weinberg, wenn er bessere Zeiten für die Menschen in Juda verheißt und dazu das Bild einer frohen Jungfrau zeichnet, die in der Hoffnung auf eine gute Ernte tanzt (Jeremia 31,4-5):

Tanzende Frauen aus dem Jemen am Laubhüttenfest

Junge ägyptische Frauen, die ein Instrument spielen, erscheinen in einer Jubiläumszeremonie für den König. Aus dem Grab von Kheruef, einem Beamten von Amenhotep III., West-Theben, 14. Jahrhundert v. Chr.

»Du sollst dich wieder schmücken mit deinen Pauken, sollst ausziehen im Reigen der Fröhlichen. Wieder sollst du Weingärten pflanzen auf Samarias Bergen. Wer Pflanzungen anlegt, darf ihre Früchte genießen.«

Nachdem wir gesehen haben, dass Frauen als Danksagung tanzten, wenn der Weinberg gute Frucht brachte, werden die Verse in Jesaja 21,9-10 aussagekräftiger, die er an Frauen richtet, die klagen, weil die Traubenernte vernichtet ist:

»Ihr sorglosen Frauen, hört meine Stimme, ihr selbstsicheren Töchter, hört auf mein Wort! Über Jahr und Tag werdet ihr zittern, auch wenn ihr jetzt so selbstsicher seid; denn die Weinernte ist vernichtet, es gibt keine Obsternte mehr.«

Ebenso wie Frauen zu biblischen Zeiten besondere öffentliche Aufgaben hatten, wenn zu erfreulichen Gelegenheiten Gesang und Tanz angebracht waren, geschah dies umgekehrt auch in Zeiten der Trauer: »Ruft die Klagefrauen herbei! Schickt nach den weisen Frauen! Schnell sollen sie kommen und Klage über uns anstimmen.« (Jer 9,16-17) Wie im Kapitel über Trauer noch näher ausgeführt wird, erscheinen Klagefrauen in Lukas 7,32-35 und parallel in Matthäus 11,17: »Wir haben für euch auf der Flöte (Hochzeitslieder) gespielt, und ihr habt nicht getanzt; wir haben Klagelieder gesungen, und ihr habt euch nicht an die Brust geschlagen.«

Eine eisenzeitliche Terrakotta-Figur einer Frau, die eine Handtrommel spielt, ca. 16,5 cm groß

Frauen tanzten auch zur Unterhaltung. Es war sowohl für männliche wie für weibliche Sklaven üblich, auf dem Marktplatz zu sitzen und ihre Fähigkeiten zu zeigen, so dass sie von ihren Herren für ein Fest oder eine andere Feierlichkeit vermietet werden konnten. Dies war auch eine Möglichkeit für freigelassene Sklaven, eine im Dienst erworbene Fähigkeit zu nutzen, um der Armut zu entkommen.

Die Anwesenheit von Frauen in der Öffentlichkeit war in einigen Kulturen nicht vorgesehen. Von da aus

Mit freundlicher Genehmigung von Prof. Y. Hirschfeld
Ein Marmorboden aus der Zeit des Herodes Antipas, der in Tiberias entdeckt wurde. Der Boden war vermutlich Teil seines Palastes. Man kann sich leicht vorstellen, dass dies der Ort war, wo Salome für Herodes tanzte.

kann man die Rolle der Königin Waschti in der Geschichte von Ester neu bedenken. Ester ist eindeutig die Heldin dieses biblischen Buches, das ihren Namen trägt. Obwohl es im Text nicht erwähnt wird, glauben manche Ausleger, dass Waschtis Weigerung, vor den Freunden ihres Gatten zu erscheinen (Est 1,10-12), nichts anderes als die Weigerung einer tugendhaften Frau ist, vor ihnen zu tanzen. Jesaja 23,15-16 vergleicht die zerstörte und vergessene Stadt Tyrus mit einer Dirne, die ebenso vergessen ist und deshalb in den Straßen ein trauriges Lied singt, um Aufmerksamkeit zu erregen.

Ein niederträchtiges Tanzmädchen wird im Neuen Testament erwähnt: Salome, die das Haupt Johannes des Täufers verlangt, das ihr auf einer Schüssel gebracht werden soll. Zur Enthauptung des Johannes kam es, nachdem dieser die Heirat von Herodias, Salomes Mutter, mit Herodes Antipas, einem Bruder ihres ersten Gatten, von dem sie geschieden war, kritisiert hatte. Herodias ermutigt Salome, verführerisch vor Antipas zu tanzen und dann um Johannes' Kopf als Belohnung zu bitten. Diese widerliche Geschichte (Mt 14,6-7) zeigt den schlechten Charakter von Mutter und Tochter.

Musik und Tanz gehören zum Leben von Frauen, damals wie heute. Das Bild von tanzenden und singenden Frauen war zu biblischen Zeiten so eingewurzelt, dass sie zu einem machtvollen Symbol für Freude und Leid werden konnten.

Eine ganz andere Trommel

Welches Instrument spielte Mirjam wohl, als sie die Frauen bei Gesang und Tanz anführte? Was war mit Jiftachs Tochter und mit den Frauen, die David und Saul begrüßten? Die Wissenschaftler sind sich sicher, dass es kein Tambourin war. Denn Tambourine erscheinen nicht vor dem 13. Jahrhundert nach Christus.

In der Tat war das Instrument, das die Frauen spielten eine Handtrommel – ein Fell über einen hölzernen oder metallnen Rahmen gespannt, die aufrecht mit einer Hand gehalten wird, sodasss die Handfläche oder die Finger der anderen das Fell schlagen können. Nicht nur Frauen spielten die Handtrommel, auch Männer taten dies, wie Frauen ebenso auch andere Instrumente bedienten. Dennoch bleibt uns die Handtrommel durch bedeutende biblische Geschichten mit biblischer Frauenmusik verbunden.

Zahlreiche Terrakotta-Figuren aus archäologischen Ausgrabungen zeigen Frauen, die eine solche Trommel halten, vor allem aus Zypern, aber auch aus den phönizischen Städten entlang der Küste: aus Tyrus im heutigen Libanon, Achzib und Shiqmona, heute in Israel. Archäologen datieren sie auf die Eisenzeit ab dem 11. Jahrhundert vor Christus. Obwohl diese Figuren in Haarstil, Kleidung und künstlerischer Gestaltung sehr unterschiedlich sind, wird die Handtrommel meist in der gleichen Weise gezeigt: Die Frau hält sie senkrecht zu ihrem Körper und schlägt mit der Handfläche dagegen.

Welchen Zweck hatten diese Figuren? Wir wissen es nicht sicher, aber sie tragen einfache Kleidung, jedenfalls keine Kronen oder anderen Schmuck, so dass sie wahrscheinlich gewöhnliche Musikantinnen darstellen. Damit zeigen sie das Alter der Tradition auf, dass Frauen in der Öffentlichkeit künstlerisch auftraten, eine besondere Fähigkeit, die sie besitzen.

Mirjam

Mirjams Rolle als die Anführerin von Gesang und Tanz, wie in diesem Kapitel beschrieben (vgl. Ex 15,20-21) beleuchtet eine der bedeutendsten Frauengestalten der Bibel. Mirjam wird in der Schrift als die Beschützerin ihrer Familie, als Prophetin und als Dichterin und Musikerin dargestellt. Dies alles sind Rollen, von denen Wissenschaftler annehmen, dass sie den Funktionen entsprechen, die Frauen wirklich zu biblischer Zeit und in der Kultur der Bibel wahrgenommen haben. Andererseits erscheint Mirjam auch als Rebellin. Wie bei vielen biblischen Gestalten, männlichen ebenso wie weiblichen, ist es gerade die Komplexität ihres Charakters, die sie durch die Zeiten hindurch den Lesern der Schrift wertvoll und wichtig machte.

*Micha stellt Mirjam als eine der drei Führer in der Wüste dar. »Ich habe Mose vor dir hergesandt und Aaron und Mirjam« (Mi 6,4). Die Charakterzüge, über die wir im Kapitel über Führerschaft lesen – Mut und Ausdauer – erscheinen bereits bei der jungen Mirjam, als sie die Initiative ergreift, um ihre Familie zu retten. Sie wacht über ihren kleinen Bruder Mose, als er in einem Körbchen zwischen den Binsen des Nils treibt. Dann schlägt sie der Tochter des Pharao vor, eine hebräische Amme zu rufen, um den »Findling« zu versorgen. Damit zeigt sie schnelles Denken und entschiedenes Handeln und kann dadurch einen Weg finden, ihre Mutter wieder mit Mose zu vereinen. Mirjams Rolle als ein Anwalt der Familie lebt in der Vorstellung der Rabbiner fort, die besagt, dass Mirjams Vater Amram sich von seiner Frau Jochebed trennte in der Sorge, dass männliche Nachkommen vom Pharao getötet würden. Die Weisen erzählen, dass es Mirjam war, die ihren Vater überzeugte, seine Meinung zu ändern, indem sie sagte: »Vater, dein Urteil ist noch strenger als das des Pharao, denn der Pharao entschied sich nur gegen die männlichen Nachkommen, während du dich sowohl gegen die männlichen wie die weiblichen entschieden hast« (*Sotah 12a*).*

Als wir das nächste Mal auf Mirjam treffen, ist Mose zu seinem Volk zurückgekehrt, um es aus der Sklaverei zur Freiheit zu führen. Gott hat die Wasser des Schilfmeeres geteilt, und die Israeliten können auf trockenem Land hindurchziehen. Mose leitet das Volk zu einem Loblied an; »alle Frauen« aber folgen Mirjam, die hier als Prophetin erscheint, in ihrem Teil des Lobgesangs (Ex 15,20).

Später erscheint Mirjam in einem unterschiedlichen Licht: Sie spricht murrend mit Aaron (und zu anderen) über die kuschitische Frau des Mose und die höhere Stellung ihres Bruders (Num 12,1ff). Daraufhin ruft Gott Mirjam und ihre Brüder Aaron und Mose zum Offenbarungszelt, um Mirjam und Aaron einen Verweis zu geben, weil sie die Führung durch Mose angezweifel haben. Mirjam muss den schwierigsten Teil der Strafe Gottes tragen – sie wird mit Aussatz bestraft, Aaron nicht. Im rabbinischen Kommentar Deuteronomium Rabbah*, rechtfertigen die Weisen die größere Strafe für Mirjam damit, dass sie die Anstifterin gewesen war, hinter dem Rücken des Mose gegen ihn zu sprechen. Das war der Ausgangspunkt rabbinischer Diskussionen über Verleumdung, die im Judentum als schwere Verfehlung gewertet wird.*

Mirjams »Nachruf« erwähnt, dass sie in Kadesch starb (Num 20,1), während die Israeliten auf der letzten Etappe ihrer Wanderung hin zum Gelobten Land waren. Die Quellen sprechen davon, dass die Nebeneinanderstellung zweier Geschichten, der von Mirjams Tod und der von den Klagen des Volkes über Wassermangel (Num 20,2), kein Zufall war. Über die Jahrhunderte hinweg erzählt man, dass »Mirjams Quelle« immer dann erscheint, wenn die Leute auf der Wanderschaft sind und Ermutigung nötig haben. Schließlich erzählt eine Legende, dass die »Quelle der Mirjam« im See von Galiläa zu orten sei, wo man bis zum heutigen Tag auf dem Grund dieses heiligen Sees eine Quelle sprudeln sehen könne und zu der einige orthodoxe Juden immer noch mit dem Boot fahren, um dort zu beten.

Klagefrauen: Beruflich trauern

»Ruft die Klagefrauen herbei! Schickt nach den weisen Frauen!« (Jeremia 9,16)

Die vielfältigen Beschreibungen von klagenden Frauen in der Bibel zeigen die besondere Aufgabe, die Frauen bei den Riten am Lebensende hatten. Das erste Beispiel einer klagenden Frau ist die schöne Kriegsgefangene, der einen Monat gegeben wird, um ihre verstorbenen Eltern zu beweinen (Dtn 21,13). Wir sind nicht mit den Trauerriten vertraut, die solche Frauen aus ihren Heimatländern mitgebracht haben, aber Wissenschaftler sagen, dass festgelegte Formen von Klageriten für Frauen weit in die Geschichte zurückgehen und die Grenzen der Kulturen überschreiten. So ist die Beteiligung von klagenden Frauen bei Beerdigungen bei vielen Völkern anzutreffen.

Klagefrauen erwarten die Beerdigung eines Rabbis auf dem jüdischen Friedhof in Kabul, Afghanistan, 1966.

Jeremias Personifikation des Todes als eines Wesens, das »durch unsere Fenster gestiegen ist« (Jer 9,21) ist ein Ausdruck, der einem ugaritischen Mythos mit bronzezeitlichem nordsyrischen Hintergrund entlehnt ist. Wenn in der Bibel andere mit dem Tod verbundene Szenen ebenfalls Frauen am Fenster zeigen, so ist dies kein Zufall. Siseras Mutter wartet darauf, dass ihr Sohn, von dem sie nicht weiß, dass er gefallen ist, vom Schlachtfeld zurückkommt (Ri 5,28); Isebel steht vor ihrem Tod am Fenster (2 Kön 9,30).

Tonfigur einer weinenden Frau, 7. Jahrhundert v. Chr., gefunden in Azor in der Nähe von Jaffa in der Küstenebene Israels.

Als Ezechiel die Entweihung des Tempels durch Götzenverehrung beschrieb, führt er Klageweiber auf, die »Tammuz« beweinen. Tammuz war ein mesopotamischer Fruchtbarkeitsgott. In der Zeit der Sommerdürre glaubte man, dass er in das Reich der Toten, in die Unterwelt, hinabstieg und beklagte ihn sechs Tage lang mit den Klageliedern der Frauen.

Als David um König Saul trauert, fordert er die Töchter Israels auf, um ihn zu weinen (2 Sam 1,24). Jesaja 21,11-12 fordert die Frauen auf, die Zerstörung des Landes zu beklagen. Ezechiel legt seine Totenklage über Ägypten in den Mund der »Töchter der Völker« (Ez 32,16).

Jeremia 9,16-17 spricht von »mekonenot«, von Frauen, die die Klage als Beruf ausführten und Klagelieder komponierten und sangen. Diese Kunst wurde als ein Teil der »Weisheit« angesehen; deshalb werden solche Frauen im zweiten Teil des Verses als »weise Frauen« bezeichnet.

Sacharja 12,12 beschreibt, dass ganze Sippen klagen, doch die Frauen werden von ihm besonders aufgeführt. Dies deutet darauf hin, dass am Ende des 5. Jahrhunderts v. Chr. Männer und Frauen in getrennten Gruppen trauerten.

Klagebrauchtum der Frauen

Bei der Beschreibung der Klageriten von Frauen erwähnt Nahum, dass »die Mägde der Königin von Ninive jammern wie gurrende Tauben und sich an die Brust schlagen« (Nah 2,8). Ebenso spricht Jesaja von Frauen, die auf dem Boden sitzen, in Sacktuch gekleidet sind und die Haare abgeschnitten haben (Jes 23,9-14; 3,24-26; 15,2; 47,1; Jer 7,29; 16,6 …).

In späterer Zeit, in der apokryphen Schrift »Joseph und Asenath«, wird die Heldin, die ihr früheres Leben als Götzenanbeterin beklagt, beschrieben, wie sie Sacktuch trägt und »Asche vom Boden aufnimmt, ihre Haarspangen löst, sich die Asche über den Kopf streut und sich in sie hineinsetzt. Sie schlägt mit beiden Händen an ihre Brust und weint und klagt die ganze Nacht bis zum Morgen. Als Asenath am Morgen aufsteht, sieht sie, dass die Asche unter ihr durch ihre Tränen zu Schlamm geworden ist. Und wieder stürzt Asenath zu Boden in die Asche bis zum Sonnenuntergang. So tat Asenath sieben Tage lang, und sie nahm weder Nahrung noch Getränk zu sich.«

Nach Plutarch fand es der Athener Gesetzgeber Solon (638–559) notwendig, übertriebene Klageriten der Frauen zu beschränken. Er bestimmte deshalb, dass sich nur Frauen über 60 Jahre, die keine nahen

Verwandten waren, um den Leichnam versammeln dürfen.
Der frühe jüdische Kommentar *Genesis Rabba* erwähnt, dass Frauen bei einer Beerdigungsprozession vor dem Leichnam gingen. Der Mischna-Traktat *Mo'ed Katan 3,9* lautet: »Was ist eine Klage? Wenn alle zusammen singen. Und was ist ein Jammern? Wenn eine beginnt und alle einstimmen, denn es ist geschrieben: Lehrt eure Töchter die Klage, eine lehre die andere das Totenlied (Jer 9,19).« Dieser Traktat betrachtet auch die Einschränkungen von Trauerriten zum Chanukka- und Purimfest: »Frauen dürfen Klagelieder singen und in die Hände klatschen, aber wehklagen dürfen sie nicht. Nach der Beisetzung dürfen sie keine weiteren Klagelieder singen und auch nicht in die Hände klatschen.«
An die Aufgabe von Klagefrauen bei Beerdigungen erinnert auch der Mischna-Traktat *Ketuboth 4,4*, der verlangt: »Selbst die Ärmsten in Israel sollten bei der Beerdigung ihrer Gattin nicht weniger als zwei Flöten und eine Klagefrau mieten.«
Diese Aussagen über Klagefrauen lassen uns die Anwesenheit von »Flötenspielern und klagenden Leuten« im Haus des Synagogenvorstehers Jairus nach vollziehen (Mt 9,23; Mk 5,38), als Jesus dessen Tochter ins Leben zurückruft. Ebenso wird die Szene verständlich, in der »viele Juden zu Marta und Maria gekommen waren, um sie wegen ihres Bruders Lazarus zu trösten« (Joh 11,19). Und natürlich zeigen alle vier Evangelien Frauen am Grab Jesu. Die beeindruckendsten Szenen sind in diesem Zusammenhang die klagenden und weinenden Frauen, die dem kreuztragenden Jesus folgen (Lk 23,27) und Maria Magdalena, die »draußen am Grab stand und weinte« (Joh 20,11).

»Trauerspezialistinnen«

Nicht klagen zu können war schlimmer als der Tod selbst (Ez 24,15-16; Jer 22,18-19). Wenn Frauen weinten und klagten, dienten sie einem besonderen Zweck – sie ermutigten andere, ihren Gefühlen Ausdruck zu geben, wie man Lukas 7,32 entnehmen kann: »Wir haben Klagelieder gesungen, und ihr habt nicht geweint.«
Man nimmt an, dass ein Volksglaube mit der Aufgabe der Frauen bei Trauerriten verbunden ist: In früheren Zeiten glaubte man, dass ältere jüdische Frauen eine besondere Verbindung zu den Toten hatten, weshalb sie zu den Gräbern gingen, um mit den Verstorbenen zu sprechen. Dabei baten sie besonders um Fruchtbarkeit für ihre Töchter und Enkelinnen. Diese Frauen wurden als eine Art »religiöser Spezialistinnen« angesehen.

Äthiopische Frauen klagen in Jerusalem bei einer Zeremonie für Mitglieder ihrer Gemeinschaft, die auf dem Weg nach Israel ums Leben kamen.

Die klagende Frau als Symbol

Das Bild von klagenden Frauen inmitten zerstörter Städte wurde von den Propheten auf die zerstörten Städte selbst übertragen, die nun als klagende Frauen dargestellt werden. Jesaja beschreibt Ariel (Jerusalem) als jammernd und stöhnend und am Boden liegend (Jes 29,2.4). Wie bereits erwähnt, beschreibt Jeremia die Stadt Gaza als kahl geschoren (Jer 47,5). Darüber hinaus ist das Jerusalem der Klagelieder als weinende Frau gezeichnet, selbst die »Wege nach Zion trauern« (Klgl 1,2.4).
Jeremias Beschreibung der Klage Rahels ist von besonderer Bedeutung, weil sie im Alten und Neuen Testament erwähnt wird (Jer 31,15; Mt 2,18). Das Grab der Rahel findet sich bei Betlehem (Gen 35,16-19). Über die Jahrhunderte hinweg wurde dort nicht allein Rahels Tod beweint, sondern auch Unfruchtbarkeit beklagt. Dadurch dass Matthäus Jeremia zitiert, verbindet er die Klage des Alten Testaments über Rahel und die Klage von Frauen aller Zeiten und überall, um an die Frauen von Betlehem zu erinnern, die um ihre ermordeten Kinder weinen.

Eine Gruppe von Frauen und Mädchen mit erhobenen Händen, die um einen Verstorbenen klagen. Wandmalerei aus Theben, 14. Jahrhundert v. Chr.

Jerusalem wird auf dieser römischen Münze, die nach der Zerstörung Jerusalems im Jahr 70 n. Chr. geprägt wurde, als trauernde Frau dargestellt. Ein römischer Soldat steht triumphierend hinter ihr. Die Worte »Judaea capta« (Judäa ist gefangen) umrahmen die Szene.

Jiftachs Tochter

Wir sind so sehr daran gewöhnt, diese herausragende biblische Persönlichkeit mit dem Namen ihres Vaters zu bezeichnen, dass wir kaum wahrnehmen, dass wir ihren wirklichen Namen nicht kennen. Aber in einer bestimmten Weise passt dies auch, denn das Schicksal dieser jungen Frau, die an einem der ersten in der Bibel erzählten und nur für Frauen bestimmten Trauerritual teilgenommen hat, ist unlösbar mit den Handlungen ihres Vaters verbunden.

In der Zeit der Richter, die die Bibel als eine Zeit des Chaos vor der danach folgenden Königszeit darstellt, wird Jiftach von seinen Brüdern aus seiner Heimat vertrieben. Aber dann wenden sich die gleichen Männer, als sie von den Ammonitern bedroht werden, mit der Bitte um Hilfe an Jiftach, »einen tapferen Helden« (Ri 11,1). Als Gegenleistung für seine erfolgreiche militärische Führung geloben sie, ihn zu ihrem Oberhaupt zu machen.

In einer Art Handel mit Gott legte Jiftach ein Gelübde ab: »Wenn du die Ammoniter wirklich in meine Gewalt gibst, dann soll, was immer mir als erstes aus der Tür meines Hauses entgegenkommt, dem Herrn gehören, und ich will es als Brandopfer darbringen« (Ri 11,31).

Aber es war keines von den Haustieren, die zu dieser Zeit normalerweise mit im Haus lebten, das er zuerst sah. Im Gegenteil, es war seine Tochter, die entsprechend der Tradition, wie sie im Kapitel über Musik beschrieben ist, »zur Pauke tanzend« aus dem Haus trat, um ihren Vater zu begrüßen.

»Als Jiftach nun nach Mizpa zu seinem Haus zurückkehrte, da kam ihm seine Tochter entgegen, sie tanzte zur Pauke. Sie war sein einziges Kind; er hatte weder einen Sohn noch eine andere Tochter. Als er sie sah, zerriss er seine Kleider und sagte: Weh, meine Tochter! Du machst mich niedergeschlagen und stürzt mich ins Unglück. Ich habe dem Herrn mit eigenem Mund etwas versprochen und kann nun nicht mehr zurück.« (Ri 11,34-35)

In einer Welt, in der öffentliche rituelle Tätigkeiten in der Regel von Männern ausgeführt wurden, ragt die Geschichte von Jiftachs Tochter heraus. Sie nimmt ihr Schicksal an (Wissenschaftler haben sich gewundert, warum Jiftach, immerhin ein Richter, nicht wusste, dass er sein Gelübde durch ein Lösegeld ablösen konnte, bzw. dass er es bewusst nicht tat). Sie bittet nur darum, dass ihr erlaubt werde, »in die Berge zu gehen und zusammen mit meinen Freundinnen meine Jugend zu beweinen« (Ri 11,37). Der Erzähler des Buches Richter fügt an, dass von diesem Vorfall her ein israelitischer Brauch entstanden sei, dass jedes Jahr die jungen Frauen, die »Töchter Israels«, in die Berge gehen und die Tochter des Gileaditers Jiftach beweinen, vier Tage lang (Ri 11,40).

Sprachkundige haben darauf aufmerksam gemacht, dass das hebräische Wort für »singen«, »letanot«, das gleiche Wort ist, das die Sänger(innen) in Deboras Siegeslied (Ri 5,11) gebrauchen, um ihren Jubel auszudrücken. In Richter 11,40 meint es dagegen »erinnern« im Sinne einer Trauerzeremonie. Dennoch, vom hebräischen Original her, können wir diesen Begriff als Relikt eines alten Ritus zur Lebenswende verstehen. Auf der einen Seite bezeichnet er das Ende, den »Tod« der Kindheit, auf der anderen Seite vielleicht auch die Perspektive von Heirat und Mutterschaft, die Jiftachs Tochter verwehrt wurde.

In einer eher ironischen Sicht ihrer Geschichte symbolisiert Jiftachs Tochter die beiden einzigen öffentlichen Aktivitäten von Frauen in der Bibel: die Begrüßung der heimkehrenden siegreichen Krieger und die Klage und Trauer um einen Verstorbenen.

Und was Jiftach selbst betrifft: Er hat seinen Haus zweimal verloren: Zum einen im physischen Sinn, als er von seinen Brüdern daraus vertrieben wurde, und zum anderen in einem übertragenen Sinn, als er seine Tochter, seinen einzigen Nachkömmling, opferte.

Von Kopf bis Fuß: Die Mode der Frauen

»Da nahm sie den Schleier und verhüllte sich« (*Genesis* 24,65)

Wenn wir uns vorstellen, wie sich Frauen in biblischer Zeit kleideten, muss uns bewusst sein, dass Johanna, die Frau des Chuzas, eines Beamten des Herodes (Lk 8,3), sich anders kleidete als die Witwe, die im Tempel ihre kleine Münze spendete (Mk 12,42), und dass die Gewänder, die Königin Atalja bei ihrer Flucht vor dem Priester Jojada trug (2 Kön 11,14), nicht denen der Witwe von Sarepta entsprachen (1 Kön 17,10).

Jüdische Kleidung sowohl für Männer wie für Frauen unterlag zwei rituellen Erfordernissen. Eine lag darin, dass nicht zwei Materialien vermischt wurden (Lev 19,19), besonders nicht Wolle und Flachs (Dtn 22,11). Es wurden allerdings einige Mischgewebe bei Ausgrabungen im Heiligen Land in der Nähe von Syrien und Ägypten gefunden. Die andere Forderung betraf nur Männer: An den Rändern der Mäntel mussten Fransen sein (Num 15,38; Dtn 22,12).

Kleidung und andere Textilien wurden in der Regel aus Schafwolle oder Ziegenhaar hergestellt, dazu Flachs für Leinenstoffe. »Seide«, die Ezechiel 16,13 im Zusammenhang mit der Kleidung von Frauen erwähnt, scheint eine irrtümliche Benennung zu sein, denn die erste Erwähnung von Seide in der Geschichte Europas und des Vorderen Orients wird dem Philosophen Aristoteles im 4. Jahrhundert vor Christus zugeschrieben.

Ein Korb mit Wolle, einer Spindel und einem Wollkamm aus Ein Yael in Jerusalem

Dieses Bild einer Frau aus dem antiken Mari in Mesopotamien zeigt den Stil ihrer Kleidung und ihres Ansteckers, an dem ein Siegel gehangen haben mag.

Nach der Mischna, *Ketuboth 4,7*, hatte eine Frau bei einem angemessenen Ehevertrag Anspruch auf folgende Gegenstände: »eine Kopfbedeckung, einen Gürtel und Schuhe für jedes der drei Feste und Kleidung im Wert von 50 Zuz jedes Jahr. Er soll ihr nicht neue Kleidung im Sommer geben und dann getragene im Winter, sondern Kleidung im Wert von 50 Zuz im Winter, im Sommer kann sie sich dann mit den Resten davon bekleiden; und die abgelegte Kleidung gehört ihr.« Fünfzig Zuz hatten einen Gegenwert von 25 Dinar; ein mantelartiger Überwurf kos-tete 12 Dinar. Nach dieser Rechnung brauchte eine Braut der Mischna kein begehbares Ankleidezimmer!

Der Schleier

In der Höhle der Briefe, in die Leute aus der Gemeinschaft von Ein Gedi während des Bar Kochba Aufstandes im 2. Jahrhundert flohen, wurden sorgfältig gewebte Textilien mit Fransen, aber ohne sonstige Dekoration gefunden. Man nimmt an, dass es sich um Kopftücher von Frauen handelt.

Der Erzähler der Geschichte von Judas Schwiegertochter Tamar, die »ihre Witwenkleider auszog, sich einen Schleier überlegte und verhüllte« (Gen 38,14) berichtet, dass Juda wegen des Schleiers glaubte, sie sei eine Prostituierte. Doch darf man nicht eine Kultur mit einer anderen vergleichen, denn in vielen Kulturen des Orients ist die Verbindung einer Frau mit einem Schleier kein Zeichen für Prostitution, sondern im Gegenteil von Keuschheit. Zum Beispiel ordneten die Gesetze des Mittleren Assyriens an, dass Prostituierte in der Öffentlichkeit keinen Schleier tragen durften. Und als Rebekka in Isaaks Lager ankam und man ihr sagte, dass der Fremde in der Ferne ihr Bräutigam ist,

»nahm sie ihren Schleier und verhüllte sich« (Gen 24,65).

Wahrscheinlich führte ein Schleier dazu, dass Jakob Lea an Stelle von Rahel heiratete. Aber gegen diese Deutung des Irrtums, den Jakob so teuer bezahlen musste, steht die jüdische Tradition bis auf den heutigen Tag, dass der Bräutigam als Erster den Schleier über das Gesicht seiner Braut legt, nachdem er sich genau versichert hat, dass er den entscheidenden Schritt mit der richtigen Frau unternimmt.
Das Tuch, in das Boas sechs Maß Gerste einfüllte, war wohl auch ein Schleier (Rut 3,15). Die Tatsache, dass Frauen in der Öffentlichkeit Schleier trugen, wird in Jesaja 3,18 und 47,2 erwähnt. Auch die Stelle in Numeri 5,11-31, in der vom Vorgehen anlässlich des Verdacht der Untreue einer Frau berichtet wird, lässt erkennen, dass Frauen gewöhnlich einen Schleier trugen: »Der Priester führt die Frau hinein und stellt sie vor den Herrn ... und löst ihr Haar« (andere Übersetzung: »enthüllt ihr Haar«, Num 5,16-18).
Zur Zeit des Augustus trugen auch nichtjüdische Frauen in Rom Schleier. Später kam er dort aus der Mode, während jüdische Frauen ihn weiter trugen. So berichtet etwa der christliche Schriftsteller Tertullian in der Mitte des zweiten Jahrhunderts, dass jüdische Frauen am Schleier erkannt werden können.
Schleier wurden in der archäologischen Stätte von Wadi ed-Daliyeh nördlich von Jericho gefunden. Bei einer waren die Kettfäden aus Leinen und der Einschuss aus Wolle, mit Fransen an einer Seite und mit Bändern in Graugrün, Purpur, Blau und Rot. Auch ein locker gewebtes Tuch, hellbraun mit orange-roten Karos, das in der Negev entdeckt wurde, war wohl ein Schleier.
Kopfbedeckungen werden unter den Frauengewändern in der Bibel am meisten erwähnt. Die berühmteste Erwähnung eines Schleiers im Neuen Testament findet sich in den Forderungen an Prophetinnen, sich zu bedecken (1 Kor 11,5-6).

Spangen, um Kleidung zu befestigen, römische Zeit

Obwohl Spindelgewichte alltägliche Gegenstände waren, wurden sie geschmückt.

Eine Beduinenfrau bedeckt ihr Gesicht.

Kopie eines Reliefs, das den Sieg des assyrischen Königs Sanherib über Lachisch zeigt. Das Original wurde in den Ruinen seines Palastes in Ninive gefunden. Es zeigt eine Vielfalt von Kleidung im Juda des 6. vorchristlichen Jahrhunderts. Die Frauen und Mädchen (unterer Teil Mitte) trugen einfache Kleidung und lange Tücher, die ihre Köpfe bedeckten.

Die Tunika

Die Tunika war das wichtigste Kleidungsstück für Männer wie für Frauen. Sie bestand aus zwei rechteckigen Stoffstücken, die an einem Ende zusammengenäht waren und in der Mitte Platz für den Kopf ließen. Das gebräuchlichste Material für Tuniken war Wolle, aber es wurden auch Tuniken aus Leinen gefunden.
Experten sagen, dass sie nicht gewebt und danach in Form geschnitten wurden. Vielmehr wurde die Form bereits auf dem Webstuhl hergestellt, beginnend mit den Ärmeln sofern nötig.

Gürtel oder Gurt, der um die Tunika befestigt wurde. Dieses Kleidungsstück wird in der Bibel mehrfach erwähnt, aber nur in Jesaja 3,24 gehört der »sash« zur Kleidung von Frauen. Bei Ausgrabungen wurde eine große Vielfalt von Gürteln gefunden, darunter solche, die geflochten sind, mit Fransen versehen, aus zweifarbigem Stoff gemacht, röhrenförmig gewebt und sogar goldene wie in diesem Bild. Dieser goldene Gürtel stammte aus dem 2. Jahrtausend v. Chr. aus Tel el-Ajjul.

Der Mantel

Männer wie Frauen trugen als Übergewand in jener Zeit ein Gewand, das im Hebräischen als »talit« bekannt ist. Das war ein rechteckiges Tuch, an den Ecken oft verziert. Mäntel gab es in verschiedenen Stoffarten je nach Wetter und der Bedeutung der Person, die sie trug. Der Mantel des Mannes, wie bereits bemerkt, hatte rituelle Fransen.

In Rut 3,9 bittet Rut Boas: »Breite doch den Saum deines Gewandes über deine Magd, denn du bist Löser.« Den Mantel über jemanden ausbreiten, bedeutete, ihm Schutz zu geben – dies war wie ein tragbares Zelt.

Römische Mäntel trugen zwei Arten von Schmuck: der eine geradlinig wie ein griechischer Buchstabe, der andere mit Einschnitten. Auf den Bildern der Synagoge in Dura Europos erscheinen im 3. Jahrhundert Einschnitte auf den Mänteln der Männer, die Frauen trugen geradlinig geschmückte Gewänder. Wenn solche Mäntel farbig gestaltet waren, handelte es sich in der Regel um Mäntel von Frauen.

Schuhe

Ezechiel 16,10 führt »Schuhe (Sandalen) aus Tahasch-Leder« zusammen mit anderen kostbaren Kleidungsstücken und Schmuck für Frauen auf. Das Wort »tahash« im hebräischen Original bereichert unsere Vorstellung von Fußbekleidung. Es kann verschieden mit »Delfin« oder »Dachs« übersetzt werden. Das Wort Sandale erscheint im Original nicht, weshalb wir eine wertvolle Fußbekleidung annehmen dürfen, die vielleicht aus Delfinhäuten gefertigt war.

Frauensandalen aus Masada. 1. Jahrhundert n. Chr.

In der Tat wurden in der römischen Zeit Sandalen als einfache Fußbekleidung nur im Haus angezogen. Oberklassefrauen trugen Schuhe oder Stiefel für besondere Gelegenheiten, oft mit ledernen Riemen befestigt. Plateauabsätze erhöhten die Körpergröße. Der Geschichtschreiber des ersten Jahrhunderts Plinius schrieb, dass ägyptischen Frauen normalerweise nicht erlaubt wurde, geschlossene Schuhe zu tragen und dass sie deshalb im Haus blieben.

Sandalen, so bestätigen römische Statuten und Fresken, hatten Riemen zwischen den Zehen und verschiedene Bänder, die über den Unterschenkel bis zum Knie liefen.

Kleidung macht die Frau, Kleidung unterscheidet

Was machte ein »kostbares Gewand« (Ez 16,19) in biblischer Zeit aus? Ester legt ihre »königlichen Gewänder« an (Est 5,1). Tamar, Amnons Schwester, hatte ein wertvolles Obergewand, ein Ärmelkleid, wie Königstöchter (2 Sam 13,18). Im Buch Richter finden wir einen Hinweis, was an solchen Gewändern schön war. Siseras Mutter, die dank ihres Sohnes zu hoher Stellung gelangte, hoffte darauf, dass er ihr »Beute an Kleidung, ein, zwei bunte Tücher« bringen würde (Ri 5,30).

In Psalm 45,13-14 erhalten wir einen seltenen Einblick in eine Hochzeitsprozession zu biblischer Zeit: »Ihr Gewand ist durchwirkt mit Gold und Perlen. Man geleitet sie in buntgestickten Kleidern zum König.« Jesaja 52,1 beschreibt Jerusalem als eine Frau, die »Prunkgewänder trägt«.

Statue einer im römischen Stil bekleideten Frau

Witwen und Klagefrauen

Trauerkleidung wie solche, die die weise Frau auf Befehl Joabs trug, waren augenscheinlich dunkel und einfarbig. Erwähnungen von Sackkleidern für trauernde Frauen sind teilweise beißend formuliert. In 2 Samuel 21,10 erfahren wir, dass Rizpa, die Frau Sauls, deren Söhne den Gibeonitern ausgeliefert wurden, »Sackleinen nahm und es für sich auf den Felsen legte«. In Joel 1,8 wird eine Jungfrau im Trauergewand dargestellt, die »den Bräutigam ihrer Jugend beweint«. Offenbarung 6,12 führt an, dass »die Sonne schwarz wie ein Trauergewand (aus Ziegenhaar) wurde«.

Färbe sie pink, purpur, blau und rot

Josef erhielt von seinem Vater Jakob als Zeichen von dessen Zuneigung einen Ärmelrock, der bunt gefärbt war (Gen 37,3). Aber zur römischen Zeit bemerkt Josephus, dass ein Kennzeichen der Frauenkleidung fein »gefärbte Mäntel« sind.

Die Wandbilder der Synagoge von Dura Europos sind die ersten Darstellungen jüdischer Kleidung und eine beachtenswerte Modenschau des 3. Jahrhunderts n. Chr. Auf diesem Bild tragen die Frauen farbige Mäntel mit geradlinigem Schmuck an den Seiten. Wir erkennen auch zwei Arten von Schleiern und Kleidung mit Leibchen, die von griechischer Kleidung beeinflusst sind.

Gefärbte Wolle auf einer Stange in einem Haus an der Römischen Straße in Ein Yael

Nadeln, um ein Übergewand zu schließen aus Tel el-Ajjul.

Stoffe, die in Masada auf der mittleren Terrasse des nördlichen Palastes zwischen den Skeletten eines Kindes, eines Mannes und einer Frau entdeckt wurde, sind pink, purpur und cremefarbig mit einem purpurnen Band.

Die Farbwahl der modebewussten römischen Frau wird in der spöttischen Rede des Komödianten Epidicus aufs Korn genommen: »die eng geschnittene Tunika, die Gaze, der kleine himmelblaue Überwurf, der Mantel, goldgerändert, flaumig, gelb oder rot-orange, seeblau, walnussbraun oder wachsgelb.« Einige gebräuchliche Naturfarben waren Indigo (*Indigofera Tinctoria*) und Färber-Waid (*Isatis Tinctoria*) für Blau, und *Rubia Tinctorum* für Rot. Scharlachrot wurde von einem Insekt produziert, dem *Kermes vermilio*. Das Färben war ein langwieriger und teurer Vorgang, für Sklaven, Freigelassene und Frauen mit niedrigem Einkommen nicht erschwinglich. Diese trugen andere Naturfarben wie Creme, Braun und Schwarz. Purpurfarbe, aus den Absonderungen der Purpurschnecke gewonnen, war ein kostbares Produkt und machte Lydia, eine »Pupurhändlerin« (Apg16,14) wohl zur wohlhabenden Frau. Die tüchtige Frau in Sprichwörter 31,22 muss wohl eine Oberklassefrau gewesen sein, denn sie kleidete sich in »Leinen und Purpur«. Zur römischen Zeit bedeutet »pupurblütig« das Gleiche wie »blaublütig« heute. Durch das Tragen von purpurnen Gewändern zeigte eine Frau ihre hohe Herkunft.

Schneckenhäuser der Pupurschnecke, aus denen Purpur gewonnen wurde – in der Art, wie Lydia gearbeitet hat (Apg 16,14).

Der talmudische Traktat *Berachot 201* erwähnt einen Rabbi, der auf dem Markt eine heidnische Frau mit einem roten Schleier sah. Sie irrtümlich für eine Jüdin haltend, »zog er ihr den Schleier ab«. Dies schien wohl eine unstatthafte Farbe für jüdische Frauen zu sein. Die Geschichte bemerkt, dass er für seine Tat bestraft wurde.

Wir können uns nun die kostbar verzierten Gewänder der Königin Atalja ebenso vorstellen wie Johannas Schleier in tiefem Purpur und den wollenen, aus Ziegenhaar gefertigten Mantel der Witwe von Sarepta, kratzend und in brauner Farbe. Wir können uns auch die Sorgen derjenigen vorstellen, zu

Gehäkelte Haarnetze, die in Masada in der Höhle der Briefe und in Qumran entdeckt wurden. Dieses Häkeln ist eine bestimmte Technik des Knotens und Flechtens, die durch Drehen und Verflechten der Fäden der Länge nach auf einem Rahmen geschieht, um so ein Netz mit einiger Elastizität zu erhalten. Es stellt eine sehr alte handwerkliche Kunst dar, vielleicht älter als die des Webens. Das älteste Beispiel dafür wurde in einem Grab in Dänemark gefunden, das aus dem 14. Jahrhundert vor Christus stammt.

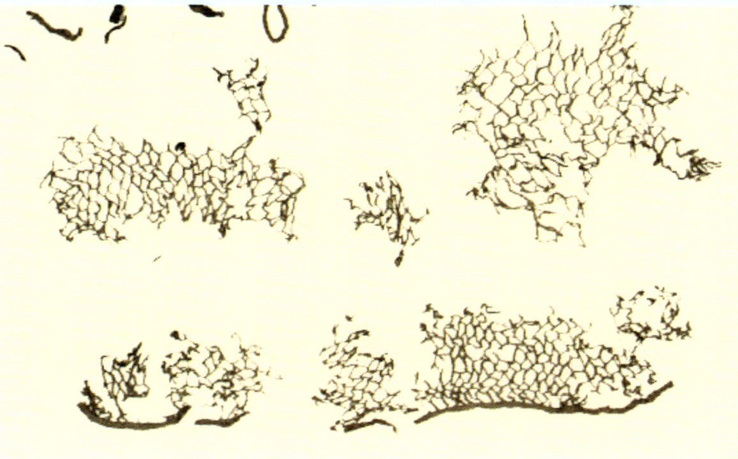

denen Jesus sagt, sie sollten sich nicht um ihre Kleidung Sorge machen – ob ihr Mantel ein Laugenbad brauche oder ihre Tunika geflickt werden müsse oder sie gar etwas Neues brauchten. Jüdische Weise der alten Zeit gaben folgenden Rat, als sie tanzende Mädchen in leuchtend weißen Gewändern sahen. »Ihr jungen Männer, hebt eure Augen und schaut, welche ihr für euch auswählen wollt. Achtet nicht auf schöne Gewänder, sondern auf die Herkunft dieser Mädchen« (*Mischna Ta'anit 4,8*).

Wäsche waschen

In der alten Stadt Ugarit war es Brauch, dass Männer Männerkleidung und Frauen Frauenkleidung wuschen. Doch ein Siegel einer Wäscherei weist darauf hin, dass eine Frau beruflich Wäscherin war. Dieses Siegel lässt auch andere Zeugnisse glaubwürdig erscheinen: So erwähnt eine Weiheinschrift der Akropolis in Athen aus dem 4. Jahrhundert eine Wäscherin, eine andere zwei Walkerinnen.

Das Walken, das in römischer Zeit entsprechend einem Fresko in Pompeji meist von Männern ausgeübt wurde, war eine schwerere Arbeit als bloßes Ausspülen. Die Wolle musste gewaschen werden, um tierische Fette zu entfernen, bevor man Spinnen und Weben konnte. Das hebräische Wort für »walken« bedeutet »trampeln, treten«. Spätere Beschreibungen erwähnen solches Treten sowohl während der Wäsche als auch beim Ausspülen. Wenn der Stoff weiß war, bleichten ihn die Walker in der Sonne. Walker entfernten auch Fremdkörper aus dem Stoff und beseitigen Webfehler. Jedoch wurden nur feine Stoffe so sorgfältig behandelt, nicht die Stoffe der Sklaven und Arbeiter. Einige Reinigungsmittel enthielten Essig und ätzende Soda, eine unerfreuliche Mischung, die in Sprichwörter 25,20 erwähnt wird: »Essig auf Laugensalz, (so ist) wer Lieder singt vor einem missmutigen Herzen«. Ammoniak, enthalten im menschlichen Urin, war ein wichtiger und preiswerter Bestandteil von Seife – Walker in Rom stellten dazu Töpfe auf die Straße, um einen Beitrag von Vorbeigehenden zu sammeln.

In der Bibel finden sich Bildworte vom Waschen in Maleachi 3,2, wo Gott mit der »Lauge im Waschtrog« verglichen wird, und in der Erzählung von der Verklärung Jesu. Dort werden seine Kleider »strahlend weiß, so weiß, wie sie auf Erden kein Bleicher machen kann« (Mk 9,3).

Tamar

Die schöne Tamar, Tochter Davids, wurde für das Portrait dieses Kapitels ausgewählt wegen ihres reich verzierten Ärmelkleides, das »die Königstöchter trugen, solange sie Jungfrauen waren« und das sie aus Verzweiflung über die Vergewaltigung durch ihren Halbbruder Amnon ablegte (2 Sam 13,18-19). Das Gewand der Tamar stellt für uns innerhalb der biblischen Geschichte ein Symbol dar für den Gegensatz zwischen der königlichen Stellung dieser jungen Frau und ihrer Verletztlichkeit und ihrem bitteren Schicksal.

Wie sah Tamars Gewand wohl aus? Wie erwähnt, wird die Kleidung von Frauen in der Bibel nur selten erwähnt und wenn, dann meist bezogen auf die priviligierten Klassen: Ester etwa legt ihre »königlichen Gewänder« an (Est 5,1).

Die Erzählung von Tamars Vergewaltigung durch Amnon und ihrer darauf folgenden Verstoßung durch ihn (2 Sam 13,1-22) ist eine Geschichte der Gewalt, die die Generationen überdauert und auch heute Frauen treffen kann. Die Bibel erzählt, dass Tamar alles versuchte, was ihr möglich war, um ihre Jungfräulichkeit zu retten. Sie versuchte sogar, Amnon davon zu überzeugen, dass sie ihren Vater um Erlaubnis bitten würde, dass sie heiraten könnten. Leser der Bibel fragen an dieser Stelle häufig danach, wie das möglich sein konnte, da das israelitische Gesetz Inzucht verbot. Die Antwort liegt in der Vermutung, dass Tamar und Amnon Halbgeschwister waren; dies könnte Amnon vor der Beschuldigung des Inzests zusätzlich zur Vergewaltigung »gerettet« haben. Ihre Geschichte ist die des Verrats einer pflichtbewussten Tochter und sorgenden Schwester genau durch diejenigen, die verpflichtet waren, sie zu beschützen. Wir lesen, dass »der König zornig« über das Verhalten Amnons war. Aber er ignorierte ihre Klage und sie wurde eine Schachfigur in einem schicksalhaften Kampf zwischen Brüdern, der später zum Tod ihres wirklichen Bruders Abschalom führte.

Der talmudische Traktat Sanhedrin 21a *berichtet, dass die Frauen ihrer Zeit über das, was Tamar geschehen war, bestürzt waren und fragten (oder von den Gelehrten eine Antwort verlangten – das hebräische Wort ist gleichbedeutend): »Wenn dies einer Königstochter geschehen kann, um wie viel mehr den Töchtern gewöhnlicher Männer?« Die Gelehrten antworteten darauf mit der Aufstellung von Regeln, die verhindern sollten, dass Männer sich im privaten Raum mit unverheirateten Frauen treffen konnten.*

Wie die meisten biblischen Erzählungen über die Familie, fand die Erzählung von Tamar und Amnon Widerhall weit jenseits der individuellen Seite. Tamas wunderschönes Gewand, das sie klagend zerriss nach dem Übergriff Amnons, war nicht das Einzige, das zerstört wurde. Als Abschalom eine Verschwörung anzettelte und seine Rache nahm, wurde das Gefüge der Familie ohne Hoffnung auf Wiederherstellung zerstört.

Was geschah danach mit Tamar? Nachdem sie wahrscheinlich ihrem Bruder Abschalom erzählt hatte, was ihr geschehen war, hören wir nichts mehr von ihr. Sie wird wohl weiterhin in Abschaloms Haus gelebt haben. Seine Verehrung für sie verringerte sich nicht – dies kann man daraus schließen, dass er eine seiner Töchter nach ihr benannte (2 Sam 14,27). Unter den Legenden über ihre Heirat enthält die griechische Version der Hebräischen Bibel, die Septuaginta, eine Variante der biblischen Erzählung und erwähnt, dass es Tamar, nicht Maacha war (2 Chr 11,20-22), die mit ihrem Neffen Rehabeam, dem Sohn Salomos, verheiratet wurde und die die Mutter von Abija wurde, dem Kronprinz unter seinen Brüdern und dem Vater von sechzehn Töchtern und 22 Söhnen (2 Chr 13,21). Wenn dies der Fall war, war das Ende der Geschichte für Tamar doch noch voller Hoffnung, denn so hatte sie eine fruchtbare Zukunft und war an der Fortführung der davidischen Familienlinie entscheidend beteiligt.

Schönheit: Schmuck, Parfum ...

»Schön sind deine Wangen zwischen den Kettchen, dein Hals in der Perlenschnur« (Hohelied 1,10)

Ein Schatz mit Schmuck aus Tel Beit Shemesh aus dem 13. Jahrhundert v. Chr.

»Vergänglich ist die Schönheit«, mahnt das Buch der Sprichwörter und ermuntert die Frauen, sich auf ihr spirituelles Leben zu konzentrieren und für ihre Handlungen anerkannt zu werden (Spr 31,30-31). In der gleichen Art rät der Verfasser des 1. Petrusbriefes den Frauen: »Nicht auf äußeren Schmuck sollt ihr Wert legen, auf Haartracht, Gold und prächtige Kleider, sondern was im Herzen verborgen ist, das sei euer unvergänglicher Schmuck« (1 Petr 3,3).

Damals wie heute war Schmuck Zeichen von gesellschaftlichem Stand und Reichtum. Als Jesaja das Unheil beschrieb, das das ungerechte und korrupte Juda durch die Hand der Assyrer traf, wählte er als Symbol, dass die Frauen ihren Schmuck, ihre feine Kleidung, Haartracht, Kosmetik und Parfum verlieren:

Ein Silberring, zum Teil mit Elektrum vergoldet aus Sesme, Türkei, 5. Jahrhundert v. Chr.

»An jenem Tag wird ihnen der Herr ihren Schmuck wegnehmen: die Fußspangen, die kleinen Sonnen und Monde, die Ohrgehänge und Armketten, die Schleier und Turbane, die Fußkettchen und die Prachtgürtel, die Riechfläschchen und die Amulette, die Fingerringe und Nasenreife, die Festkleider und Umhänge, die Umschlagtücher und Täschchen und die Spiegel, die feinen Schleier, die Schals und Kopftücher. Dann habt ihr Moder statt Balsam, Strick statt Gürtel, Glatze statt kunstvolle Locken, Trauergewand statt Festkleid, ja Schande statt Schönheit.« (Jes 3,18-24)

Vogelförmige Ohrringe aus Tel el-Ajjul

Schauen wir uns die Arten des Schmucks näher an, die Jesaja bescheibt: Schmuck, Haartracht und Parfum und was die Bibel darüber sagt, zusammen mit einer anderen zeitlosen Angelegenheit, dem Makeup.

Schmuck

Schmuck erscheint in der Bibel zum ersten Mal in der Geschichte von Rebekkas Verlobung mit Isaak, wie im Porträt Rebekkas in diesem Kapitel beschrieben wird. Als wohlhabender Stammesfürst konnte Abraham es sich leisten, seine künftige Schwiegertochter zu schmücken. Aber woher hatten die vormals hebräischen Sklavinnen den Schmuck, den sie Aaron für das Goldene Kalb gaben (Ex 32,24)? Nach Exodus 3,22 kam er von den Ägyptern selbst. Einige Kommentatoren sagen, dass die Ägypterinnen den Schmuck freiwillig hergaben, um auf diese Weise den Israelitinnen Lebewohl zu sagen und einen guten Weg in die Freiheit zu wünschen. Andere nehmen an, dass der Schmuck eine Wiedergutmachung für den Sklavendienst war.

Gold wurde von den Ägyptern bevorzugt; sie schürften es seit dem 4. Jahrtausend vor Christus. Gold kam aus Ophir (1 Kön 9,28; Ijob 28,16 ...), ein Ort vermutlich in Arabien. Aber nicht alles, was glitzerte, war Gold; die Ägypter fertigten auch Glasperlen, um wertvolle Steine nachzuahmen, unter ihnen Karneol, Lapislazuli und Türkis.

Jüdische Quellen sprechen von einem »Goldenen Jerusalem«, augenscheinlich eine Krone, die wie Mauern und Türme einer Stadt geformt war und zur Zeit des Neuen Testaments eine beliebte Haartracht darstellte. Nach dem talmudischen Traktat *Shabbat 59b* durften Frauen diese nicht am Sabbat tragen. Denn es war ja möglich, dass man ihnen deshalb Komplimente machte und sie deshalb in Versuchung kamen, sie abzunehmen und zu zeigen – eine Art des »Tragens« und damit der Arbeit, die am Sabbat verboten war. Das »Goldene Jerusalem«

Ein Mosaik der Tyche, der Patronin der römisch-byzantinischen Stadt Beit Shean. Die Darstellung zeigt sie eine Krone tragend, die aus den Stadtmauern gebildet ist. Dies ist dem »Goldenen Jerusalem« vergleichbar, das wohlhabende jüdische Frauen als Krone trugen.

Ein Salbenfläschchen aus Elfenbein, das im aus dem 13. Jahrhundert v. Chr. stammenden kanaanäischen Tempel von Laschich gefunden wurde. Der auch als Stöpsel dienende Löffel hat die Form einer Hand. Wenn man das Fläschchen kippt, fließen einige Tropfen in den Löffel.

(siehe die Abbildung auf Seite 33) wurde von Bräuten getragen; allerdings in Zeiten der Not, wie etwa beim Aufstand 115-117 n. Chr. war eine solche Krone verboten. Es gab auch andere Formen der Brautkrone, etwa aus Schilf, Myrte oder auch aus Salz geschnitzt.

Archäologische Ausgrabungen zeigen, dass es Schmuck nicht allein für die Wohlhabenden gab. Auch in einfachen Häusern, etwa in denen, die man in Ein-Gedi und Nitzana im Negev ausgegraben hat, fand man Goldschmuck.

Einige Forscher sind der Auffassung, dass man im Altertum glaubte, Licht, das durch funkelnde Juwelen reflektiert wurde, könne böse Geister »abwenden«. Deshalb kann Schmuck, der bei einigen Ausgrabungen neben den »Hausgöttern« gefunden wurde, eine rituelle Bedeutung haben. Vielleicht ist dies in Hosea 2,15 im Zusammenhang mit dem Baalskult gemeint, wo von seiner Frau Gomer gesagt wird, dass »sie ihre Ringe und ihren Schmuck angelegt hat und ihren Liebhabern gefolgt ist«.

Wohlgerüche

In einer mehrfach erzählten Geschichte (Mt 26,7; Mk 4,3; Lk 7,37) wird Nardenöl in einem Alabastergefäß als das Öl genannt, mit dem Jesus von einer Frau gesalbt wurde (vgl. das Portrait von Maria Magdalena). Forscher vermuten, dass diese Erzählung symbolisch auf die Salbung des Leichnams Jesu in der Grabhöhle verweist. Da Grabhöhlen mehrfach benutzt wurden, verdeckten die Öle den Geruch der Leichen.

Das heutige Interesse an Aromatherapie greift auf eine biblische Tradition zurück: »Salböl erfreut das Herz« (Spr 27,9). In der Tat gehörte zu den Trauerriten, dass man kein Parfum nutzte (2 Sam 14,2-3). Parfumierte Öle wurden auch im Badehaus gebraucht, ein Brauch, der im alten Rom seinen Höhepunkt fand, der aber bereits im Alten Testament bekannt ist (Ez 16,9; 23,40).

Kosmetikflaschen mit korbförmigem Aufhänger, Jerusalem, römische Zeit

Zur Zeit Jesu gehörte der Besuch im Badehaus sowohl für Männer wie Frauen zur alltäglichen Kultur, Frauen morgens und Männer nachmittags, obwohl dies nach einigen Inschriften nicht immer streng eingehalten wurde.

Dass feines Parfum einst ein kostbarer Besitz war, klingt in Kohelet 7,1 an: »Ein guter Name ist besser als Parfum«. Der Geruch von Parfum wird auch symbolisch gedeutet: »Denn wir sind Christi Wohlgeruch für Gott unter denen, die gerettet werden. Den einen sind wir ein Todesgeruch, den anderen Lebensduft, der Leben verheißt« (2 Kor 2,15-16).

Spindelförmige Gefäße aus römischer Zeit für kostbare Öle

Die Arbeit des Parfumeurs ist auf ägyptischen Sarkophagen aus dem 15. Jahrhundert v. Chr. dargestellt: Dem Aufkochen von Blüten in Öl folgt das Auspressen, um die Essenz zu erhalten. In Mesopotamien wurde Sesamöl als Basis genutzt, im Heiligen Land Olivenöl.

1 Samuel 8,13 erwähnt, dass Frauen nicht nur kochen, sondern auch Parfum herstellen, Geräte und Vorgehen waren ja ähnlich. Später wird Hananja, ein Salbenhersteller als einer derjenigen aufgeführt, die die Mauern Jerusalems wieder aufbauten (Neh 3,8). Zur Zeit des Zweiten Tempels hatte ausschließlich die Familie Avtinas das Recht, Weihrauch für den Tempeldienst zu produzieren. Der Traktat Yoma 38b erwähnt, dass die Frauen dieser Familie die Riechstoffe nicht als Parfum nutzen durften, um ihren geistlichen Gebrauch nicht zu entweihen. Im gleichen Traktat heißt es, dass eine Jerusalemer Braut überhaupt kein Parfum brauche, weil das süße Aroma des Tempels die ganze Stadt erfüllt.

Die Bibel erwähnt mehrere Pflanzen, aus denen Parfum hergestellt wurde, darunter Myrrhe, Aloe, Zinnamon (Spr 7,17; Hld 4,14) und Kassia (Ps 45,9). Aus solchen Bestandteilen, wurde das wohlriechende Öl hergestellt (Ex 30,24), das im Bundeszelt genutzt wurde. Hinzu kam die Herstellung von wohlriechendem Weihrauch aus dem Harz des Weihrauchbusches.

Weihrauch und Myrrhe sind die bekanntesten biblischen Pflanzen, weil sie in der Geburtslegende Jesu erwähnt werden (Mt 2,11). Dort dienen sie als Symbole für königliche Geschenke durch die drei Weisen – dies in kräftigem Kontrast zur Umgebung der Geburt Jesu.

Das teuerste Parfum war jedoch der Balsam, der im Heiligen Land in Ein Gedi am Ufer des Toten Meeres und in Jericho produziert wurde. Der Produktionsprozess wurde als solch strenges Geheimnis bewahrt, dass zur byzantinischen Zeit das Wissen sowohl über die Herstellungsart wie auch über die Pflanze selbst nicht mehr bekannt war. Ähnliche Pflanzen wachsen heute nur noch in Oman.

Die Königin von Saba brachte Parfum mit, um König Salomo zu beeindrucken (1 Kön 10,2). Der Reichtum des persischen Königs Artaxerxes kann daraus erschlossen werden, dass, bevor »die Mädchen an seinem Hof der Reihe nach zu ihm geholt wurden, sie sechs Monate mit Myrrhenöl und sechs Monate mit Balsamöl gepflegt wurden« (Est 2,12).

Bei ägyptischen Gastmählern trugen die Frauen einen Talgkegel auf dem Kopf, der mit Myrrhe getränkt war. Der Talg schmolz während des Mahles und erfüllte die Luft mit Wohlgeruch.

Noomi fordert Rut vor ihrer schicksalhaften Begegnung mit Boas, dem reichen Besitzer des Feldes, auf dem Rut arbeitet, auf, »sich zu waschen und mit Öl zu salben« (Rut 3,3).

Von der Pharaonin Hatschepsut wird erzählt, dass sie geriebene Myrrhe auf ihren Füßen trug. Diese Praxis setzt sich bis in neutestamentliche Zeiten fort: Der talmudische Traktat *Yoma 9b* beschreibt das gezierte Gehen von Frauen, das trippelnde Daherstolzieren (Jes 3,16), weil sie »Myrrhe und Balsam in ihre Schuhe getan hatten und damit über die Märkte von Jerusalem gingen. Kamen sie in die Nähe junger Männer, traten sie mit ihren Füßen und bespritzten sie damit«.

Ägyptische Frauen trugen ihr Haar schulterlang oder sogar noch länger. In einigen Zeiten war der Mittelscheitel üblich.

Frisuren

Ein Blick auf antike Statuen mit sorgfältig angeordnetem Haar zeigt uns, wie Frauen zu biblischer Zeit frisiert waren, zumindest diejenigen mit Zeit und entsprechenden Mitteln.

In Ägypten hatten sowohl Männer wie Frauen Perücken. Diese wurden aus Menschenhaar oder Wolle hergestellt, manchmal sogar blau oder grün gefärbt. Im 1. Jahrhundert nennt der Arzt Discorides Pflanzen, mit denen man das Haar färben kann. Er sagt, dass Maulbeere das Haar von Kindern schön macht – anscheinend eine beliebte Farbe. Er empfiehlt auch die tägliche Anwendung von Olivenöl, um ein Grauwerden zu verzögern.

Buchsbaum-Kämme aus römischer Zeit, gefunden in Höhlen in der Nähe von Qumran. Die Seite mit den feinen Zähnen wurde für das Entfernen von Läusen gebraucht.

Als Jesaja davor warnte, dass Gott als Strafe für ihr schlechtes Tun »den Scheitel der Töchter Zions mit Schorf bedeckt und ihre Schläfen kahl werden lässt« (Jes 3,17), berührte er einen wunden Punkt. Behandlungen gegen Haarausfall waren schon im alten Ägypten bekannt, wo in einigen Gräbern Haarteile entdeckt wurden, die das verhüllen sollten, was die Natur offen ließ.

Frauenkopf mit fein geflochtenem Haarschmuck

Die Frauen von Jerusalem, die Jesaja kritisiert, hatten »kunstvolle Locken« (Jes 3,24). Dies konnte zu jener Zeit bedeuten, dass die Haare zu einem Knoten gerollt oder geflochten waren. Ebenfalls gab es auch herabhängende Haare, wie es im Hohelied 4,1 heißt: »Dein Haar gleicht einer Herde von Ziegen, die herabzieht von Gileads Bergen.«

Frauenkopf aus dem späten 13. Jahrhundert v. Chr., gefunden in Megiddo

Die Frau, die die Füße Jesu mit ihrem Haar trocknete (Lk 7,38), hatte vermutlich langes herabhängendes Haar. Doch gewöhnlich wurde das Haar geflochten, eine Aufgabe, die Frauen am Sabbat nicht erlaubt war (ebenso wenig wie das Auflegen von Rouge auf ihren Wangen). Langes Haar war auch die empfohlene Haartracht für christliche Frauen (vgl. 1 Kor 11,14-16): »Lehrt euch nicht schon die Natur, dass es für den Mann eine Schande, für die Frau aber eine Ehre ist, lange Haare zu

Eine mesopotamische Kalksteinfigur aus dem 4. Jahrtausend v. Chr., die eine Frau mit auf ihrem Rücken lang herabhängendem Haar zeigt.

Eine alte talmudische Ge-schichte erzählt über Haare – und Menschen: Rabbi Akiba begann seinen Werdegang als armer Schafhirt, der für einen reichen Mann arbeitete, der eine Tochter Rahel hatte. Rahel und Akiba liebten sich, aber ihr Vater verweigerte seine Zustimmung zur Heirat und gab ihnen keine Mitgift. Rahel verlangte von Akiba, dass er ein Studium der Tora aufnahm, und so ging er nach der Heirat für einige Jahre weg. Rahel fand heraus, dass er so arm war, dass er sich noch nicht einmal Öl für die Lampe kaufen konnte. Deshalb schnitt sie ihr wunderschönes langes Haar ab, verkaufte es auf dem Marktplatz und sandte das Geld an ihren Mann. Als Akiba später ein Gelehrter wurde und seine Einkünfte stiegen, kaufte er seiner Frau ein »Goldenes Jerusalem« (s.S. 33) als Dank für ihr Opfer. Die Frau des Rabbi Gamaliel sah dies und beklagte sich neidisch bei ihrem Mann. Gamaliel antwortete ihr: »Wenn du so viel für mich tust, wie sie für ihn getan hat, würde ich dir auch eines kaufen, denn sie nahm ihre Locken vom Kopf, damit er die Tora studieren konnte.«

Spiegel, 2. Jahrhundert n. Chr., Bar-Kochba-Zeit, gefunden in der Judäischen Wüste. Die Scheibe war aus Messing und hatte eine Holzfasssung zum Schutz.

tragen. Denn der Frau ist das Haar als Hülle gegeben.«

Make-up

Königin Isebel legte Schminke auf ihre Augen (2 Kön 9,30). Doch trugen auch einfache Frauen Make-up. Dies kann man aus einer Diskussion im talmudischen Traktat *Nedarim 81b* entnehmen, dass ein Mann das Gelöbnis seiner Frau, als geistliche Buße auf Make-up zu verzichten, außer Kraft setzen konnte – denn der Gebrauch von Make-up gehörte zu einer glücklichen Ehe. Ehegatten wurden zudem aufgefordert, ihren Frauen jährlich zehn Dinare (ein Lohn für zehn Tage Arbeit) für ihre kosmetischen Bedürfnisse zu geben. Und Ijob nannte einer seiner Töchter Keren-Happuch, das heißt »Füllhorn voll Augenschminke« (Ijob 42,14).

Kosmetische Geräte und eine Doppelpalette

Augenschminke wurde aus Mineralien gemacht, Bleisulfit für Schwarz und Stibnit für Grün. Forscher glauben, dass solche Schminke uspründlich die Augen vor dem grellen Sonnenlicht schützen sollte. Der talmudische Traktat *Shabbat 109a* verbindet beides: Augenschminke verringert den Tränenfluss und lässt die Wimpern wachsen. Die Bestandteile dieser Schminke, etwa Blei und Arsen, waren für Bakterien tragende Fliegen tödlich, aber ebenso schädlich für die Anwenderinnen.

Blei wurde im alten Griechenland auch gebraucht, um das Gesicht aufzuhellen. Eine helle Gesichtsfarbe wurde als Zeichen für Reichtum verstanden, denn ihr Träger brauchte sich nicht in der Sonne wie ein gewöhnlicher Arbeiter aufzuhalten. Weniger schädlich als Blei war ein Gesichtspuder auf Mehlbasis, von dem wir wissen, weil die Mischna verlangt, dass es vor dem Paschafest aus dem Haus entfernt werden muss.

Nicht nur Frauen brauchten Make-up; für Make-up genutzte Löffel wurden in Gräbern von Männern, Frauen und Kindern gefunden, die frühesten 4 000 v. Chr. in Ägypten. Auch entdeckte man Make-up-Geräte mit Spuren von Mineralpulver, zum Beispiel mit rotem Ocker …

Archäologen haben Spiegel aus poliertem Kupfer oder aus Bronze ausgegraben, von der Art, wie sie in Ijob 37,18 erwähnt ist. Diese wurden an Griffe aus Knochen, Elfenbein, Holz, Alabaster oder Fayence befestigt. In früher biblischer Zeit war Ägypten das Zentrum der Spiegelherstellung. Von dort kamen wohl auch die Spiegel, aus denen die Geräte des Offenbarungszeltes hergestellt wurden (Ex 38,8).

Wenn die herkömmlichen Heilmittel gegen Runzeln – Weihrauchharz gemischt mit Wachs, Zypressenkernen und Milch – nicht wirkten, wurde dies den Frauen der Antike nicht so deutlich vor Augen geführt. Denn die Spiegel der damaligen Zeit waren nicht so klar und brutal ehrlich wie heute, wie es aus den berühmten Versen des ersten Korintherbriefes (13,12) hervorgeht: »Jetzt schauen wir in einen Spiegel und sehen nur rätselhafte Umrisse …«

Rebekka

Das Porträt von Rebekka schmückt das Kapitel über Schönheit, weil sie die erste Frau ist, von der die Bibel erwähnt, dass sie Schmuck trug – der Nasenring und Armbänder, die ihr von Elieser, Abrahams Knecht, gegeben wurden, der von Kanaan zum weit entfernten Aram Naharaim gezogen war, um eine Braut für Isaak zu suchen (Gen 24,1-27).

Archäologische Funde erlauben uns die Vorstellung, wie das schöne Gold der Armreifen und des Nasenreifens ausgesehen hat, dass Abrahams Knecht, beeindruckt von Rebekkas Gastfreundschaft, ihr unverzüglich gegeben hat. Rebekkas Bruder Laban war von solchen Kostbarkeiten so beeindruckt, dass er den Fremden schnell in sein Haus einlud – in der sich daraus ergebenden Geschichte von Isaaks Hochzeit mit Rebekka hat Schmuck als wertvolles Geschenke ebenfalls eine Rolle gespielt.

Für das Gewicht des in der Bibel genannten Schmucks (Gen 24,22: »einen goldenen Nasenreif, ein halben Schekel schwer, zwei goldene Spangen für ihre Arme, zehn Schekel schwer«) wird ein heutiger Gegenwert unterschiedlich bezeichnet. Wahrscheinlich kam Rebekka nach Hause mit einem vier Gramm schweren Nasenring und zwei je achtzig Gramm schweren Armreifen. Diese Geschenke waren der erste Teil des Brautpreises, den Rebekkas Familie für die Erlaubnis erhielt, dass sie ihr Vaterhaus verlassen und mit Elieser ziehen durfte, um Isaak zu heiraten. Der Handel wurde besiegelt, als Rebekkas Vater Betuel und ihr Bruder Laban ihre grundsätzliche Zustimmung zur Verlobung bekundeten (Gen 24,50). An diesem Punkt holt Elieser weitere Schätze hervor: »Als der Knecht Abrahams ihre Antwort hörte, holte er silbernen und goldenen Schmuck und Kleider hervor und schenkte sie Rebekka« (Gen 24,52).

Aus dieser Erzählung können wir viel über Verlobungsbräuche entnehmen, wie im Kapitel über Verlobung und Heirat und auch im Porträt Rahels, Rebekkas Schwiegertochter, bereits erwähnt wurde. Aber der weitere Ablauf des Lebens Rebekkas nach ihrer Heirat mit Isaak lehrt uns mehr über biblische Frauen. Wie Rahel, war Rebekka Schafhirtin und als solche verantwortlich für einen bedeutenden Teil des Familienbesitzes. Als sie ihre Familie verließ, bedeutete dies einen erheblichen wirtschaftlichen Verlust, der durch Geschenke gemildert werden konnte.

Wie viele biblische Frauen war Rebekka zuerst für zwanzig Jahre unfruchtbar, bis sie die Zwillinge Esau und Jakob gebar. Ihre Situation berücksichtigend, betet Isaak zu Gott für seine Frau (Gen 25,21). Als Rebekka die schwierige Schwangerschaft mit den Zwillingen spürte, »ging sie, um den Herrn zu befragen« (Gen 25,22). Gott antwortet ihr mit einer Verheißung über ihre Kinder. Forscher haben die unterschiedliche Form der Hinwendung zu Gott herausgestellt und vermuten, dass Rebekka vielleicht eine »Spezialistin« in den Beziehung zwischen Himmel und Erde befragt hat. Solche Medien, oft Frauen, gab es in der Antike häufig. Jedoch gelten sie in der Bibel als verdächtig und werden nicht häufig genannt.

Wie viele andere biblische Frauen und als Kind ihrer Zeit handelte Rebekka nicht offen, um ihre Ziele zu erreichen. Sie intrigierte, indem sie für ihren bevorzugten Sohn Jakob eintrat, damit er den so wichtigen Erstgeburtssegen von seinem Vater erhielt, obwohl dieser Segen eigentlich, den alten Erbbräuchen nach, seinem älteren Bruder Esau zustand. Durch solches Handeln bemühte sich Rebekka darum, ihre Ziele für die Familie durchzusetzen und damit auch die Prophezeiung zu erfüllen, die sie erhalten hatte (Gen 25,23).

Rebekkas Handeln »hinter der Bühne« gehört zu ihren Kennzeichen. Ein anderes ist der Kontrast zur nie gekannten Schwiegermutter. Man kann sich leicht vorstellen, dass Isaak seit der Zeit, in der sein Vater Abraham ihn um ein Haar geopfert hätte, und nach dem Tod seiner Mutter wie unter einer dunklen Wolke lebte. Rebekka überzeugte Elieser wohl durch ihre Energie, mit der sie ihre Arbeit tat, als er sie zuerst erblickte (Gen 24,20), dass diese junge Frau diejenige sei, welche eine heilende Wirkung auf ihre neue Familie hätte. Die Abschlussverse dieses Kapitels zeigen dies: »Isaak führte Rebekka in das Zelt seiner Mutter Sara. Er nahm sie zu sich, und sie wurde seine Frau. Isaak gewann sie lieb und tröstete sich so über den Verlust seiner Mutter« (Gen 24,67).

Lehrer des Lebens: Frauen und Lernen

»Missachte nicht die Lehre deiner Mutter« (Sprichwörter 6,20)

Zur Zeit der Bibel war das Hauptziel der Erziehung, die Fähigkeiten zu lehren, die Jungen wie Mädchen brauchten, um in Familie und Gesellschaft mit Erfolg tätig zu werden. Zur Zeit des Zweiten Tempels wurde den Kindern auch Gottes Wort gelehrt, auf dass sie sich in allen Fragen des Zusammenlebens ein eigenes Urteil bilden konnten. Frauen, die für die Aufzucht von Kindern verantwortlich waren, hatten eine wichtige Rolle bei diesen Aufgaben.

Die Erziehung von Frauen in den Ländern der Bibel

Es ist hilfreich, die Bibel zusammen mit heutigen traditionellen Agrarkulturen sowie den Kulturen der umliegenden Länder zu betrachten. Die frühesten Berichte von Schulen (ein Wort, dass es in der Bibel nicht gibt) stammen aus dem alten Sumer, beginnend etwa 2 500 v. Chr. Ein Dokument beschreibt einen Schulleiter, dem Assistenten halfen, das Schreiben und die Disziplin zu überwachen, mit der Auskunft an einen älteren Lehrer, »selbst wenn es sich nur um eine Frau handelt«. Daher können wir schließen, dass in der sumerischen Gesellschaft eine Frau Lehrerin sein konnte und war. Ärztinnen werden in der sumerischen Kultur ebenso genannt, wie aus Abrechnungen aus der Stadt Suruppak aus dem 3. Jahrtausend hervorgeht. Eine Ärztin mit Namen Peseshet wird in einem Dokument erwähnt. Ein anderer Text dieser Zeit nennt eine »gebildete Frau«. Ägyptische Quellen aus späterer Zeit erwähnen gelegentlich gelehrte Frauen; und es ist interessant, dass in Ägypten die Gottheit der Schreiber, der Geschichte und der Bibliotheken als Frau dargestellt wird, die einen Stift hält.

Steinsarkophag der Königin Kawit aus der 11. Dynastie Ägyptens (Mittleres Reich), gefunden in Deir el-Bahari (West-Theben): »Trink, werte Frau, auf deinen Ka!«

Diese Zeichnung zeigt die Sängerin Amun Henattawy, Frau des Menna, und ist einem Bild nachgestaltet, dass sich im Grab des Menna in Theben, Ägypten, befindet. Dort ist es in der Haupthalle angebracht, gegenüber der Tür zum Grab; es stammt wohl aus der Königszeit Amenhoteps III. im 14. Jahrhundert v. Chr. Unter ihrem Stuhl kann man die traditionelle Ausrüstung eines Schreibers entdecken, zusammen mit einem Lederbeutel und einer Palette. Weil Gegenstände unter einem Sitz in der Regel mit den Tätigkeiten der darauf sitzenden Personen verbunden sind, kann man annehmen, dass sie Schreiberin war.

Die Bibel nennt Frauen nur selten in Zusammenhang mit Bildung und dann nur flüchtig oder nur in symbolischer Ausdrucksweise. Jedoch können wir aus Deuteronomium 31,12-13 ein Interesse schließen, dass Männer, Frauen und Kinder eine religiöse Bildung erhalten: »Versammle das Volk – die Männer und Frauen, Kinder und Greise, dazu die Fremden, die in deinen Stadtbereichen Wohnrecht haben –, damit sie zuhören und auswendig lernen und den Herrn, euren Gott, fürchten und darauf achten, dass sie alle Bestimmungen dieser Weisung halten.« Ähnlich war es, als Esra das Buch mit dem Gesetz des Mose den Heimkehrern aus dem Exil in Babel vorlas: »Zur Versammlung gehörten die Männer und die Frauen und alle, die das Gesetz verstehen konnten« (Neh 8,2-3, Kapitel über die Unterweisung).

In der frühen bäuerlichen Gesellschaft Israels waren die Mütter für ihre Töchter die Hauptvermittler der haushaltlichen Fähigkeiten und anderer Aufgaben, die von jungen Mädchen erwartet wurden wie Schafe und Ziegen hüten. Die Väter waren umgekehrt für die Ausbildung ihrer Söhne im Blick auf die Landbestellung verantwortlich, denn dies war in der Regel die Arbeit der Männer. Aber da die Haushalte Selbstversorger waren, beobachteten und lernten Jungen wie Mädchen alles, was ihre Eltern taten.

Der Einrichtung einer Schulpflicht wird in der jüdischen Tradition den Hohepriestern Jehoshua Ben Gamalah oder Simeon Ben Shatach zugeschrieben (2. Jahrhundert v. Chr.). Doch galt diese Regelung nur für Jungen, die zur Schule gingen, um die Bibel kennen zu lernen, bis sie 13 Jahre alt waren. Danach lernten sie das Handwerk ihrer Väter, während ihre Schwestern zu Hause blieben und von ihren Müttern die Haushaltsführung lernten und die rituellen Regeln, Haushalt und Familie betreffend.

In 1 Chronik 27,32 war Jehiel, der Sohn Hachmonis, ein »kluger, schriftkundiger Mann«, wohl der Lehrer der Königssöhne. Die Lehren des Buches Kohelet richten sich meist an »meinen Sohn«, ebenso die des Buches Jesus Sirach aus dem ersten Jahrhundert v. Chr. Auch anderen biblischen Männern wurde Weisheit zugeschrieben, besonders König Salomo und den Sterndeutern, »den drei Weisen aus dem Osten« (Mt 2).

In der Regel finden Frauen als Lernende oder Lehrende in der Bibel keine hohe Beachtung. Aber dann gibt es im Buch der Sprichwörter eine Überraschung: Die »Weisheit« ist eine Frau (Spr 8). In der Tat ist das Wort selbst im Hebräischen weiblich. Aber Forscher glauben, dass die Verbindung von weiblich und Weisheit über die Frage der Grammatik hinausgeht. Ein kraftvolles Bild ist in diesem Zusammenhang die Ermahnung König Lemuels durch seine Mutter (Spr 31,1). Die Dichterin des Hohelieds spricht von ihrer Mutter als der, »die mich erzogen hat« (Hld 8,2). Wir erinnern auch an die weise Frau von Tekoa (2 Sam 14,2-21) und an die kluge Frau aus der Stadt Abel (2 Sam 20,16-22).

Wie Hulda, die Prophetin (2 Kön 22,14-20; 2 Chr 34,22-28), wurden Frauen klug genannt aus einem besonderen Verständnis der gesellschaftlichen Moral, die die Bibel »Weisheit« nennt. Im Kapitel über Führerschaft werden wir dies weiter bedenken.

In den Sprichwörtern sind Frauen überall als Erziehende gegenwärtig. Wenn man bedenkt, dass biblische Zeugnisse über Frauen am Fenster häufig sind, kann man sich vorstellen, dass der Erzähler von Sprichwörter 7,6-27 eine Frau war, die ihre Ermahnungen mit den Worten begann: »Hüte meine Lehre wie deinen Augapfel« (Spr 7,2). Häufige Erwähnungen von Vater und Mutter (Spr 15,20; 23,25 ...) zeigen die erzieherische Bedeutung beider Eltern. Das »Lob der tüchtigen Frau« in Sprichwörter 31,10-31 kann man neben anderem als Handbuch für Töchter im Heiratsalter ansehen.

Frau mit Stift und Buch,
Detail eines Wandfreskos aus Pompeji

Frauen als Lehrerinnen und Lernende finden sich in Titus 2,3-5: »Ebenso seien die älteren Frauen würdevoll in ihrem Verhalten, nicht verleumderisch und nicht trunksüchtig; sie müssen fähig sein, das Gute zu lehren, damit sie die jungen Frauen dazu anhalten können, ihre Männer und Kinder zu lieben, besonnen zu sein, ehrbar, häuslich, gütig und ihren Männern gehorsam, damit das Wort Gottes nicht in Verruf kommt.«

Forscher sagen, dass das Schreiben, ein Kennzeichen von Bildung, mehr die Aufgabe von Männern als von Frauen war, und unter den Männern das Vorrecht höherer sozialer Schichten. Ein Zeugnis dazu sind alte Dokumente, die aufführen, dass mehr Frauen als Männer auf den Dienst von Schreibern angewiesen waren, weil sie selbst nicht schreiben konnten. Studien alter Dokumente führen zum Schluss, dass zur Zeit des Ersten Tempels nur drei von tausend Frauen schreiben konnten. Die meisten von ihnen werden zur Elite gehört haben. Die Bibel spricht davon, dass Isebel Briefe im Namen des Königs schrieb (1 Kön 21,8); ein Siegel mit ihrem Namen wurde entdeckt. König

Frauen bei einer Unterhaltung in einer Pfeilerhalle,
Detail eines Wandfreskos aus Pompeji

Artaxerxes fordert Königin Ester auf, einen schriftlichen Erlass zugunsten der Juden herauszugeben (Est 8,8). Söhne einer Frau namens Hasopheret (= »Schreiberin«) kehrten nach dem Exil aus Babel zurück (Esra 2,55).

Gebildete Frauen zur Zeit des Neuen Testaments

Zur Zeit des Zweiten Tempels nehmen die Quellen über die Ausbildung von Frauen schnell zu – ebenso wie ein deutlich erkennbare Feindschaft gegenüber gebildeten Frauen. Einige Forscher meinen in der Erzählung von Maria und Marta (Lk 10,38-42) Jesu Unterstützung für das Recht der Frauen auf Bildung erkennen zu können – als ob Lernen unter jüdischen Frauen jener Zeit ungewöhnlich gewesen wäre. Dennoch waren die Dinge nicht so einfach.

Tatsächlich scheinen Frauen die Studienhäuser, die der wichtigste Ort für jüdisches Lernen war, nicht häufig besucht zu haben. Dies ergibt sich aus einer babylonischen Talmuddiskussion über Trauerriten während der Zwischenzeit der Feste. Einer dieser Riten hatte mit dem Nägelschneiden zu tun und war mit Aberglauben verbunden: Nägel, vormals lebendes Gewebe, mussten in einer achtbaren Weise beseitigt werden.

Ein rekonstruiertes Wandbild im Museum der römischen Zeit Ein Yael zeigt eine Frau der Oberschicht mit einer Schriftrolle.

Sie durften nicht einfach auf den Boden des Studienhauses geworfen werden, dies konnte Unglück bewirken. Rabbi Yohanan erwähnt, dass ein solches Verhalten allerdings keine Gefahr für Frauen sei, denn »Frauen kommen ja üblicherweise nicht zum Studienhaus« (*Moed Katan 18a*).

Es gab sogar einen starken sozialen Druck, Frauen nicht auszubilden. Viele Schriftgelehrte waren der Meinung von Rabbi Elieser, der im talmudischen Traktat *Sotah 20a* feststellt: »Wenn ein Mann seiner Tochter Kenntnis des Gesetzes gibt, dann ist das so, als ob er sie Unzucht lehrt.« An einer anderen Stelle (*Nedarim 35b*) werden Väter genannt, die sowohl Söhnen wie Töchtern die Schrift lehrten.

Man erzählt, dass eine wohlhabende Frau denselben Rabbi Elieser in eine Talmuddiskussion verwickelte: »Warum gibt es drei unterschiedliche Todesstrafen für die eine Sünde, das Goldene Kalb anzubeten?« Er antwortete ihr: »Die Weisheit einer Frau liegt allein in ihrer Spindel.«

Ein anderer Traktat nennt Beschränkungen in der Bildung von Frauen: Frauen durften nicht Lehrer der Kinder sein und waren nicht verpflichtet, andere oder sich selbst auszubilden; ebenso gab es keine Verpflichtung, Frauen zu unterrichten (*Kiddushin 29,1*).

Und doch …

Frauen studierten. Die Frage an Rabbi Elieser war eine typische Lehrfrage mit biblischem Inhalt, damals wie heute. In der Erzählung des Lukas von Maria und Marta wird Maria eindeutig als Schülerin

In diesem zeitgenössischen Bild aus der Lazaruskirche in Betanien wird Maria zu Füßen Jesu sitzend und auf ihn hörend dargestellt, Marta steht an ihrer Seite.

Kosmetikbehälter oder Tintenfass? Aufgrund einer neuen Beurteilung der Frage nach der Erziehung von Frauen in der Antike werden auch Behältnisse neu eingeordnet, die bisher eher auf Kosmetik bezogen wurden und die nun neu als Tintentöpfe und Stifte interpretiert werden.

dargestellt. Vielleicht überließ sie die eher traditionelle Rolle der Hausfrau ihrer Schwester, während sie ihrerseits die geistige Führerin des Hauses wurde. In der Tat schildert das Bild einer Maria, die zu Füßen Jesu unterrichtet wird, und der sie bedienenden Marta in ausgezeichneter Weise, wie Frauen damals lebten, etwas, was viele Ausleger nicht wahrgenommen haben. Und wenn Maria eine Lernende war, dann war Priszilla eine Lehrerin. Priszilla und Aquila, das Ehepaar, das zusammen das Evangelium verkündete, werden zusammen als die gekennzeichnet, »die den Weg Gottes genau darlegen« (Apg 18,26).

Dutzende medizinischer Abhandlungen, die zwischen 450 und 350 vor Christus geschrieben wurden und im Corpus Hippocrates gesammelt sind, erwähnen Frauen als Heilerinnen, besonders Hebammen. Von einer nichtjüdischen Ärztin, Matronita, wird berichtet, dass sie Rabbi Johanan von schweren Darmbeschwerden befreite. In der späten Zeit des Zweiten Tempels wurde eine Frau namens Bruriah wegen ihres großen Wissens bekannt. Unter den vielen Geschichten über sie erzählt der talmudische Traktat Pesachim 62b, dass sie 300 Regeln des Jüdischen Gesetzes mit 300 Rabbis diskutierte. In der alexandrinischen Sekte der Therapeuten, zu der Männer wie Frauen gehörten, war es Brauch, dass man am Samstag zu (allerdings getrenntem) Studium zusammenkam.

Oberklassefrauen und -männer hatten einen Zugang zur Bildung durch Privatlehrer. Nach dem Jerusalemer Talmud *Sotah 9,16* durfte ein Mann seine Tochter Griechisch lehren, denn »dies ist wie ein wertvoller Stein für sie«. Bedeutsam ist hier, dass solches Lernen sie als künftige Ehefrau attraktiver

Es gibt keine Gewissheit, wie das hier gezeigte »Tor der Hulda« (vielleicht war es auch die Schöne Pforte in Apostelgeschichte 3,10) in der Südwand des Tempelberges zu seinem Namen kam. Einige Forscher nehmen an, dass Huldas Schule oder ihr Grab in der Nähe gewesen waren. Das untere Bild zeigt Huldas Grab im Modell des Zweiten Tempels im Israel Museum, Jerusalem.

»Mädchen, ausgebildet in schöner Schrift«

Der Kirchengeschichte des Eusebius aus dem 4. Jahrhundert zufolge diktierte der Kirchenvater Origenes seine Schriften einer Gruppe von Schreibern, darunter »sieben Schreibern von Kurzschrift, die einander zu festgelegten Zeiten abwechselten, und ebenso Mädchen, ausgebildet in schöner Schrift.« Andere Quellen dieser Zeit bestätigen, dass Frauen als Sekretärinnen arbeiteten, zu deren Aufgaben das Schreiben von Briefen gehörte, oder als Bibliothekarinnen. Diese fertigten wahrscheinlich auch Kopien von Schriften an. Dies zeigt, dass dieser Beruf damals für antike gebildete Frauen besonders in Städten nicht unüblich war. Griechische und lateinische Grabinschriften beziehen sich auf solche Frauen, von denen einige Sklavinnen waren, andere aber Freie. In einigen Inschriften wird aufgeführt, dass solche Schreiberinnen mehr für ihre Herrinnen als für ihre Herren arbeiteten. Als die christliche Mönchsbewegung aufblühte, lassen verschiedene alte Texte Schreiberinnen erkennen. Eine dieser Frauen ist Melania die Jüngere, die zusammen mit ihrer Großmutter Melania der Älteren aus Spanien kam und im 4. Jahrhundert ein Kloster am Ölberg in Jerusalem gründete. Sie wird von ihrem Biographen Gerontius auf folgende Weise beschrieben: »Die gesegnete Frau las das Alte und Neue Testament drei- bis viermal im Jahr. Sie kopierte die Schriften der Bibel dann sowohl für sich selbst als auch für die Heiligen mit eigener Hand.«

Landesmuseum Württemberg

Eine Holztafel mit einem auf Wachsbasis erstellten Gemälde aus Fayum, südlich von Kairo in Ägypten, aus der Zeit zwischen dem 1. und 3. Jahrhundert nach Christus. Das Bild zeigt das Porträt einer Frau in griechisch-römischem Stil. Dutzende solcher Porträts, die manchmal über die Köpfe von Mumien gelegt wurden, haben die Zeiten überstanden und geben uns Einblick in die Art, wie Ägypterinnen zur Zeit der römisch-griechischen Kultur gekleidet und frisiert waren.

machte. Der Oberklassen-Kultur im Römischen Reich können wir entnehmen, dass zumal reiche römische Frauen über hervorragende Kenntnisse der Literatur, Musik, Rhetorik und Philosophie verfügten. Dennoch, zu einer Zeit, in der ein Junge auf eine weiterführende Schule ging, wurden die Mädchen bereits verheiratet, ihre Ausbildung war damit abgeschlossen.

Erziehung von nichtjüdischen Frauen zur Zeit Jesu

Mit welchen Frauen der sie umgebenden Kulturen kamen jüdische Frauen und die Frauen der frühen Christenheit auf den Marktplätzen und in den großen Städten in Berührung?

Die Frau im Evangelium, die von Markus »Syrophönizierin«, von Matthäus »kanaanäisch« genannt wird (Mk 7,26-30; Mt 15,21-24), verwickelte Jesus in eine Diskussion mit schneller und schlagfertiger Antwort, für die sie von Jesus Lob erhielt – und die Heilung ihrer Tochter. Solche Gespräche mit philosophischen Argumenten waren sowohl unter Nichtjuden wie Juden ein Kennzeichen gebildeter Männer und Frauen.

Zurückhaltung in der Ausbildung von Frauen findet man auch in nichtjüdischen Quellen der Römischen Zeit. Plutarch bemerkt, dass eine junge Frau lernen sollte, sich ruhig zu verhalten. Ehrbare Frauen, die an Debatten teilnahmen, werden von Plutarch als »die Gewohnheit von Männern übernehmend« beschrieben. Der römische Satiriker Juvenal erwähnt Frauen, die entblößt am Tisch sitzen und ihre Weisheit zeigen. Er bezieht sich darauf, dass gebildete römische Frauen oft Kurtisanen waren, und bemerkt weiterhin, dass »ihr Singen und Tanzen zu berufsmäßig für ehrbare Frauen seien«.

Schriftsteller, die die römische Gesellschaft der Oberklasse beschreiben, stellen uns Beispiele gebildeter Frauen vor. Pompeius hatte eine Tochter, die von einem Lehrer unterrichtet wurde. Als der Feldherr im Jahr 61 n. Chr. aus dem Osten zurückkam, wählte er ein Kapitel von Homer für ihre Lektüre aus. Seine Frau Cornelia war mit Literatur, dem Spiel der Lyra und mit Geometrie vertraut und zudem daran gewohnt, »philosophischen Gesprächen mit Gewinn zu folgen«. Der Schriftsteller Plinius der Jüngere lobt im ersten Jahrhundert nach Christus ein Mädchen »als vernarrt in seine Lehrer und beim Lesen sorgfältig im Ausdruck«.

Zumindest in einigen Schulen des Römischen Reiches befanden sich Jungen wie Mädchen.

Wollte man in antiker Zeit Dokumente beglaubigen und die Identität des Verfassers festhalten, versah man sie mit einem Siegel. Dieses wurde über dem Band angebracht, welches das gerollte Dokument zusammenhielt. Siegelabdrücke finden sich auch auf zahlreichen aufgefundenen Gefäßen, sie geben den Eigentümer an. Sie vermitteln Wissenschaftlern wertvolle Hinweise und Auskünfte über die wirtschaftlichen und gesellschaftlichen Verhältnisse einer Zeit. Ein kleiner Anteil der bei archäologischen Grabungen entdeckten Siegel trägt Frauennamen. Er verweist darauf, dass Frauen durchaus am Geschäftsleben Anteil hatten und des Schreibens kundig waren.

Dieses Siegel, etwa 850-750 v. Chr. aus grauem Opal hergestellt, trägt die Inschrift »Isebel«. Es zeigt eine Sphinx mit Frauenkopf und andere phönizische Symbole mit ägyptischem Einfluss. Die Frau, die dieses Siegel besaß, ließ vermutlich ihren Namen eingravieren – die Buchstaben drängen sich unter den Symbolen des unteren Teils. Gehörte dieses Siegel Ahabs phönizischer Frau? Obwohl es zu einer Königin passen würde, aus der richtigen Zeit stammt und einen seltenen phönizischen Namen trägt, der im Alten Testament sonst nicht vorkommt, kann man sich dessen nicht sicher sein.

Hulda

Schriftgelehrte der frühen jüdischen Zeit sprechen oft über Hulda (2 Kön 22,14-20; 2 Chr 34,22-28), jedoch nur selten in freundlicher Weise. Von vielen wird sie als Lehrerin in Erinnerung gerufen, obwohl die Bibel sie als Prophetin beschreibt. Warum ist das so? Vielleicht weil sie in ihrem Bemühen, Gottes Wort zu den Menschen zu bringen, das verkörperte, was einen guten Lehrer ausmacht: nicht nur Informationen zu vermitteln, sondern auch eine moralische Botschaft.

Hulda betritt in Jerusalem die Bühne der Geschichte, als das assyrische Reich zugrunde geht und Ägypter und Babylonier um die Kontrolle des Fruchtbaren Halbmonds kämpfen. König Joschija begann, Land und Tempel vom Götzendienst zu reinigen. Im 18. Jahr seiner Herrschaft wurde während Renovierungsarbeiten »im Haus des Herrn vom Hohepriester Hilkija das Gesetzbuch gefunden« (die meisten Ausleger verstehen dies als das Buch Deuteronomium). Der Staatsschreiber Schafan berichtet dem König über den Fund und liest ihm das Buch vor (2 Kön 22,10-11). Joschija »zerreißt seine Kleider«, als er es hört und erkennt, wie weit sich das Volk von Gottes Geboten entfernt hat. Der König beauftragt seine Diener herauszufinden, was im Licht dieses bedeutenden Fundes ihre Aufgabe ist. Die Männer wenden sich an Hulda, die Frau Schallums, des Sohnes Tikwas, des Sohnes Hasras, des Verwalters der Kleiderkammer des Königs in Jerusalem.

Hulda antwortet, dass Gott wegen des Götzendienstes Unheil über Jerusalem und seine Einwohner bringen wird. Aber weil der König aufrichtig bereut, wird ihm die Gnade gewährt, das kommende Unheil nicht sehen zu müssen: »Er wird in Frieden in seinem Grab beigesetzt werden.« In der Folge verlas Joschija die Worte der Schriftrolle vor allem Volk, er ließ sie den Bund mit Gott erneuern und reinigte den Tempel und das Königreich von allem Götzendienst. Später zog Joschija in Megiddo in den Kampf gegen den Pharao Necho und wurde tödlich verwundet. Er wurde nach Jerusalem gebracht, wo er starb, sein Leichnam in der königlichen Gruft bestattet.

Im Geist von Jeremia (dessen Cousine Hulda nach Meinung von Schriftgelehrten war) tadelt Hulda, tröstet aber zugleich. Ihre Worte enthalten Hoffnung. Wir würden gern mehr über diese in ihrer Zeit ungewöhnliche Frau erfahren, aber die Bibel schweigt an vielen Stellen. Wenn wir versuchen, die Lücken zu füllen und auf die in der Bibel so wichtige Bedeutung von Namen schauen, fällt auf, dass ihr Mann als »Sohn von Tikwa« bezeichnet wird – »Sohn der Hoffnung«.

Das Thema Hoffnung und Trost, das von Hulda verkörpert wird, trägt durch bis in unsere Zeit. Das Doppeltor an der Südseite des Tempels ist seit der Antike als »Tor der Hulda« bekannt. Man geht durch diese Tore und dann durch 50 Meter lange Tunnel, die zum Tempelberg führen. Der Talmud erwähnt, dass sie in einer bestimmten Ordnung betreten und verlassen wurden, mit der Ausnahme, wenn Menschen in Trauer waren. Diese betraten das jeweils andere Tor. Dieser Brauch diente dazu, dass Mitreisende in der großen Zahl der Pilger bemerken konnten, dass Personen, die den »falschen« Weg gingen, Trost und Hilfe nötig hatten. An dieser Stelle erinnerten sich viele Besucher Jerusalems auch an eine andere Prophetin, an Hanna, die nahebei ebenso eine Botschaft der Hoffnung und des Trostes gegeben hat (Lk 2,36-38).

Eine englische Bibelübersetzung (King James Version) benennt den Wohnort der Hulda als »Schule«. Der mittelalterliche Kommentator Rashi untersuchte die hebräische Wurzel des Begriffes »Neustadt« (2 Chr 34,22), in der Hulda lebte, und bemerkte, dass der Ausdruck von der hebräischen Wurzel »lehren« kommt. In der Tat, als moralische Kraft ihrer Zeit, die sowohl mahnte wie tröstete, hatte Hulda viel zu lehren.

Herausragen und freimütig reden: Führerschaft von Frauen

»... bis du dich erhobst, Debora, Mutter in Israel« (Richter 5,7)

In der Bibel kann man die Frauen mit einer offiziellen Leitungsfunktion an den Fingern einer Hand zählen. Doch sehr viel häufiger handeln bedeutende weibliche Gestalten der Bibel als Führerinnen, ohne einen förmlichen Titel zu haben – sie waren mutig, ordneten an und veränderten so das Leben von Einzelnen und der ganzen Gesellschaft.

Der Berg Tabor in der Ebene Jesreel. Hier sollte Barak im Auftrag Deboras gegen den Kanaanäer Sisera kämpfen.

Die Bibel stellt auch einige Frauen vor, deren herausragende Fähigkeiten zur Führung in Manipulation bestanden. Ein genauerer Blick auf positiv dargestellte Gestalten wie Debora, Mirjam oder Maria Magdalena ebenso wie auf negativ dargestellte wie Isebel oder Waschti hilft uns, das biblische Muster weiblicher Autorität zu verstehen.

Man hat bemerkt, dass die Führerschaft von Frauen in der Bibel in Zeiten politischer Unsicherheit erscheint. Debora bricht von ihrem Haus auf, um einen ungestümen Bund verschiedener Stämme gegen die Unterdrückung durch kanaanäische Herrscher anzuführen (Ri 4,4). Als später das »Gesetzbuch« am Vorabend von Pharao Nechos Angriff auf das Land gefunden wird, wird Hulda befragt (2 Kön 22,14-20). Jesaja betrachtet die Leitung von Frauen als negativ, spricht von einer künftigen Zeit der Unruhe, in der (nach einigen Übersetzungen) »die Jugend mein Volk unterdrückt und Frauen über sie herrschen«, vielleicht eine Erinnerung an eine Königin oder Königsmutter, die am Königshof einen negativen Einfluss ausübte. Zu einer anderen kritischen Zeit in der Geschichte Judas, als Nehemia versuchte, das Volk zum Wiederaufbau des Tempels zu bewegen, arbeitete die »Prophetin Noadja und die übrigen Propheten« gegen ihn (Neh 6,14).

Die Vorkönigszeit

Wie im Kapitel über den Haushalt beschrieben, kontrollierten Frauen die Abläufe, durch die ihre Familien ernährt und gekleidet wurden – Brotbacken, Kochen und Weben. In diesen lebenswichtigen Bereichen bestimmten sie. In der Tat waren in den beiden Fällen, in denen Frauen entscheidende Schritte unternahmen, die den Lauf der Geschichte veränderten, Haushaltsgeräte ihre Waffen. Jael nimmt einen Zeltpflock und einen Hammer – die üblichen Geräte einer in Zelten lebenden Familie –, um Sisera zu töten (Ri 4,21; 5,24-27). Und ein einfacher Mühlstein, den eine Frau vom Burgtor auf den Kopf Abimelechs, des Sohnes Gideons, warf, zerschmetterte seinen Schädel und beendete die Belagerung der Stadt Tebez (Ri 9,50-55; 2 Sam 11,21).

In der Vorkönigszeit Israels wirkt Debora als Rich-

Die Frau von Tebez hat Abimelech vielleicht mit einem Mühlstein wie diesem getötet. Er stammt aus dem 6. Jahrhundert v. Chr. und wurde in Beit She'an gefunden.

terin, die einzige Frau in diesem Amt, deren Wirken die Bibel genau beschreibt: »Sie hatte ihren Sitz unter der Debora-Palme zwischen Rama und Bet-El im Gebirge Efraim, und die Israeliten kamen zu ihr hinauf, um sich Recht sprechen zu lassen« (Ri 4,5). Einige Forscher glauben, dasss die große Zahl von Frauengestalten im Buch der Richter deshalb entstanden ist, weil der Status von Frauen zu jener Zeit stärker war, in der Clan und Stamm die bestimmenden Einheiten der Gesellschaft waren, stärker als in späteren Zeit mit König und Königshof. Mirjam ist ein anderes Beispiel einer frühen Anführerin. Jiftachs Tochter, die zu einem Fest für die Töchter Israels Anlass gab (Ri 11,36-40), lässt dies auch in Betracht ziehen.
Es gibt auch Beispiele für mächtige Frauen am Königshof – Batseba etwa ist im Kapitel über Mutterschaft beschrieben. Nehuschta, die Gemahlin des jüdischen Königs Jojakim und Mutter von König Jojachin (2 Kön 24,8.12.15), wird in der Liste der Deportierten unmittelbar nach dem König erwähnt und in Jeremia 29,2 trägt sie den Titel »die Herrin« – ein Hinweis auf ihre Bedeutung. Jeremia 13,18 zeigt beide, Mutter und Sohn, auf einem Thron sitzend und Kronen tragend. Potifars Weib ist eine andere mächtige Frau, die von der Bibel verachtet wird, weil sie ihre Autorität missbraucht, obwohl die Ereignisse, die sie in Gang setzt, letztlich Josef und seinen Nachkommen zu Gute kommen.
Obwohl nur wenige Prophetinnen erwähnt werden, nimmt die Bibel sie als gegeben an und ihre Führerschaft wird nicht in Frage gestellt. Generell jedoch wird der Platz von Frauen in der Öffentlichkeit seit der Zeit des Zweiten Tempels eher zurückgedrängt. Viele rabbinische Traditionen etwa loben Frauen wie Abigail vor allem wegen ihrer Schönheit, nicht wegen ihrer Führungsqualitäten. Debora wird von einer öffentlichen Gestalt zur einer Zieherin von Kerzendochten im Tempel umgeformt, und Huldas Rat als Prophetin sei nur verlangt worden, weil König Joschija von einer Frau eher eine trostvolle Aussage erwartet habe.
Eine frühe Quelle mit Namen *Tanna debe Eliyahu* ist eine Ausnahme von dieser Entwicklung: »Wie muss Deboras Charakter gewesen sein, dass sie über Israel als Richterin wirkte und als Prophetin zu einer Zeit, als Pinhas, der Sohn des Eleazar, lebte? Ich rufe Himmel und Erde als Zeugen an, dass Gottes Geist auf jedem mit vergleichbaren Taten ruht, gleich ob Heide oder Israelit, Mann oder Frau, Sklave oder Diener.«

Königinnen und Königsmütter

Unter allen Frauen, die in Beziehung zu König Salomo stehen, ragt die Königin von Saba als mächtige Frau heraus, obwohl ihre Rolle in der Erzählung die ist, Salomos Macht und Weisheit aufzuzeigen. Schriftgelehrte weisen darauf hin, dass die Königin von Saba eine Tradition machtvoller Herrscherinnen in Ägypten und Arabien widerspiegelt, wie etwa die Pharaonin Hatschepsut, die bis in den Punt am Horn von Afrika reiste. Im Neuen Testament wird die Königin von Saba mit der Königin des Südens identifiziert (Mt 12,42; Lk 11,31). Königin Kandake aus Äthiopien soll aus der gleichen Dynastie stammen.

Die großartigen Säulenhallen und Rampen von Pharaonin Hatschepsuts Totentempel hat den Sand im Tal der Könige überlebt. Es hat Versuche gegeben, Hatschepsut mit der Königin von Saba zu identifizieren, weil beide dem Süden zuzuordnen sind, beide unermesslich reich waren und nach internationalem Einfluss strebten. Zudem wollte man das Bild der geheimnisvollen Königin ergänzen, die Salomo besuchte. Jedoch der Versuch schlägt wegen der Zeitenfolge fehl: Die Pharaonin Hatschepsut regierte im späten 16. und frühen 15. Jahrhundert v. Chr., während die Bibel erzählt, dass die Königin von Saba ihre Reise zur Zeit Salomos unternahm, das heißt im 10. Jahrhundert v. Chr.

Königin Atalja, die Tochter von König Ahab, heiratete in das jüdäische Königshaus ein (2 Kön 8,26; 2 Chr 22,2). Als einzige Frau, die in der Bibel als unabhängige Herrscherin erwähnt wird, regierte sie Juda während sechs Jahre und tötete in dieser Zeit den Rest des judäischen Königshauses. Sie »verführte ihren Sohn Ahasja durch ihren Rat zum Bösen« (2 Chr 22,3) und wird ganz einfach »die ruchlose Atalja« genannt (2 Chr 24,7). Batseba, die Mutter von König Salomo übte Einfluss in der Politik des Palastes aus, wie im Kapitel über Mutterschaft erwähnt. Die königlichen Frauen nutzten ihren Reichtum, ihre Familienbeziehungen und ihren Scharfsinn, um ihre öffentlichen und privaten Ziele durchzusetzen.
Nicht alle Königinnen in der Bibel hatten so viel Macht. Der Frau von Jerobeam (1 Kön 14,1-4) wird von ihrem Gatten befohlen, zum Propheten Ahija nach Schilo zu gehen, um ihn über das Schicksal ihres kranken Sohnes Abija zu befragen. Sie ist in

dieser Erzählung völlig passiv, und wir müssen uns ihre Antwort auf die schlechte Nachricht vom bevorstehenden Tod des Sohnes selber vorstellen.

Michal, Sauls Tochter und Israels erste Königin übte nur wenig Macht aus. Auf der einen Seite wird sie als wohlerzogene aristokratische Prinzessin dargestellt, die wegen eines ungeschliffenen Helden vom Lande untergeht. Aber sie war auch eine Schachfigur in den Händen ihres Vaters, begehrt von zwei Ehemännern, dann aber verlassen, als David sich in Gat niederließ und andere Frauen bevorzugte (1 Sam 27,3).

Oleg Trabish

Eine zeitgenössische Darstellung der Königin Ester, die Artaxerxes anfleht; Hamam steht an der Seite des Königs.

Ester ist ein Beispiel einer biblischen Königin, die Züge von Führerschaft entwickelt, wie sie das gleichnamige Buch darstellt. Als sie zu Beginn in Atarxerxes' Palast ankommt, ist sie eine unterwürfige Teilnehmerin in einer Art von »Schönheitswettbewerb« für den König, um seine in Ungnade gefallene Ehefrau Waschti zu ersetzen. Doch im weiteren Verlauf der Geschichte werden ihre Führungsqualitäten sichtbar. Über sechs Jahre hinweg hatte sie ihre jüdische Herkunft am Königshof geheim gehalten, doch dann steht sie Mordechais Herausforderung gegenüber (Est 4,14). Sie nimmt am Fasten der Juden teil und macht so ihre Herkunft öffentlich (Est 4,16). Bereits früher hatte sie auf Mordechais Hinweis eine Verschwörung aufdecken und das Leben des Königs retten können. Deshalb wagt sie es, nun zum König zu gehen, um ihr Volk zu retten, obwohl dieser Gang »gegen das Gesetz verstößt« (Est 4,15).

Am Ende des Buches sehen wir Ester, wie sie einen Brief schreibt, der über den Palast hinaus die ganze jüdische Gemeinde anspricht.

Das Buches Ester urteilt über die Königin Waschti eindeutig – allein durch Auslassung: Das Fest, dass sie für die Frauen ausrichtet (Est 1,19) wird im Gegensatz zum Fest ihres Mannes nicht beschrieben. Mit ihrer Weigerung, zum Fest des Königs zu kommen, beleidigte sie ihn nicht nur, sondern ihre hohe Position machte ihr Verhalten »ansteckend«: »Nicht nur gegen den König, sondern auch gegen alle Fürsten und alle Völker hat sich Königin Waschti verfehlt. Denn das Verhalten der Königin wird allen Frauen bekannt werden, und sie werden die Achtung vor ihren Ehemännern verlieren und sagen: König Artaxerxes befahl der Königin Waschti, vor ihm zu erscheinen, aber sie kam nicht« (Est 1,16-18).

Wohin sie führten ...

Eva erkannte zuerst, dass die verbotene Frucht »eine Augenweide war und dazu verlockte, klug zu werden« (Gen 3,6). Dies war die Grundlage für folgende jüdische und christliche Interpretationen der Eva als der Verführerin des Mannes. Jesus Sirach ist im zweiten Jahrhundert vor Christus die erste Quelle, die Eva mit Sünde in Verbindung bringt: »Von einer Frau nahm die Sünde ihren Anfang, ihretwegen müssen wir alle sterben« (Sir 25,24).

Frauen, die in der Bibel Führungsaufgaben übernahmen, werden oft als eine Gefahr für die Gemeinschaft dargestellt. Die midianitische Frau Kosbi wurde von einem Israeliten in seine Familie mitgebracht (Num 25,6.15). Am Ende ihrer Geschichte, in der sie von Pinhas, dem Sohn Aarons getötet wird, erkennen wir, warum Kosbis Ankunft als Bedrohung empfunden wurde: Sie war von fürstlicher Abstammung (»Haupt einer Großfamilie«) und ihr israelitischer Mann war es ebenso. Die ausländischen Frauen Salomos, die am Hof ihre eigenen Kulte feierten (1 Kön 11,8), wurden beschuldigt, den König in die Irre zu führen (1 Kön 11,3). Das beste Beispiel, wie eine ausländische Frau einen Götzendienst

Pnina Livni / Jewish National Fund

Ein Weg in Tel Jezreel. Dort glaubt man Überreste des Palastes gefunden zu haben, aus dessen Fenster sich Königin Isebel in den Tod stürzte.

anführte, ist Isebel, die Frau von König Ahas von Israel. Offenbarung 2,20 beschuldigt die Kirche in Thyatira, eine nicht zufällig Isebel genannte Frau gewähren zu lassen, die »sich als Prophetin ausgibt und lehrt und verführt, Unzucht zu treiben und Fleisch zu essen, das den Götzen geweiht ist«.
Die Aufgabe der Königinmutter konnte eine offizielle Unterstützung des Aschera-Kultes eingeschlossen haben. Dies wird besonders im Fall von Isebel in Israel (1 Kön 18,19) und von Maacha, der Tochter Absaloms (1 Kön 15,13), deutlich. Die hohe Stellung dieser Frauen ließ sie zu einer besonderen Bedrohung des Monotheismus werden. Es ist möglich, dass der Name der judäischen Königsmutter Nehuschta (2 Kön 24,8) vom Wort für »Schlange« abstammt – Forscher weisen darauf hin, dass in alten Quellen der Ascherakult in Verbindung mit Schlangen steht.

Kluge Frauen

»Kluge Frauen« werden häufig als regionale Anführerinnen betrachtet. »Eine Kluge aus den Fürstinnen«, die Siseras Mutter umgaben (Ri 5,29), kann eine solche Rolle ausgefüllt haben, obwohl Debora deren Fähigkeiten verspottet. Die weise Frau von Tekoa war, obwohl ihre Aussagen eher die von Joab waren, im Intrigenspiel erfahren und dem Königtum ergeben (2 Sam 14,1-21). Sie zeigt ihre Fähigkeiten dadurch, dass sie David durch ein Gleichnis die Augen dafür öffnet, dass er durch sein Verhalten Unheil über sein Volk bringt. Die Bibel zeigt auch die kluge Frau der Stadt Abel als jemanden, auf den die Leute in politischen Fragen hörten (2 Sam 20,22). Abigail, die Frau in Davids Jugend, wird nicht ausdrücklich als weise Frau vorgestellt, aber ihre Beredsamkeit trägt ihr eine vergleichbare Bezeichnung ein (1 Sam 25,3). Abigail lässt zwei Kennzeichen von Führerschaft erkennen, die alle so bezeichneten Frauen haben: Sie ist geschickt und mutig.

Was macht eine Anführerin in der Bibel aus?

Mirjam war sowohl Anführerin und Prophetin (vgl. ihr Portrait im Kapitel über Musik). Damit hat sie solchen Eindruck in der jüdischen Geschichte hinterlassen, dass noch Jahrhunderte nach ihrem Tod Legenden über sie entstanden. Mirjam ist nicht die einzige Frau, über deren Führung Legenden von Generation zu Generation weitergegeben wurden. Im Buch Genesis werden die 53 Söhne der zwölf Söhne Jakobs namentlich erwähnt, aber nur eine einzige Tochter – Serach (Gen 46,17; auch 1 Chr 7,30). Weil Serach auch im Buch Numeri (26,46) erwähnt wird, haben Schriftgelehrte geschlossen, dass sie zu dieser Zeit noch am Leben gewesen sein muss, obwohl ja inzwischen viele Generationen vergangen waren. Der vermutlich aus dem fünften Jahrhundert nach Christus stammende Kommentar *Pesikta de Rav Kahana* deutet die neuerliche Erwähnung Serachs dahin, dass »ein redlicher Anführer Israels, Josef, mit dem folgenden redlichen Anführer Israels, Mose, verbunden wird«. Eine spätere jüdische Volksüberlieferung lässt Serach sogar nach Babylon ins Exil mit ihrem Volk gehen und schließlich im zwölften Jahrhundert nach Christus in Isfahan in Persien sterben (obwohl frühe Schriftgelehrte ihr sogar Unsterblichkeit zusprechen).

Prophetinnen

Nicht alle Frauen, die prophetisch redeten, waren auch Anführerinnen des Volkes. Maria und Hanna äußerten auch Prophezeiungen; der Evangelist Philippus hatte vier Töchter, »prophetisch begabte Jungfrauen« (Apg 21,8). Die Apostelgeschichte zitiert auch den Propheten Joel mit seiner Aussage, dass am Ende der Zeiten Männer und Frauen gleichermaßen mit prophetischen Fähigkeiten begabt sind (Apg 2,17). Doch bleibt prophetischer Mut ein Kennzeichen biblischer Führerschaft, sowohl von Männern wie von Frauen.
Die Anweisungen von Debora sind eindeutig: »Der Herr, der Gott Israels, befiehlt: Geh hin, zieh auf den Berg Tabor ... Ich aber werde Sisera in deine Hand geben« (Ri 4,6-7). Debora erfüllt die Kriterien,die nach Deuteronomium 18,18-21 für einen Propheten gelten: Sie spricht im Auftrag Gottes und ihre Worte erfüllen sich.
Wie Debora spricht auch Hulda (vgl. das Kapitel über Erziehung und Bildung) im Namen Gottes (2 Kön 22,15). Die Bedeutung des »Gesetzbuches« – vielleicht das Buch Deuteronomium – war

Eine edle Frau aus Fayum, Ägypten

Detail eines Mosaikfußbodens in einer Kirche im Negev aus dem 6. Jahrhundert. Eine wohlhabende christliche Frau spendet Münzen, vielleicht für den Bau der Kirche oder für wohltätige Zwecke.

schon vorab von König Joschija erkannt worden (2 Kön 22,11-13). Doch Hulda sagt voraus, wohin die Missachtung dieses Gesetzeswerkes führen kann. Diese Bestätigung des Textes als »Gottes Wort« führte zur Aufnahme des Buches in den Kanon.

Später klagt Ezechiel Prophetinnen in zwei Punkten an (Ez 13,17-23): nicht für das prophetische Reden, sondern weil sie es »aus nichtigen Visionen« heraus tun und weil sie magischen Zauber verwenden.

In der römischen Zeit

Im talmudischen Traktat *Megillah 14b*, betrachten die Schriftgelehrten weibliche Anführer in der Bibel keineswegs wohlwollend, sondern führen unerfreuliche Assoziationen auf, die ihre hebräischen Namen betreffen: »Es gab zwei hochmütige Frauen und ihre Namen sind hassenswert: Eine wird ›Hornisse‹ genannt (Debora) und die andere ›Wiesel‹ (Hulda).«

Andererseits gab es eine jüdische Königin der hasmonäischen Linie, die sowohl bei Josephus wie in den Schriften der Rabbiner erwähnt wird und die in interner und auswärtiger Politik aktiv war und von den Schriftgelehrten wegen ihrer Frömmigkeit gelobt wurde. Ihr Name war Salome Alexandra; sie regierte von 77–76 v. Chr.

Die Frauen, die im Neuen Testament in einem politischen Zusammenhang erwähnt werden – Herodias und die Frau des Pilatus –, erscheinen nicht in einem positiven Licht. Das Evangelium zeigt Herodias als Ränke schmiedend, als sie ihre Tochter auffordert, bei einem Festmahl anlässlich des Geburtstages von Herodes zu tanzen (Mk 6,17-28; Mt 14,1-11). Der Einsatz der Frau des Pilatus erscheint wirkungslos; vergeblich versucht sie, Jesus zu retten (Mt 27,19). Eine Frau allerdings taucht in einem überraschenden Zusammenhang in den Evangelien auf: Die Dienerin im Hof des Hohepriesters (Mk 14,66-69) hat darin Bedeutung, dass sie mutig die Wahrheit sagt, während alle anderen um sie herum dies nicht tun.

Frauen werden als wichtige Mitglieder der frühen christlichen Gemeinschaften dargestellt.

Sie gehören zu denen, die Augenzeugen der Verkündigung Jesu sind (Lk 8,1-4; 23,49; Mt 27,55) und ihn auf seinem Weg von Stadt zu Stadt begleiteten. Philippus, der Evangelist, hatte, wie erwähnt, »vier unverheiratete Töchter, die prophetisch begabt waren« (Apg 21,9). Paulus sendet Grüße an Mutter und Großmutter des Timotheus, Lois und Eunike, in »denen der Glaube des Timotheus bereits lebendig war« (2 Tim 1,5). Es fällt auf, dass hier keine männlichen Vorfahren erwähnt werden, vielleicht weil die Männer dieser Familie keine Christen waren.

Frauen werden in den Evangelien meist als im Haushalt dienend oder am Tisch dargestellt (Mk 1,31; Lk 10,40; Joh 12,2). Dass der »Dienst an den Tischen« hinter der Verkündigung zurückstehen muss (Apg 6,1-4), ist in diesem Zusammenhang wichtig: »Es ist nicht recht, dass wir das Wort Gottes vernachlässigen und uns dem Dienst an den Tischen widmen. Brüder, wählt aus eurer Mitte sieben Männer von gutem Ruf und voll Geist und Wahrheit; ihnen werden wir diese Aufgabe übertragen.«

Das Wort für diesen Dienst ist »Diakonie« (Lk 10,40; Mt 20,28; Apg 6,2) und führt uns zum Stand der Diakone. Das griechische Wort *diakonia* wird sowohl für den Tischdienst, in der Regel Frauenarbeit, wie auch für den Leitungsdienst in der Kirche verwandt, der in der Regel von Männern ausgeübt wurde. Die Hineinnahme eines weiblichen Dienstes in die Wortwahl zeigt einen Neuansatz in der Organisation und Gestalt christlicher Gemeinschaften.

Paulus empfiehlt der römischen Gemeinde »unsere Schwester Phoebe« (Röm 16,1), die als »Dienerin der Gemeinde« bezeichnet wird, der gleiche Begriff, der an anderen Stellen für einen kirchlichen Führer verwendet wird (2 Kor 3,6; 6,4 ...). In der Beschreibung, wie sich ein Diakon verhalten soll (1 Tim 3,11) werden Frauen nur als Gattinnen der Diakone genannt und sollen »ehrbar, nicht verleumderisch, sondern in allem zuverlässig sein«.

Lydia, die wohlhabende Purpurhändlerin, lädt Paulus und seine Begleiter in ihr Haus ein (Apg

16,13-15). Dies, so sagt man, machte sie zur ersten Leiterin einer christlichen Hauskirche in Philippi.

Frauen und ihr Schweigen in der Gemeinde

Wieso sollen Frauen in der Gemeinde schweigen, wie es im ersten Korintherbrief 14,34 verlangt wird, wenn auf der anderen Seite die Rolle von Frauen so beschrieben wird wie bei Evodia und Syntyche, die nach Aussage des Paulus »mit mir für das Evangelium gekämpft haben« (Phil 4,3) oder wie bei Priszilla und ihrem Gatten Aquila, die Paulus »Mitarbeiter in Christus Jesus« nennt (Röm 16,3)?
Ein Vergleich zwischen dem ersten Korintherbrief 14,34 und 11,5 ist notwendig: Dort nämlich wird verlangt, dass »eine Frau, die betet oder prophetisch redet, ihr Haupt verhüllen soll«. Einige traditionelle Kommentare glauben, dass in 1 Korinther 11 Paulus nur die Möglichkeit predigender Frauen betrachtet und verlangt, *falls* sie dies tun, sie ihre Köpfe bedecken sollen, dass aber die zweite Stelle die wirkliche Meinung des Paulus ans Licht bringt, dass sie im Gottesdienst der Gemeinde überhaupt nicht reden sollten. Doch es gibt andere Meinungen, wie dieser Widerspruch im Korintherbrief zu erklären ist,

Korinth – die Ruinen der Geschäfte des nördlichen Marktes oder der Agora. Paulus erörterte Predigt, Gebet und Prophezeiung durch Frauen mit der christlichen Gemeinschaft dieser Stadt.

etwa dadurch, dass Frauen zwar im privaten, nicht aber im öffentlichen Bereich (laut) beten und prophezeien dürften. Wahrscheinlicher ist noch, dass das Schweigegebot von Schülern des Paulus eingefügt wurde.
Wie im Kapitel über den Haushalt erwähnt, zeigen viele Hinweise, dass das Ideal für Oberklassefrauen besonders der hellenistischen Kultur die Zurückgezogenheit war. Einen solchen Lebensstil konnten sie sich leisten, weil sie Sklaven und Dienerinnen hatten, die für sie mit der Außenwelt in Beziehung treten konnten. Arme freie Frauen, die auf dem Land lebten, arbeiteten dagegen Seite an Seite gleichwertig mit den Männern als Schafhirtinnen und Bäuerinnen – so Varro Reatinus im ersten Jahrhundert.
Man sollte beachten, dass Frauen in römischen Gerichtshöfen in der Regel kein Rederecht hatten. Valerius Maximus, ein Schriftsteller zur Zeit des Kaisers Tiberius, erwähnt drei Frauen, die offen am Gerichtshof sprachen, und kritisiert die eine, die daran wohl großes Gefallen gefunden hat. Der Historiker Livius (59 v. – 17. n. Chr.) spricht bestürzt von Frauen, die vor Behörden auftauchten und öffentlich ihre Ansprüche anmeldeten, bevor ein Gesetz aus dem zweiten Jahrhundert vor Christus, das als »Lex Oppia« bekannt wurde und solche Tätigkeiten von Frauen einschränkte, neu verhandelt wurde.

Wie alle Frauenporträts aus Fayum geht die Zugehörigkeit dieser jungen Frau zur Oberschicht aus ihrem sorgfältig frisierten Haar, dem Golddiadem, ihren Perlenohrringen und den Halsketten hervor.

Religiöse Zeremonien betreffend spielten Frauen in Griechenland eine bedeutende Rolle, während ihre Aufgaben in Rom eher marginal waren, ungeachtet der Jungfrauen der Vesta. Damit konnten Frauen als Prophetinnen in Korinth, wo die griechische Kultur vorherrschte, leichter akzeptiert werden auch nachdem die Stadt zur römischen Kolonie geworden war. Andererseits fand eine alltägliche Unterhaltung von Frauen nur mit dem eigenen Ehemann statt, anders als die »Geistrede« im Gottesdienst der Gemeinde. Deshalb ist es möglich, dass Paulus von Frauen verlangt, sich in der Öffentlichkeit nur auf »geistliche Rede« zu beschränken, und so an der kulturellen Gewohnheit der Zurückhaltung festhält, die der griechischen Lebensweise entspricht. Paulus wollte wohl die Frauen auffordern, eher »ihre eigenen Männer zu Hause« zu befragen als öffentlich zu reden – dies als Schicklichkeit: »Alles soll in Anstand und Ordnung geschehen« (1 Kor 14,40).
Man vermutet, dass Paulus keineswegs Frauen als Leiterinnen von Gemeinden ausschließen wollte, sondern vielmehr »anständiges» Verhalten unter den neuen Mitgliedern des christlichen Glaubens veran-

kern wollte, zu denen Leute mit unterschiedlichem gesellschaftlichen und wirtschaftlichen Hintergrund gehörten. Unter ihnen waren einige, die für ihren Lebensunterhalt darauf angewiesen waren, außerhalb des Hauses zu arbeiten, zum Beispiel indem sie auf dem Markt Güter verkauften, und die deshalb auch keine Probleme verspürten, mit Männern öffentlich zu reden.

Frauen in Synagogen

Schriftliche Quellen, die Grabinschriften und das Neue Testament einschließen, zeigen sowohl, dass Frauen in der Synagoge anwesend waren, als auch, dass sie leitende Rollen darin einnehmen konnten. Als Jesus am Sabbat in einer Synagoge lehrte, rief er eine verkrüppelte Frau zu sich und heilte sie (Lk 13,11).

Unter mehreren Inschriften, die Frauen als Leiterinnen von Synagogen erwähnen, lautet eine aus Smyrna aus dem zweiten Jahrhundert n. Chr.: »Rufina, eine Jüdin, Leiterin der Synagoge, baute dieses Grabmal für ihre freigelassenen Sklaven und die Sklaven ihres Hauses. Niemand sonst darf hier begraben werden. Wer es dennoch tut, muss 1500 Denare in den heiligen Schatz und 1000 Denare an die jüdische Gemeinde zahlen.«

Rufina, augenscheinlich eine Frau von Bedeutung, hatte das gleiche Amt inne wie Jairus (Mk 5,22), der Synagogenvorsteher, dessen Tochter von Jesus geheilt wurde. Zu verschiedenen Zeiten und an verschiedenen Orten beinhaltete diese Aufgabe, die Mitglieder der Gemeinde einzuladen, aus der Schrift zu lesen und zu predigten, zu lehren oder Beiträge zu erheben. Einige Quellen lassen vermuten, dass diese Aufgabe ehrenamtlich und erblich war, während andere darauf hinweisen, dass Spenden an die Synagoge eher eine rechtliche Vereinbarung die Leitung betreffend annehmen lassen.

Eine andere Inschrift aus dem ersten Jahrhundert vor Christus ehrt »Tation, Tochter des Straton«, weil sie auf eigene Kosten einen Versammlungsraum bauen ließ. Dies erinnert an Johanna und die anderen Frauen, die Jesus mit ihrem Eigentum unterstützten (Lk 8,3). Acht griechische Grabinschriften späterer Zeit (4. oder 5. Jahrhundert) erwähnen Frauen, die den Titel »Presbyter« (»Älteste«) trugen.

Dieses großartige Mosaik wurde 2005 durch eine Notgrabung der IAA (Israel Antiquities Authority) in einem Gefängnis in der Nähe des biblischen Tel Megiddo geborgen. Es befand sich in einem 5 x 10 Meter großen Raum im Südflügel eines Gebäudes mit zwölf Räumen. Das Gebäude stammt aus der Zeit zwischen der Mitte des dritten und dem Beginn des vierten Jahrhunderts und diente wohl als Wohnung für die Familien der römischen Offiziere, die im römischen Lager von Legio, nahe der jüdischen Ortschaft Othnai Dienst taten. Der Raum hatte drei griechische Inschriften, zwei von ihnen betreffen Frauen und sind hier abgebildet. Ihre Form und ihr Inhalt lassen Wissenschaftler vermuten, dass in diesem Raum einer der frühesten christlichen Gottesdiensträume entdeckt wurde. Die Inschrift am Fuß lautet: »Akaptos, Verehrer Gottes, der diese Tafel dem Gott Jesus Christus als Erinnerung weihte.« Man nimmt an, dass Akaptos eine christliche Frau mit heidnischem Ursprung war, die mit der römischen Armee in Verbindung stand. Die von ihr gewidmete Tafel wurde vielleicht zur Feier der Eucharistie oder des Agapemahles genutzt, zu dem die Armen eingeladen wurden. Die obere Inschrift ehrt vier Frauen: »Erinnert Frimila, Kiriaka, Dorothea und Karasta.« Das im Plural stehende Wort »Erinnert« ist an die Gemeinschaft gerichtet. Wissenschaftler halten es für möglich, dass diese Frauen Verwandte des römischen Offiziers Gajanos waren, der den Mosaikboden bezahlte und auf der dritten, hier nicht abgebildeten Inschrift erwähnt wird. Möglich ist auch, dass diese Frauen Märtyrerinnen der frühen Kirche waren (die kurz vor der Entstehung des Bodens noch verfolgt wurde). Dieser Fund ist deshalb von besonderer Bedeutung, weil er die Existenz einer christlichen Gemeinde im Heiligen Land vor der Zeit von Konstantin aufzeigt, in der das Christentum die Staatsreligion des Römischen Reiches wurde. Für diejenigen, die nach den Anfängen der frühen Christenheit und besonders der Rolle der Frauen dabei forschen, ist dieser Fund besonders wertvoll.

Maria Magdalena

Wer war Maria Magdalena? Das Evangelium sagt, dass aus ihr sieben Dämonen herausgefahren waren (Lk 8,2). Sie war unter denen, die mit Jesus durch das Land zogen (Mt 27,56) und sie war die Erste, die dem auferweckten Jesus begegnete (Mk 16,9). Alleine (nach Mk 16,10; Joh 20,18) oder zusammen mit anderen Frauen (nach Mt 28,8 und Lk 24,10) verkündete Maria Magdalena den Aposteln die Auferweckung Jesu.

Über die Jahrhunderte hinweg hat sich das Verständnis von Maria Magdalena entscheidend gewandelt: Sie wurde in kirchlichen Kommentaren und auch in der christlichen Kunst fälschlicherweise mit der unbekannten »Sünderin« verwechselt, die die Füße Jesu salbte und mit ihren Haaren trocknete (Lk 7,36-50) und auch mit Maria von Betanien (Joh 11,2; 12,3) verbunden. Der Erste, der eine solche Verbindung annahm, war der Kirchenvater Augustinus im vierten Jahrhundert; die Vermischung der unterschiedlichen Marien wurde dann von Papst Gregor am Ende des sechsten Jahrhunderts bestätigt.

Diese Verwechslung erlaubte es, Maria Magdalena zur Symbolgestalt einer Wandlung von der Sünderin zur Heiligen zu machen. Sie ist wohl tiefer begründet als allein in der Tatsache, dass ihr ursprünglicher hebräischer Name Mirjam in der Antike sehr gebräuchlich war. Vielleicht kann dieses Porträt dazu beitragen, andere Aspekte ihrer Persönlichkeit zu verstehen, die durch die Verwechslung überdeckt wurden.

In unserer Zeit nimmt die Bibelwissenschaft an, dass Maria Magdalena eine führende Stellung in der jungen Glaubensgemeinschaft gehabt hat. Im Griechischen entspricht Magdalena, so wie wir sie nennen, wörtlich der »Frau aus Magdala« – und so wird Maria meist auch genannt an den zwölf Stellen, an denen sie in den Evangelien erwähnt wird. Wenn man sie mit anderen Persönlichkeiten vergleicht, die in den Evangelien mit dem Namen ihres Herkunftsortes bezeichnet werden, dann scheint die griechische Form des Namens ihre Bedeutung als Bürgerin dieser Stadt anzudeuten, einer Ortschaft am Ufer des Sees von Galiläa. Die Tatsache, dass Maria Magdalena in der Jüngerinnenliste des Lukas zuerst genannt wird (Lk 8,1-3), noch vor der wohlhabenden Johanna, deutet ebenso auf ihren besonderen Stand hin. Maria zählt auch zu den Frauen, die das Grab Jesu aufsuchen und in Markus 16,1 genannt werden.

Maria Magdalenas Name wird im Gegensatz zu vielen anderen neutestamentlichen Frauen in allen vier Evangelien genannt. In der Kreuzigungserzählung (Mt 27,56; Mk 15,40) sieht sie zusammen mit einigen anderen Frauen dem Geschehen aus der Ferne zu. Aber bei Johannes gehört sie zu einer vertrauten Gruppe namentlich bekannter Frauen unter dem Kreuz: Maria, die Mutter Jesu, deren Schwester, eine andere Maria, die Frau des Klopas, und der »Jünger, den er liebte«, sie alle »in der Nähe des Kreuzes«, was ein weiterer Hinweis auf ihre Bedeutung im inneren Kreis um Jesus darstellt (Joh 19,25).

Bei Johannes sind Frauen wie die samaritischer Frau (Joh 4,30) oder Marta (Joh 11,27) Jüngerinnen, die die Botschaft verkünden, die den inneren Kern der Christenheit darstellt. Im Gegensatz zu den Beschränkungen, denen nach zeitgenössischen Zeugnissen Frauen in dieser Zeit unterlagen, hatte Maria Magdalena vielleicht eine Position ähnlich der, die in verschiedenen alten Inschriften als »Älteste« bezeichnet wird. Man kann sicher sagen, dass Maria Magdalenas Führerschaft (Mk 16,10; Joh 20,18), ihre Anteilnahme (Mt 27,61) und ihre Verehrung Jesu (Joh 20,16-17) vorbildlich für die Nachfolge sind.

Informationen dieses Porträts sind dem Buch von Mary Thompson »Mary of Magdala, Apostle and Leader« entnommen.

Frauen am Rande: Prostituierte, Medien, Verführerinnen, Alleinstehende

»Eine Hexe sollst du nicht am Leben lassen« (Exodus 22,17)

Die Bibel erzählt an vielen Stellen über Frauen, die am Rand der Gesellschaft leben, darunter auch von Prostituierten und Zauberinnen. Arme Frauen erscheinen ebenso wie Ausländerinnen. Manchmal gehören Frauen am Rande zu zwei solcher Gruppen gleichzeitig, Rahab zum Beispiel. Prostituierte und Zauberinnen werden in manchen Texten unmittelbar nebeneinander gestellt, etwa in Jesaja 57,3 oder Nahum 3,4; manchmal werden die Einordnungen durch Übersetzung auch vermischt. Was all diese Gruppen miteinander verbindet, ist zum einen ein Verhalten »außerhalb« der gesellschaftlich akzeptierten Verhaltensnormen, zum anderen die Unabhängigkeit der Handelnden.

Die Tatsache, dass drei der vier Frauen, die in der Genealogie Jesu (Mt 1,1-17) erscheinen, zur Gruppe der am Rand stehenden Frauen gehören – Tamar, Rahab und Rut – ist kein Zufall. Solche Frauen am Rande erhöhen die Wirkung einer Geschichte wie im Fall der Magd, die im Hof des Hohepriesters Petrus erkennt (Mt 26,69), oder der Prostituierten, die vor Salomo erscheinen. Sie verstärken auch die Bedeutung eines Wunders, etwa als Jesus die syrophönizische Frau heilt oder den Sohn der armen Witwe von Nain auferweckt. In den Evangelien tragen Pros-tituierte dazu bei, die Wichtigkeit des Dienstes Jesu hervorzuheben. Das gelöste Haar der »Sünderin«, die die Füße Jesu mit Öl salbt, kann ein Kennzeichen einer »verlorenen Frau« sein (Num 5,18). Jesus aber verdammt sie nicht, sondern sagt sogar: »Zöllner und Dirnen gelangen eher in das Reich Gottes als ihr« (Mt 21,31). Rahab und Rut sprechen sogar geistliche Wahrheiten aus, die samaritische Frau am Brunnen oder das Medium von En-Dor bilden die Kulisse, dass andere dies tun können.

Frauen und Magie

Magie stellt den Versuch dar, übernatürliche Kräfte zu erwecken. In mesopotamischen Texten war eine »Zauberin« eine Frau, die zerstörerische (»schwarze«) Magie anwandte, um Menschen zu schaden, während ein Exorzist eine positive Auswirkung hatte. Exorzistische Rituale in Mesopotamien werden ähnlich wie die in Ezechiel 13,17-23 beschrieben: Zauberbinden (zur Geburt, vgl. das Kapitel über Mutterschaft) und Zaubermützen. Einige Forscher nehmen an, dass solche Praktiken auch in Israel gebräuchlich waren und Ezechiel versuchte, dagegen anzugehen.

Unter den alten Völkern im Vorderen Orient wurde Magie als Hilfe bei furchterregenden Vorgängen des Lebens und Sterbens verstanden. Beispiel eines magischen Ritus im Haushalt, der aus Quellen des Nahen Ostens bekannt ist, ist der Verzehr bestimmter Lebensmittel (etwa der Alraunen in Gen 30,14-17). Mit der Geburt verbundene Ri-

Die Witwe Rut beim Ährenlesen im berühmten Porträt des 19. Jahrhunderts von Gustave Doré

Eine Frau salbt Jesus die Füße. Detail einer Keramikplatte in der Verkündigungskirche in Nazaret.

tuale waren wegen der Gefahren einer Geburt zur damaligen Zeit wichtig: Die Amme, die ein rotes Band um die Hand eines der Zwillinge Tamars bindet (Gen 38,28-30), übt eine Praxis aus, die in der mesopotamischen und hethitischen Tradition ebenfalls bekannt ist. Das Einreiben mit Salz, wie im Kapitel über Mutterschaft erwähnt, kann im Zusammenhang mit Leben stehen (Num 18,19). Man nimmt an, das eher Frauen mit Zauber befasst waren, weil sie für gebärende Frauen sorgten und zugleich Nahrung bereiteten und dabei Kräuter zur Heilung und zur Fruchtbarkeit einsetzen konnten. Eine Frau, die einen magischen Ritus (»Blutbräutigam«) ausübt, ist die midianitische Frau des Mose, Zippora. Als der Herr Mose töten will, beschneidet sie ihren Sohn und berührt mit der Vorhaut die Beine Mose als Schutzmagie (Ex 4,24-26).

Ein Stern aus Tel el-Ajjul, der die Verehrung von Ischtar symbolisiert

Deuteronomium 18,10-14 verbietet verschiedene Arten von Zauber. Doch Männer konnten in Israel magische Handlungen straflos ausüben: Mose machte etwa eine kupferne Schlange, um eine Schlangenplage zu beenden (Num 21,9); Josef übte Wahrsagerei und Wünschelrutengang aus (Gen 44,5).

Zauberinnen werden in Exodus 22,17 mit der Todesstrafe bedroht. Ezechiel 13,17-23 verweist darauf, dass diese aus eigenem Herzen (nicht vom Glauben an Gott her) prophetisch reden und nichtige Visionen haben. Aber das Hauptproblem ist, dass ihr Prophetentum magische Zeremonien einschloss. Eine Doppelgesichtigkeit einer Zauberin findet sich in Jesaja 47,9-10: Sie besitzt zwar »Weisheit und Wissen«, doch sie setzt es falsch ein.

Das Medium von En-Dor (1 Sam 28,3-25) ist ein gutes Beispiel für diesen Zwiespalt. Saul verbietet solche Handlungen und dennoch sucht er das Medium auf. In späteren Schriften wird die Frau nicht verdammt: Im Erscheinen Samuels vor ihr sah der Kirchenvater Origenes eine Andeutung der Auferstehung Jesu; andere alte Schriftgelehrte kritisieren ihn allerdings für eine solche allegorische Auslegung.

Prostituierte

Geschlechtsverkehr außerhalb der Ehe wurde für eine Frau nicht akzeptiert (Dtn 22,20), deshalb wurden Prostitution und Ehebruch offiziell nicht vergeben. Diese zwei Handlungen werden in der Bibel oft zusammen erwähnt (Jer 5,7; Ez 23,44-45; Offb 17,1 ...) Ein Priester konnte keine Prostituierte heiraten (Lev 21,7); die Tochter eines Priesters, die sich prostituierte, wurde hingerichtet. Wer »seine Tochter der Unzucht preisgibt, entweiht sie« (Lev 19,29).

Dennoch gibt es eine Unterscheidung zwischen Ehebruch und Prostitution – solange eine Prostituierte nicht verheiratet war, wurde sie normalerweise nicht bestraft. Die Erzählung von Juda und Tamar (Gen 28,13-18) kritisiert weder Juda, dass er eine Prostituierte aufgesucht hat, noch Tamar, dass sie sich als eine solche verkleidet hat. Juda verflucht die Frau allein, weil er herausfindet, dass sie Tamar und damit eine Verwandte von ihm ist. Die Bibel versteht die Angabe, dass Simson die Nacht mit einer Prostituierten verbrachte, nur als Voraussetzung für den Rest der Geschichte (Ri 16,1-3). Dass Jiftachs Mutter eine Prostituierte war, wird ohne Wertung geschildert (Ri 11,1).

Die Benennung von Prostituierten im metaphorischen Sinn wie die Städte Jerusalem (Jer 13,27; Ez 16,23-26) und Tyrus (Jes 23,16; Amos 7,17) lässt die Haltung gegenüber Prostituierten erkennen. Dass die Frau des Priesters Amazja zur Prostituierten wird, ist keine Beleidigung, sondern eine Beschreibung, was mit Frauen in Kriegszeiten immer wieder geschieht (Amos 7,10-17).

Diese verschleierte und am Boden hockende Frau lässt an die Witwe Tamar denken, die am Straßenrand auf Juda wartete.

Das Buch der Sprichwärter verdammt die Unmoral der Prostitution (Spr 6,24) und Paulus verdeutlicht den Korinthern, dass der Mann, der mit einer Prostituierten verkehrt, sündigt (1 Kor 6,16). Wenn das Neue Testament Salome, die Tochter der Herodias als bei einem Festmahl tanzend beschreibt, dann ist das eine abwertende Aussage, denn in römischer Zeit tanzten nur Frauen mit schlechtem Ruf in solcher Weise.

Die vielen Stellen der Bibel, die zusammen mit anderen antiken Texten und Inschriften (von Meso-

Ein Blick auf die Ausgrabungen in Jericho, der Heimat von Rahab

potamien bis zum Talmud) die Prostitution verbieten, zeigen, dass sie Teil des alltäglichen Lebens war.

Drei alttestamentliche Texte haben Prostituierte als Hauptpersonen oder Prostitution als Thema: die Geschichte von Tamar (Gen 38,1-26), die Erzählung von Rahab (Jos 2,1-14) und die Erwähnung der beiden Prostituierten, die vor Salomo erscheinen (1 Kön 3,16-17). Ebenso wie das Medium von En-Dor wird Prostitution nicht vollständig negativ bewertet. Rahab erkennt als Erste den Segen Gottes über den Israeliten (vgl. das Porträt). Die Erzählung von den beiden Dirnen vor Salomo bringt das Gute in der einen zum Vorschein, die bereit ist, ihr Kind eher der falschen Mutter zu geben als es töten zu lassen.

Die »kultische Prostitution«

Frauen, die im Dienst von ländlichen Heiligtümern standen, wurden als *kdeshot* bezeichnet, ein Wort mit der hebräischen Wurzel »heilig«. Zwei Klassen solcher Frauen werden erwähnt (Dtn 23,18): *kdeshot* (= Tempeldirnen) und *zonot* (= Prostituierte). Kdeshot wurden mit den Stämmen verbunden, die von den Israeliten bei der Landnahme verdrängt wurden (1 Kön 14,24). Zur Zeit der Reform Joschijas hatten männliche Prostituierte ihre eigenen Bereiche im Tempel; Frauen übten Götzendienst dadurch aus, dass sie Schleier für Aschera webten (2 Kön 23,7).

In der Geschichte von Juda und Tamar werden beide Begriffe verwendet. Als Tamar zuerst Juda am Rand der Straße begegnet, wird sie als Prostitutierte bezeichnet, später, als sie nicht aufzufinden ist und Juda nach ihr sucht, fragt er nach der »Tempeldirne«. Man braucht wegen dieser Verwendung zweier unterschiedlicher Begriffe nicht verwirrt zu sein, denn es ist möglich, dass Juda den zweiten Begriff nutzt, weil es ihm nichts ausmacht, zu einer kanaanäischen Tempeldirne zu gehen, wohl aber zu einer gewöhnlichen Prostituierten.

Amulett aus Maresha, 6. Jahrhundert nach Christus, das auf beiden Seiten einen Frauenkopf zeigt

Die Verführerin

Die Tendenz, mehrere unterschiedliche Arten von Frauen am Rande der Gesellschaft zusammen zu betrachten, stellt einen Ausdruck von Verachtung dar, wie aus Jehus Auseinandersetzung mit Isebel hervorgeht (2 Kön 9,22). Vielleicht mehr als jede andere in der Bibel erwähnte Frau ist die Ausländerin Isebel zugleich das Symbol für Götzendienst und sexuelle Ausschweifung – und dies sowohl in der jüdischen wie in der christlichen Literatur. Dies geht zumindest bis auf das erste Jahrhundert zurück (vgl. das Buch Offenbarung 2,20-22).

Delila, eine andere verführerische Gestalt in der Bibel, wird in vielen Kommentaren als »ähnlich einer Prostituierten« gekennzeichnet. Das kann mit ihrem unabhängigen Stand zu tun haben – die Bibel überliefert nirgendwo etwas über ihre Familie oder ihren Stamm und auch nicht, ob sie eine Philisterin oder Israelitin war.

Eine »Hexe«, die den Teufel anbetet, erscheint in den hebräischen Schriften nirgendwo; das Erzählmotiv, den Teufel als eine verführerische Frau darzustellen, stammt aus Kommentaren späterer Zeit. Das Debakel im Garten Eden betreffend, neigten frühe jüdische Schriftgelehrte mehr dazu, die Schlange zu verteufeln als Eva. Dennoch erfanden sie eine andere weibliche Gestalt, die dämonische, nachtwandlerische Lilith als eine Art dunkle Seite von Eva.

Rahab

Die Bibel führt Rahab ganz nüchtern als eine Prostituierte aus Jericho ein (Jos 2,1) und konzentriert sich dann ganz auf ihr Handeln. Sie versteckte und schützte die Männer, die von Josua ausgesandt wurden, das Land auszuspionieren (Jos 2,4-6), und trug auf diese Weise zum israelitischen Sieg bei. Sie ist die erste Frau aus einem heidnischen Volk, die Gottes Verheißung der Landgabe an Israel anerkennt (Jos 2,8-11). Dies stellte einen Akt des Glaubens dar, den der Hebräerbrief lobt: »Aufgrund des Glaubens kam die Dirne Rahab nicht zusammen mit den Ungehorsamen um; denn sie hatte die Kundschafter in Frieden aufgenommen« (Hebr 11,31). Sowohl in der jüdischen wie in der christlichen Tradition wird Rahab als Vorbild für eine Lebensumkehr angesehen.

Rahabs Beruf stellte sie, wie bereits angesprochen, an den Rand der israelitischen Gesellschaft. Man kann sich vorstellen, dass eine solche Frau, um überleben zu können, sowohl unabhängig als auch selbstständig und vorausschauend sein musste. Rahab brachte diese drei Charakterzüge in ihrer Geschichte zur Geltung. Sie lebte augenscheinlich unabhängig, nicht mit ihrer Familie zusammen, in einem Haus an der Stadtmauer von Jericho. Sie handelte selbstständig, indem sie mit den Kundschaftern eine Art Vertrag abschloss (Jos 2,12-14.18-21). Sie trotzte der Autorität des Königs der Stadt dadurch, dass sie die Fremden in ihrem Haus verbarg, listigerweise zugebend, dass sie dagewesen waren und bereits wieder weggegangen sind. In solchem Tun erinnern wir uns an andere Frauen in der Bibel, die ebenso der staatlichen Macht trotzten: an die Hebammen, die gegen den Befehl des Pharaos handelten und so das Leben der Kinder retteten.

Räume oder ein vollständiges Haus, das »Teil der Stadtmauer« (Jos 2,15) war wie das der Rahab, werden bei Ausgrabungen manchmal gefunden. Ihr Haus konnte eine Gaststätte gewesen sein, mit der die Verbindung zur Prostitution aus mesopotamischen Quellen bekannt ist. Josephus stellt Rahab als Gastwirtin dar (Ant 5,1-2). Das ist nicht überraschend, denn an vielen Stellen seines Werkes bemerkt man das Bemühen des Josephus, die israelitische Geschichte nur im besten Licht und damit für seine römischen Leser annehmbar zu machen.

Dennoch, wenn Rahab keine Prostiuierte war, wäre die Geschichte nicht stimmig. Wegen der festgelegten Vorstellungen über ihren Beruf erscheint sie als gewinnsüchtig und allein für sich sorgend. Aber ihre Handlungen zeigen, dass sie dies nicht war. Der Jakobusbrief spricht von ihr wie folgt: »Wurde nicht die Dirne Rahab durch ihre Werke als gerecht anerkannt, weil sie die Boten bei sich aufnahm und dann auf einem anderen Weg entkommen ließ?« (Jak 2,25) Die Achtung einer Dirne war naturgemäß gering, aber dadurch, dass sie ihr Leben in die Hände des Volkes Gottes legte, zeigte sie sich klüger als der König von Jericho. Wenn Matthäus von der Begegnung Jesu mit der kanaanäischen Frau berichtet, deren Tochter er heilte (Mt 15,21-28), erinnert der Gebrauch des Wortes »kanaanäisch« an Rahab und lässt uns diese Heidin als eine andere Frau der »unteren« Klasse ansehen, die den Glauben mutig bekannte und deshalb belohnt wurde.

Jüdische Schriftgelehrte nehmen das Beispiel von Rahab, um sie als ein Vorbild der Macht der Umkehr darzustellen (so in dem talmudischen Traktat Zevahim 116b*). Der Traktat* Megilla 14b *bemerkt, dass von ihr acht Propheten abstammen.*

In der Genealogie Jesu (Mt 1,59) erscheint Rahab als die Mutter von Boas – doch dies ist ein zeitlicher Sprung. Forscher haben gezeigt, dass Rahabs Aufnahme in die Vorfahren Jesu deshalb wichtig war, weil man die Menschen an die Bedeutung von Umkehr und die Sündenvergebung für alle erinnern wollte, selbst wenn es sich um die von der Gesellschaft Ausgeschlossenen handelt. Zum anderen wird deutlich, dass das von Gott kommende Heil nicht an die Grenzen gesellschaftlich anerkannter Wohlanständigkeit gebunden ist.

In der Bibel genannte Frauen – Buch für Buch

Genesis: Ada, Frau Lamechs (4,19-20.23); Anah (36,14.16.25); Asenat (41,45.50; 46,20); Basemat, Tochter des Hetiters Elon (26,34; 36,3-4.10.13.17); Bat Shua (= Tochter des Schua), Frau Judas (28,2-5.12); Bilha (29,29; 30,3-7; 32,22-23; 33,1-3; 35,22; 37,2; 46,25; 49,4); Debora, die Amme Rebekkas (24,59; 35,8); Dina (30,21; 34; 46,15); Eva (2-3; 4,1-2); Hagar (16; 21,9-21; 25,12-16); Jiska (11,29); Judit, Frau Esaus (26,34); Ketura (25,1.4); Lea (29,16-34,1; 35,23.26; 46,5.14.18; 49,31); Maacha, Tochter Nahors (Bruder Abrahams) und Reuma (22,24); Mahalat, Tochter Ismaels und Frau Esaus (28,9); Matred (36,39); Mehetabel (36,39); Milka, Tochter Harans und Jiskas (11,29; 22,20.23; 24,15.24.27); Naama, Tochter Zillas (4,22); Rahel (29-31; 33; 35,16-21.24-25; 46,19.22.25; 48,7); Rebekka (24-27; 28,5; 29,12; 35,8; 49,31); Reuma (22,23-24); Sarai/Sara, Frau Abrahams (11,29-13,1; 16,1-18,15; 20,2-21,12; 23,1-2.19; 24,36; 25,10.12; 49,31); Serach (46,17); Tamar, Schwiegertochter Judas (38); Timna, Nebenfrau des Elifas (36,12); Timna, Schwester Lotans (36,22); Zilla (4,19.22-23); Zilpa (29,24; 30,9-10; 35,26; 37,2; 46,18); Ada, Tochter Elons und Frau Esaus (36,2.4.10.12.16) – **Exodus:** Elischeba (6,23); Jochebed (2,1-9; 6,20); Mirjam, Schwester Moses (15); Pua (1,15-21); Schifra (1,15); Zippora 82,21-22; 4.20.24-26; 18,2-6) – **Levitikus:** Schelomit, Tochter Dibris (24,10-16) – **Numeri:** Abihajil (3,35); Hogla (26,33; 27,1; 36,11); Jochebed, Frau Amrams (26,59); Kosbi (25,15.18); Machla, Tochter Zelofhads (26,33; 27,1; 36,11); Milka, Tochter Zelofhads (26,33; 27,1; 36,11); Mirjam, Schwester Mose (12); Noa, Tochter Zelofhads (26,33; 27,1; 36,11); Serach (26,46); Tirza (26,33; 27,1; 36,11); Zippora (12,1) – **Deuteronomium:** Mirjam, Schwester Moses (24,9) – **Josua:** Achsa (15,16-17); Hogla (17,3); Machla, Tochter Zelofhads (17,3); Milka, Tochter Zelofhads (17,3); Noa, Tochter Zelofhads (17,3); Rahab (2; 6,16-25); Tirza (17,3) – **Richter:** Achsa (1,12); Debora, die Richterin (4-5); Delila (16); Jael (4,17-22; 5,6.24-27) – **Rut:** Lea (4,11); Mara (1,20); Noomi (1-4); Orpa (1,4.14); Rahel (4,11); Tamar, Schwiegertochter Judas (4,12) – **1 Samuel:** Abigail (25,3); Ahinoam 1 (14,50); Ahinoam 2 (25,43; 27,3; 30; 50); Hanna (1,1-2,21); Merab (14,49; 18,17-19); Michal (14,49; 18,20-29; 19,11-17; 25,44); Peninna (1,2.4); Rahel (10,2); Zeruja (26,6) – **2 Samuel:** Abital (3,4); Ahinoam 2 (2,2; 3,2); Batseba (11,12); Egla (3,5); Haggit (3,4); Maacha, Tochter Talmais (3,3); Michal (3,13-16; 6,16.20.23; 21,8-9); Rizpa (3,7; 2.8.10-11); Tamar, Tochter König Davids (13,1); Tamar, Tochter Abschaloms (14,27); Zeruja (2,13.18; 3,39; 8,16; 14,1; 16,9-10; 17,25; 18,2; 19,21-22; 21,17-18; 23,37) – **1 Könige:** Abischag (1,1-4.15; 2,13-25); Asuba, Tochter Schilhis (22,42); Basemat, Tochter Salomos (4,15); Batseba (1,11-22); Haggit (1,5.11; 2,13); Isebel, Frau Ahabs (16,31; 18; 19; 21); Maacha, Frau Rehabeams (15,2); Maacha, Großmutter des Asa (15,10-11.13); Naama, Frau Salomos (14,21); Tachpenes (11,19-20); Tafat (4,11); Zerua (11,26); Zeruja (1,7; 2,5.22) – **2 Könige:** Abi (18,2); Atalja (8,18; 26,11); Hamutal (23,31; 24,18); Hefzi-Bah, Mutter Manasses (21,1); Hulda (22,14-20); Isebel, Frau Ahabs (9); Jecholja (15,2); Jedida (22,1); Jeruscha (15,33); Joaddan (14,2); Joscheba (11,2-3; 22,11); Meschullemet (21,19); Nehuschta (24,8.12.15); Schomer (12,22); Sebuda (23,36); Zibja (12,2) – **1 Chronik:** Abihajil, Frau Abishurs (2,29); Abital (3,3); Achsa (2,49); Ahinoam 2 (3,1); Achlai (2,31; 11,41); Atara (2,26); Asuba, Frau Kalebs (2,18-19); Baara (8,8); Batseba (3,5); Bat-Shua, Frau Judas (2,3); Bat-Shua, Tochter Amiels, Frau Davids (3,5); Bilha (7,13); Bitja (4,17); Egla (3,3); Efa (2,46); Efrata (2,19.50; 4,4); Haggit (3,2); Hazelelponi (4,3); Hela (4,5.7); Hodesh (8,9); Huschim (8,8.11); Hodia (4,18-19); Jeriot (2,18); Ketura (1,32-33); Maacha, Tochter Talmais (3,2); Maacha, Nebenfrau Kalebs (2,48); Maacha, Frau Machirs (7,15-16); Maacha, Frau Jeiels (8,29; 9,35); Matred (1,50); Mehetabel (1,50); Michal (15,29); Mirjam, Schwester Moses (6,3); Mirjam, Tochter Mereds (4,17); Machla, Schwester Machirs (7,18); Molechet (7,18); Naara, Frau Aschhurs (4,5-6); Sera (7,30); Scheera (7,24); Schelomit, Tochter Serubbabels (3,19); Schua (7,32); Tamar, Schwiegertochter Judas (2,4); Tamar, Tochter Davids (3,9); Timna, Schwester Lotans (1,39); Zeruja (2,16; 11,6.39; 18,12.15; 26,28; 27,24) – **2 Chronik:** Abi (29,1); Abihajil, Frau Davids (11,18); Asuba, Tochter Schilhis (20,31); Atalja (21,6; 22-24); Hulda (34,11-28); Jecholja (26,3); Joaddan (24,3; 25,1); Jeruscha (27,1); Maacha, Frau Rehabeams (11,20-22; 13,2); Maacha, Mutter Asas (11; 20); Maacha, Mutter Abijas, Tochter Uriels (13,2); Mahalat, Frau Rehabeams (11,18-19); Naama, Frau Salomos (12,13); Schelomit, Tochter Rehabeams (11,20); Schomer (24,26); Zibija (24,1) – **Esra:** Soferet (2,55) – **Nehemia:** Soferet (7,57); Noadja (6,14) – **Ester:** Ester (1-10); Hadassa (2,7); Seresch (5,10.14; 6,13); Waschti (1,9-19; 2,1-4.17) – **Ijob:** Jemima (42,14); Keren-Happuch (42,14); Kezia (42,14) – **Psalmen:** Batseba (51,2) – **Sprichwörter** – **Kohelet** – **Hohelied** – **Jesaja:** Sara (51,2) – **Jeremia:** Hamutal (13,18; 52,1); Nehuschta (13,18; 22,26-27; 29,2); Rahel (31,11-21) – **Klagelieder** – **Ezechiel:** Hamutal (19); Ohola, Symbol von Samaria (23); Oholiba, Symbol von Jerusalem (23) – **Daniel** – **Hosea:** Gomer (1-3); Lo-Ruhama (1,6.8; 2,1-23) – **Joel** – **Amos** – **Obadja** – **Jona** – **Micha:** Mirjam, Schwester Moses (6,4) – **Nahum** – **Zefanja** – **Haggai** – **Sacharja** – **Maleachi** – **Matthäus:** Herodias (14,1-11); Maria, Mutter Jesu (1-2; 12,46-50; 13,53-58); Maria Magdalena (27,55-56.61; 28,1); Maria, Mutter des Jakobus und Josef (27,56); Rahab (1,5); Rut (1,5); Salome, Tochter der Herodias (14,1-11); Tamar (1,2) – **Markus:** Herodias (6,17-28); Maria, Mutter Jesu (3,31-35; 6,3-4); Maria Magdalena (15,40-41.47; 16,1-9); Maria, Mutter des Jakobus und Josef (15,40.47; 16,1); Salome bei der Kreuzigung und beim Grab (15,40); 16,1); Salome, Tochter der Herodias (6,17-28) – **Lukas:** Hanna (2,36-38); Elisabet (1,5-80); Herodias (3,19-20); Johanna (8,3; 24,10); Marta (10,38-42); Maria, Mutter Jesu (1-2; 3.23; 4,16-30; 8,19-21; 11,28-29); Maria, Schwester von Marta (10,38-42); Maria Magdalena (8,2; 24,10); Maria, Mutter des Jakobus und Josef (24,10); Salome, Tochter der Herodias (3,19-20); Susanna (8,3) – **Johannes:** Marta (11,1-6.17-44; 12,2); Maria, Mutter Jesu (2,1-12; 6,42; 19,25-27); Maria, Schwester der Marta (11,1-5.17-20.28-33; 12,1-8); Maria Magdalena (19,25; 20,1.11.16.18); Maria, Frau des Klopas (19,25) – **Apostelgeschichte:** Berenike (25,13-26,32); Kandake (8,27); Damaris (17,34); Dorkas (griechisch = »Gazelle«, Tabita, 9,36-42); Drusilla (24,24); Lydia (16,11-15); Maria, Mutter Jesu (1,14); Maria, Mutter von Johannes Markus (12,12); Priszilla (18,2-3.18-19.24-26); Rhode (12,13-15); Saphira (5,1-11); Tabita (9,36-42) – **Römerbrief:** Julia (16,15); Junia (16,7); Maria, Mutter Jesu (1,3); Maria, die »viel Mühe auf sich nimmt« (16,6); Persis (16,12); Phöbe (16,1-2); Priszilla (16,3-5); Tryphäna (16,12); Tryphosa (16,12) – **1. Korintherbrief:** Chloe (1,11); Priska/Priszilla (16,19) – **2. Korintherbrief** – **Galaterbrief:** Maria, Mutter Jesu (4,4) – **Epheserbrief** – **Philipperbrief:** Evodia (4,2-3); Syntyche (4,2-3) – **Kolosserbrief:** Nympha (4,15) – **1. Thessalonicherbrief** – **2. Thessalonicherbrief** – **1. Timotheusbrief** – **2. Timotheusbrief:** Claudia (4,21); Eunike (1,5); Lois (1,5); Priska/Priszilla (4,19) – **Titusbrief** – **Philemon:** Aphia (2) – **Hebräerbrief** – **Jakobusbrief** – **1. Petrusbrief** – **2. Petrusbrief** – **1. Johannesbrief** – **2. Johannesbrief** – **3. Johannesbrief** – **Judasbrief** – **Offenbarung:** Isebel (2,20-23)

Eine tüchtige Frau

Eine tüchtige Frau, wer findet sie?
Sie übertrifft alle Perlen an Wert.
Das Herz ihres Mannes vertraut auf sie
und es fehlt ihm nicht an Gewinn.
Sie tut ihm Gutes und nichts Böses alle Tage ihres Lebens.
Sie sorgt für Wolle und Flachs
und schafft mit emsigen Händen.
Sie gleicht den Schiffen des Kaufmanns:
Aus der Ferne holt sie ihre Nahrung.
Noch bei Nacht steht sie auf,
um ihrem Haus Speise zu geben.
Sie überlegt es und kauft einen Acker,
vom Ertrag ihrer Hände pflanzt sie einen Weinberg.
Sie gürtet ihre Hüften mit Kraft und macht ihre Arme stark.
Sie spürt den Erfolg ihrer Arbeit,
auch des Nachts erlischt ihre Lampe nicht.
Nach dem Spinnrocken greift ihre Hand,
ihre Finger fassen die Spindel.
Sie öffnet ihre Hand für den Bedürftigen
und reicht ihre Hände dem Armen.
Ihr bangt nicht für ihr Haus vor dem Schnee;
denn ihr ganzes Haus hat wollene Kleider.
Sie hat sich Decken gefertigt, Leinen und Purpur sind ihr Gewand.
Ihr Mann ist in den Torhallen geachtet,
wenn er zu Rat sitzt mit den Ältesten des Landes.
Sie webt Tücher und verkauft sie, Gürtel liefert sie dem Händler.
Kraft und Würde sind ihr Gewand, sie spottet der drohenden Zukunft.
Öffnet sie ihren Mund, dann redet sie klug
und gütige Lehre ist auf ihrer Zunge.
Sie achtet auf das, was vorgeht im Haus,
und isst nicht träge ihr Brot.
Ihre Söhne stehen auf und preisen sie glücklich,
auch ihr Mann erhebt sich und rühmt sie:
Viele Frauen erwiesen sich tüchtig,
doch du übertriffst sie alle.
Trügerisch ist Anmut, vergänglich die Schönheit,
nur eine gottesfürchtige Frau verdient Lob.
Preist sie für den Ertrag ihrer Hände,
ihre Werke soll man am Stadttor loben.

Sprichwörter 31:10-30

Wissenschaftliche Beratung: Prof. Yizhar Hirschfeld

Lektorat: Miriam Dorfzaun

Grafik: Jean Allia

Danksagungen:
Georgjean Allenbach, Malka Bina, Irene Bloch-Levy, Joan Cook, Terry Dawson, Ein Yael, Eva-Marie Everson, Avivit Gera, Paul Feinberg, Orna Goren, Rick und Sharon Hopkins, das Jo Alon Museum beduinischer Kultur, Carol Meyers, Francis Oppenheimer, Michele Piccirillo, Reuven Prager von Beged Ivri, Shirley Roth und Glen Wittmer von Nazareth Village, Riky Rothenberg, Eli Schleifer, Shaul Shaked, Orit Shamir, Racheli Sprecher, Joan Taylor, Yotam Tepper, Zeev Weiss, Gila Yudkin

Zeichnungen und Karten: Barashkov, Oleg Trabish

Fotografien:
Garo Nalbandian, Duby Tal, Abrams, Hanan Isachar, Shabataev,
H. Dorfzaun, S. Mendrea, M. Feinberg
The Metropolitan Museum of Art, Rogers Fund, 1922 (22.2.35): S. 10
Z. Radovan/www.BibleLandPictures.com: S. 18, 29, 30, 39, 42, 45, 47, 58, 59, 62, 63, 65, 66, 68, 69, 73, 74, 77, 80, 88
Todd Bolen/BiblePlaces.com: S. 9, 34, 52, 93
Israel Antiquities Authority: S. 8, 13, 14, 16, 17, 26, 31, 34, 37, 54, 59, 71, 72, 75, 77, 78, 79, 92, 94, 97, 98
Bible Lands Museum Jerusalem: S. 5, 6, 7, 9, 11, 18, 25, 30, 50, 56, 60, 71, 75, 77
Museum of the Jewish Diaspora, Tel Aviv: S. 48, 68
Israel Museum Jerusalem: S. 33, 60, 62, 72
Ministero per I Beni e le Attività Culturali, Neapel: S. 83
Israel Government Press Office: S. 42, 43, 64, 65, 69, 72

Titel der israelischen Originalausgabe:
Women at the time of the Bible

Information der Deutschen Nationalbibliothek

Die Deutsche Nationalbibliothek verzeichnet diese Publikation in der Deutschen Nationalbibliografie; detailllierte bibliografische Daten sind im Internet über http://dnb.d-nb.de abrufbar.

Printed in Israel
ISBN 978-3-491-79764-2

www. patmos.de

Miriam Feinberg Vamosh, Essen und Trinken in biblischer Zeit
(Deutscher Text: Hermann-Josef Frisch)

War die »verbotene Frucht« im Garten Eden wirklich ein Apfel? Was ist der Petrusfisch? Welche symbolische Bedeutung kommt manchen Speisen in der Bibel zu?

Dieses Buch gibt Einblick in das, was Essen und Trinken in biblischer Zeit ausmachte. Faszinierende Fotos und Sachzeichnungen begleiten die Darstellung. So erfährt man, welchen Reichtum das gelobte Land, »in dem Milch und Honig fließen«, seinen Bewohnern bot, was alles in Israel gegessen und getrunken wurde und wie die Früchte des Landes geerntet und aufbewahrt wurden.
Und mehr noch: Es gibt zudem viele Originalrezepte, die auf die Zeit Jesu zurückgehen und sich heute gut nachkochen lassen. Ein anregendes Buch für neugierige junge und erwachsene Genießer.

Patmos Verlag Düsseldorf ISBN 978-3-491-79741-3

Miriam Feinberg Vamosh, Land und Leute zur Zeit Jesu
(Deutscher Text: Bernd Steinhauer)

Ein faszinierender Einblick in die Lebensverhältnisse zu neutestamentlicher Zeit:

Illustrationen, archäologischer Fotos und Aufnahmen von Land und Leuten sowie Landkarten vermitteln einen lebendigen Eindruck vom Leben in Palästina zur Zeit Jesu von Nazaret.
Der Alltag wird mit dörflichen Szenen, dem Einblick in die häuslichen Verhältnisse und in die Berufswelt vorgestellt. Tempel, Synagoge und Wallfahrtswesen fangen die religiöse Welt ein.
Die politischen Verhältnisse werden von den Monumenten her deutlich, wie sie vor allem Herodes der Große während seiner Regierungszeit erbauen ließ.
So wird eine Zeit lebendig, deren Wirkungen noch heute spürbar sind.

Patmos Verlag Düsseldorf ISBN 978-3-491-79709-3